演讲与口才实用教程

（第二版）

阳　雯　主　编
李　蕾　向曙曦　副主编

国家开放大学出版社 · 北京

图书在版编目（CIP）数据

演讲与口才实用教程／阳雯主编．—2 版．—北京：国家开放大学出版社，2020.8（2025.2 重印）

ISBN 978－7－304－10282－1

Ⅰ.①演… Ⅱ.①阳… Ⅲ.①演讲—教材 ②口才学—教材 Ⅳ.①H019

中国版本图书馆 CIP 数据核字（2020）第 134128 号

演讲与口才实用教程（第二版）

YANJIANG YU KOUCAI SHIYONG JIAOCHENG（DI-ER BAN）

阳 雯 主 编

李 蕾 向曙曦 副主编

出版·发行：国家开放大学出版社

电话：营销中心 010－68180820　总编室 010－68182524

网址：http://www.crtvup.com.cn

地址：北京市海淀区西四环中路 45 号　**邮编：**100039

经销：新华书店北京发行所

策划编辑：夏 亮　**版式设计：**赵 洋

责任编辑：程业刚　**责任校对：**吕昀谿

责任印制：武 鹏 马 严

印刷：中煤（北京）印务有限公司　**印数：**13001~17000

版本：2020 年 8 月第 2 版　2025 年 2 月第 4 次印刷

开本：787mm×1092mm 1/16　**印张：**12　**字数：**263 千字

书号：ISBN 978－7－304－10282－1

定价：35.00 元

（如有缺页或倒装，本社负责退换）

意见及建议：OUCP_ZYJY@ouchn.edu.cn

前言（第二版） PREFACE

近年来，“好好说话”这类书籍特别畅销，说话的艺术成为人们应对职场与日常生活中各种问题的技巧之一。好好说话，大气自如，温婉自信，一个人不凡的语言气质代表了他广阔的眼界、良好的文化素养以及丰富的语言表达能力。

演讲这门艺术产生得很早，中国古代的《左传》等书中就已有谋士在君主面前演讲与游说的记载，而西方古希腊罗马时代，公民在公开发表自己观点时使用了演讲雄辩术。演讲与口才这门语言艺术又是不断发展的，从最初的语言逻辑学，到现在更为丰富与全面的课程体系，包括了心理学、体态表达、声音训练、写作训练等模块。为了更好地与时代发展贴近，本教材进行了第二版改编。

本教材分为上编和下编，上编为“精彩的演讲”，下编为“良好的口才”，主要内容包括：演讲前的心理准备、演讲的选题准备、演讲稿的写作、演讲的修辞技巧、演讲的综合表现力、关注演讲的细节、演讲实战的类型，以及谈话口才、办公室职场口才、营销口才、求职应聘口才、谈判辩论口才。

本次改版，附加与课程配套的微课，对部分案例进行了调整。阳雯负责第一章至第五章的修订，李蕾负责第六章、第七章的修订；向曙曦负责第八章、第九章的修订；刘琬负责第十章的修订；凌泽涵负责第十一章、第十二章的修订。

语言是一个不断发展的事物，随着社会变化，演讲与口才的风格及技巧也在不断变化、发展。

阳　雯

2020 年 5 月

前言（第一版） PREFACE

掌握言谈技巧，你就能在人群中处处抢占先机。

——3 000 年前埃及古墓里的铭文

是不是每个人都需要“演讲”？

在很多人的记忆中，演讲的记忆只是小时候，为了一次公开的演讲活动而事先写稿、临时背稿、战战兢兢上台的情景。成年以后，他们习惯于在会议中倾听，在被迫发言时人云亦云，在年终总结时照着文稿念一遍，并且今年的总结内容只是把去年的总结改了几个数字而已。

然而，也有另外一种人，他们把演讲作为一种技巧与表达方式，一直在生活中运用着。这类人无论参加任何会议，往往都会主动发出自己的声音，表达出有说服力的观点，并且用数据、逻辑阐释得非常清晰，用优美的语言、修辞来鼓动与会者。这样的人，更容易显得与众不同，从而迅速地成为众人中的“领袖人物”。

所以，我认为，每个人都需要演讲，因为每个人都需要在工作中成功。优秀的演讲技巧，能帮助你成为一个自信、富有表现力、逻辑思维清晰、判断力增加，同时容易感染人群的人。

是不是每个人都会“说话”？

虽然我们在孩童时期就掌握了说话发音的方法，但是“口才”——说话的语言技巧却不是每个人都会的。比如，在不同的场合，面对不同的人群，针对不同听者的心态，说话人要采用什么样的语气、采取什么样的立场，都是关系到对话是否成功的关键。我们在家庭中、工作中，都会有说话的困扰。在家庭中，表达情感、化解误会；在工作中，了解对方的真实想法，谈判时的讨价还价，都是一次又一次对话的过程。每个人都想表达出自己的观点，而在对话过程中，往往发现达到双方认可才是最好的效果。从这个角度上来说，我认为，“说话”，即好的口才，是每个人必须学会的人生技巧。

在美国，当代成人教育之父戴尔·卡耐基，将演讲学作为成功的基础课程之一。卡耐基说：“一个人的成功，15% 是靠他的专业知识，85% 是靠他的口才交际能力。”

演讲与口才已经成为一种越来越受到重视的工作技巧。在国内的电视媒体中，中央电视台的《开讲啦》是一个广受好评的演讲类节目，一些影视界、文化界、商业界人士通过演讲这一形式走到观众的视界中，分享他们的成长经历，用真实的人生体会来激励青年人。国外，TED（technology，entertainment，design，技术、娱乐、设计）也是一个热门的演讲节目。每年 3 月，TED 大会在美国召集众多科学、设计、文学、音乐等领域的杰出人物，分享他们关于技术、社会、人的思考和探索。可以说，越来越多的人认识到，演讲与口才不仅在古希腊罗马时代起着重要的社会作用，直到今天同样富有魅力。

本教材分为上编和下编，上编为“精彩的演讲”，下编为“良好的口才”，主要内容包括演讲前的心理准备、演讲的选题准备、演讲稿的写作、演讲的修辞技巧、演讲的综合表现力、关注演讲的细节、演讲实战的类型，以及谈话口才、办公室职场口才、营销口才、求职应聘口才、谈判辩论口才。

也许，在翻开此书的时候，你只是把它作为一本理论书来看，而事实上，通过教材里的知识引导与训练，你会发现“演讲与口才”是一项实用的技能，希望你能掌握它，到时候你会觉得它非常棒!

本书编写分工如下：阳雯负责全书的构思、大纲编写、统稿，对全书进行修改、增删，同时负责绪论、第一章至第五章的编写；李蕾负责第六章、第七章的编写；向曙曦负责第八章、第九章的编写；刘琬负责第十章的编写；凌泽涵负责第十一章的编写；刘冬梅负责第十二章的编写。

由于编者学识有限，本书难免有疏漏之处，诚挚欢迎各位读者不吝指正。

阳　雯

2014 年 8 月

目　录 CONTENTS

下编 良好的口才

绪论　演讲的历史

一、演讲的产生

在西方，演讲是一门古老而传统的学问。古希腊由许多城邦组成，城邦之间语言与信仰基本相同。在希腊公民的集会上，人们用演讲来讨论政治与管理，演讲成为促进民主进步的重要方式。那些具有演说才能，对公众富有影响力，在城邦政治生活中发挥重大作用的公民被称为演说家。这些演说家是古希腊城邦社会中的知识精英和政治精英，他们活跃于公民大会、陪审法庭、节庆典礼，并担任要职。这一时期著名的演讲家有苏格拉底、柏拉图、亚里士多德、德摩西尼等。其中，德摩西尼是一个天生口齿不清、说话结巴的人，但他通过后天的训练，说话流畅、自然，成为一名著名的民主政治斗士。他以反对马其顿二世向外扩张而发表的八篇《斥腓力演说》而闻名于世。除了民主政治的作用以外，对于普通人来说，演讲的重要作用与"辩护"相关。古希腊是奴隶制城邦国家，奴隶和异邦人没有公民权。在法庭上，只有公民才有辩护的权利。不是公民的人如果被告上法庭，只有找到一个愿意为他辩护的公民，才有可能得到法律的保护。在法庭上，被告胜诉还是败诉，被流放还是被处死，往往与演讲有关。

西方演讲学作为学术的产生，其中影响最大的人物是亚里士多德。亚里士多德认为演讲是一种重要的技艺。亚里士多德在其著作《修辞术》中，首先按观众的不同把演讲分为三种类型：第一种是议事演说，也就是公众演说，观众主要为公民集会中的观众；第二种是法庭演讲，观众主要为法庭上的陪审员与法官；第三种是展示性演讲，也称典礼演说，观众是演讲时的一般观众。同时，亚里士多德论述了演讲的风格，提出了清晰、恰当、崇高、纯洁和洒脱等风格概念以及对仗、隐喻等修辞手法，还包括格言、矛盾语、笑话、双关语、谚语、夸张等演讲语言方法。此外，亚里士多德还提出背离常规可以使语言带上"异邦风味"，他认为由于人们羡慕遥远的事物，语言上的异邦风味就会令人感兴趣。

古希腊之后的古罗马，在元老院里，人们经常可以听到政治演说。当时的政治家也是演说家。公元 1 世纪，古罗马皇帝韦斯帕西安在罗马设立演讲术讲座，后来这种讲座普及罗马帝国的各个省。之后古罗马人将古希腊的演讲术和修辞学传到欧洲各国。

在中国，演讲这一形式在先秦的古代社会就已盛行。《尚书》中记载了《甘誓》《汤誓》《牧誓》等好几篇演讲词，这几篇演讲词起到在战争中号召与鼓舞军队士气的作用。

在春秋和战国时期，百家争鸣。儒家的孔子、孟子和荀子，墨家的墨子，道家的老子、庄子，法家的韩非子和名家的惠施、公孙丑等，在宣扬自己的政治见解和思想主张时，在对社会大众进行游说，游说的形式即是一种演讲的行为。例如，孔子首创私人讲学的风气，对学生进行辞令训练，使之成为善辩之才；墨子主张“辩”（《公输盘》《非相》《问辩》）；荀子、韩非子对演讲心理、技巧和语言风格都做了详细的论述。战国末，苏秦一人身佩六国相印，以雄辩的口才，一一说服秦以外的六国；张仪则与苏秦针锋相对，实行连横政策，凭三寸不烂之舌为秦统一天下立下了汗马功劳。正是这些人，创造了这样一个辉煌的时代。

二、演讲的曲折发展时期

在欧洲，从476年西罗马帝国灭亡至1640年英国资产阶级革命前为漫长的中世纪。中世纪，演讲活动缓慢而曲折地向前发展，其中宗教演讲一直居于垄断地位。这期间结合日常生活与宗教思想的演说日臻完善，当时有名的演讲家有拜占庭教士约翰·兹拉托依斯特、神学家托马斯·阿奎那等。

从公元前221年秦始皇统一中国开始，直到1911年清朝灭亡，在长达两千多年的封建社会中，公开的演讲一直受到统治者的严格限制，因此，演讲在相当长的一段时期内一直处于低潮，但演讲仍然在曲折、缓慢地发展。政治家、思想家和官员们的宫廷演讲与进谏的活动时常出现，如诸葛亮、扬雄、魏征等，他们继承了先秦的政治演讲；农民领袖在起义时的宣传鼓动也频繁出现，如陈胜、李自成、洪秀全等。公元前209年（秦二世元年），陈胜在大泽乡起义时发表演说：“且壮士不死即已，死即举大名耳，王侯将相宁有种乎！”话虽不多，但容量极大，鼓动性极强。他将起义之人称为“壮士”，使其精神境界升华，最后一句画龙点睛，一反传统观念，表示了对“王侯将相”的蔑视和对自己力量的信任。这句话既是斩钉截铁、富有哲理的断语，又是富于启发的提问，产生了极大的感染力和激发力。

三、演讲的兴盛时期

1640年至1660年，英国爆发了资产阶级革命，确立了资本主义制度。由于社会变革、新思想的产生，当时学术演讲风气大盛。例如，德国著名哲学家康德、黑格尔等都做过许多著名的学术演讲。例如，黑格尔在海德堡大学所做的精彩演讲，句句透露出哲学的思想精华，其中“世界精神太忙碌于现实，所以它不能转向内心”一句成为经典。

随着资本主义的发展，政治演讲也兴盛起来，出现了演讲史上的光辉典范——美国总统林肯的《葛底斯堡演讲词》。在演讲中，他回顾了美国南北战争的背景，强调每个人在历史上的使命感，非常感人。20世纪初，资本主义发展到帝国主义阶段，世界基本矛盾激化，30年间爆发了两次世界大战。这时政治和外交活动频繁，出现了罗斯福、丘吉尔、斯大林等一批著名的政治家、演讲家。例如，1944年6月，盟军司令官蒙哥马利元帅在诺曼底登陆中对担负突击任务的士兵发表的演讲中，他说：“你们在干一件无与伦比的大事业。世界将通过你们完全变一番模样，历史将为你们树立一座丰碑，写上：你们是迄今最优秀的军人！这场世界上从未有过的拔河比赛，这些即将开辟第二战场的军人们所负的责任是成功地执行自己的任务，并最后作为一个自豪的人，回到家里同亲人团聚。”他的话顿时激发了士兵们无畏的战斗精神，士兵们称“元帅的贝雷帽和演讲给了我们扑向死神的力量”。

人民为了反抗民族的压迫和歧视，也积极地拿起了演讲这个武器。例如，1963 年，为了争取民权和民主，反对种族歧视和压迫，美国黑人领袖马丁·路德·金在美国华盛顿广场，向数十万群众做了题为《我有一个梦想》的著名演讲。在这次演讲中，他首先热情洋溢地赞扬了100 多年前林肯签署的《解放宣言》，然后，话锋一转，指出100 多年后的今日，黑人仍处在水深火热之中，号召黑人奋起斗争，并且以诚挚、抒情的语调，描述了黑人梦寐以求的平等、自由的理想：“黑人儿童将能够与白人儿童如兄弟姐妹一般携起手来”“上帝的灵光大放光彩，芸芸众生共睹光华!”这篇演讲内容充实、感情炽热、气势磅礴，产生了极强的感染力，是一篇反抗种族歧视、争取民族平等的战斗檄文，大大推进了美国黑人民权运动。

20 世纪以来，西方的演讲理论逐渐完善而形成系统，演讲专著大量涌现。对演讲学的研究，已从过去的重点研究演讲的方式和演讲的语言风格，发展到对演讲学、演讲逻辑学、演讲心理学、演讲美学、论辩术、谈话术和演讲发展史的全面研究。

1911 年辛亥革命成功后，中国的政治演讲一直处于向前发展的趋势。革命者、爱国者的演讲成了唤起民众的号角，成为争取民族解放的有力武器。在举世闻名的五四运动中，各种演讲团如雨后春笋般成立，反帝救国的演讲遍及全国；在新民主主义革命时期，在反帝、反封建，建立独立、民主、繁荣昌盛的新中国中，演讲发挥了重大作用。孙中山、秋瑾、鲁迅、毛泽东、周恩来、陈毅等都是当时杰出的演讲家。毛泽东不仅是杰出的演讲家，也是卓越的演讲理论家。他的《十大教授法》《反对党八股》等著作，对演讲的内容、形式和方法都做了科学的阐述，为我国演讲学的建设指明了方向。

1983 年 7 月，《演讲与口才》发行并迅速成为一种流行杂志。1988 年的顶峰时期，它的月发行量是 113 万册，当时“演讲与口才”几乎成了汉语中一个新增合成词，一个专门术语。当时普通民众渴望学习与进步的社会热潮促使一些著名的演讲家应运而生，如李燕杰、曲啸等。

21 世纪，中国各种产业的运营方式越来越国际化，一切新产品的开发与推广都需要营销者采用演讲的形式，公司活动的展开、企业论坛的发言，都需要好的口才，一些成功的企业演讲家因此备受推崇，如马云、俞敏洪等。好好说话的生活中也被重视，蔡康永、马东等出版了系列关于生活中说话艺术的图书。“演讲与口才”成为现代社会的一种技能，正被越来越多的人所掌握。

上编　精彩的演讲

第一章 演讲前的心理准备

CHAPTER

一、如何克服演讲的紧张

除非是表现力特别强的人，一般人演讲都会紧张，包括演说节目里那些说话“大咖”。于是，我们经常听到有人上台演讲时说：“大家好，我还有点儿紧张……”

演讲的心理准备

事实上，心理学统计，90%的人都有公开发言的恐惧心理。还有一个有趣的调查，人们将经济问题、登高、深海、昆虫、臭虫、死亡、孤独、演讲等内容放在一起，让人们选择他们认为最恐惧的事情，有很多人将演讲排在首位。

演讲前的紧张心理，是一种常见的现象，即使是经常登台的演讲者也会有这种情况。不管你是在演讲台上、礼堂里，还是在公司的年会上，公开的脱稿发言都会让大多数人异常紧张。事实上，即使是美国密苏里州众议院议员杜·肖特——公认的演讲高手，在每次演讲前他也要喝上一口酒给自己壮胆。

为什么有的人会对公众演讲产生紧张的情绪呢？常见的原因包括：

第一，缺乏自信。这类演讲者常常觉得，演讲的过程是将众人的眼光聚焦到自己身上，而使自己处于一种公众的持续关注中，这样就会紧张。于是，这类演讲者，在讲台上“背诵”着演讲稿，左脚换右脚地摆放自己的重心，手心出汗，一心都想着脑子里的稿子，声音颤抖，并期待着演讲的结束。

第二，准备不够充分。演讲之前，这类演讲者可能忙于工作，只想了个大概的内容，或者是临时得到一个演讲的任务，来不及准备。于是，习惯了什么都“百度”的他，脑中空空，常常在演讲一开头，还能说上两句笑话，接下来，就想到什么说什么，自己都觉得自己的语言没有逻辑性。

第三，过分看重结果。可能这一次公开的产品介绍会，关系着这位经理未来的职位，于是他认真准备丰富的资料，将自己的发言稿背得滚瓜烂熟。但是一上台，面对前排公司高层领导似有所指地朝他点点头，他一下子就把演讲稿的开头忘到九霄云外了。

为什么紧张的情绪常常会让人忘记演讲词？人类大脑里有两个微小的杏仁状的神经组织，叫作“杏仁体”。这一脑神经组织负责使人的大脑意识保持活跃。“杏仁体”从不休息，它们是人类早期预警系统的一部分，一旦大脑意识到面临威胁，“杏仁体”就向身体发出警告。于是，紧张的演讲者一上台，“杏仁体”就提醒身体进入一种紧张状态，这仿佛一个动物在警觉自己不要成为别人的盘中餐。肾上腺开始分泌肾上腺素，呼吸更加急促，心跳加快，手心出汗，目光变得锐利，血液从其他器官集中到腿上，为逃走做好了准备。当血液从大脑前额流过，为演讲精心准备的稿子也会突然消失，大脑一片空白，自己只觉得自己愚蠢，但是临时组稿根本不可能，因为你处于“杏仁体”劫持状态。

以上介绍了演讲时常见的紧张情绪，以及紧张情绪对成功演讲的威胁。这些只是想提醒演讲者，演讲的紧张情绪是一种普遍现象，演讲者不用因为自己具有一定的紧张情绪而对演讲产生恐惧。事实上，这是大多数人具有，也是大多数人能够克服的心理因素。如何克服演讲的紧张情绪呢？

如果意识到自己可能会产生一定的演讲紧张情绪，不要害怕，也不要想着马上“克服”它。适当的紧张，而不是过分的紧张，对于演讲来说是有益的，因为它可能激发你的潜力。所以，请接纳自己的紧张情绪，适当地引导它。每一位演讲家都有自己应对恐惧的小技巧。

2013 年 11 月，中央电视台演讲类节目《开讲啦》第三季，台湾著名歌手萧敬腾上台，他第一句话说：“大家好，我现在像一只紧张的小狗狗。一般来说，紧张的时候，我想我应该做一些自己有把握的事情，我最有把握的事情就是唱歌。”

唱完一支优美的歌曲后，观众被带动起来，认同了他的情绪。萧敬腾又说：“如果做了一件有把握的事情过后，我还是紧张。那怎么办？我的选择是——逃跑？”观众尖叫起来：“不，不。”萧敬腾又说：“如果不能逃跑，那么，我就选择——勇敢地面对。”于是，他正式地开始了演讲。这个演讲的预设过程，是萧敬腾紧张情绪的自我暴露，以及观众对他的鼓励和认同，使他更从容地开始正式的演讲。

如果感到紧张，只要不是开口说不出话，你大可以先想到什么说什么，允许自己紧张一下，谈谈自己为什么来演讲或者是任何与本次演讲有关的话题甚至是一个笑话，或者是喝一口水甚至是向观众承认你的紧张。只要你开口，大脑语言区被调动起来后，慢慢地恢复，它就可以帮助你完成演讲了。只要自己觉得舒服，两手交叉做点小动作，甚至是把放在衣服里的稿子拿出来大方地看上一下，再放回去，演讲又可以继续了。总之，怎么舒服怎么来，这样紧张情绪就慢慢消失了。

二、如何拥有演讲的自信

过分的、无法调适的紧张，源于缺乏自信。演讲台是一个高度放大的个性化舞台，有自信的人能调适自己的紧张，能临时组稿。没有自信的人，一旦紧张，就会让自己陷入困境中。演讲者要调适演讲的状态，其根本在于自信心的暗示。

演讲者的自信心从何而来？

（一）长期的演讲训练

美国思想家詹姆斯·哈维·鲁滨孙在《思想的酝酿》一书中说道：“恐惧源于无知与不

确定。”对于大多数人，公开演讲不是一件很经常的事，可能面对很多不确定的因素，如观众的眼光、孤独的讲台，因此，心里难免焦虑和恐惧。特别是对新手来说，只有通过多次的练习、再练习，才会明确演讲不是一件有威胁的事情。例如，一些经常发言的高层领导，最开始可能需要一个演讲稿照着念，后来习惯了，他们会看一下演讲稿的大意，再加上自己临时的发挥，从而演讲出比演讲稿更精彩的内容。

但如果我们不是常常登台的演讲者，如何使自己具有演讲的自信呢？

美国总统罗斯福小时候身体很不好，而且胆小，他最害怕的事物有熊、野马，还有公众演说。后来，他听说如果一个人对什么东西感到害怕，那么要“假装”成一点儿都不害怕一样去表现，到后来可能就“弄假成真”了。于是，罗斯福按这种方法去训练自己。一个人如果在心理状态上将自己“抽离”出来，将不满意的自己作为另一个人，那么他就容易克服掉那个不满意的自己了。罗斯福从假装自己不怕熊、野马和公众演说开始，最后使自己的这种心理暗示成为习惯，就真正成了不惧怕公众演讲的人了，他甚至在演讲中挥舞着巨杖讲话，气势宏大。

（二）积极的心理暗示

首先，演讲者可以暗示自己的题目或者演讲内容恰好是观众感兴趣的。想想你的题目，是如何与众不同，或者是你的内容、你的开头，是如何有趣，观众一定会感兴趣的。你的主题是时下人们都关心的话题，与大多数演讲者不同，你的材料来自最新的时事消息，并且你的开头是一个有趣的笑话，大家会在正式进入演讲主题前先开心一下。

其次，要避免想那些使你感到不安的事情。如果你有一些表达上的口头禅，如“嗯”“啊”，曾经引起了别人的嘲笑，这个时候你要完全忘掉这件事情。如果你的朋友批评过你的稿子有什么问题，也不要这时候去想这些。如果演讲不成功，你可能产生心理上的不愉快感，也不要预先去暗示自己。

再次，自己给自己打气。演讲进场进入倒计时了，暗示自己虽然还没有十足把握，但是已经准备充分，并且处于最好的状态，你可以开始演讲了。你可以，慢慢地深呼吸三次，想象自己的每个关节都处于放松的状态，想象观众在友好地等待着你，他们是你的朋友，你的演讲只是对朋友的一次谈话而已。

最后，不追求完美。“我今天站在这个舞台上，本身就是一种成功。”这是电视媒体选秀节目上常听到的一句话，这其实也是登台演讲者共同的心理暗示——不追求演讲结果，不追求完美。如果说错了某个词，或者词不达意，招来观众的一些笑声，都不要在乎，尴尬的场面是任何演讲者都无法避免的，并且观众也会理解演讲者的小错误。

美国演讲家多罗茜·利兹有一次站在台上演讲，身着休闲裤。当演讲进行到一个小时的时候，观众中一位男子举起一块标语，上面写着：“多罗茜，看看你的裤子，拉链敞开着。”那一刻，多罗茜脸红心跳，她连忙对自己说：“这点事没啥大不了的。”她迅速让自己冷静下来，并环顾四周，发现角落里有一块白板，于是她溜到那块白板的后面，拉上了拉链，再次回到舞台中央，展开双臂大声喊道：“我回来了！”全场顿时掌声雷动。

三、放开演讲稿的“保护”

美国新闻评论家卡腾堡还在哈佛大学读书时，曾参加一次演讲比赛。他的题目是《先生们，国王》。他非常努力地把演讲稿逐字逐句地背下来，预先练习了很多次。但是，比赛那天，他刚说出题目“先生们，国王”，然后脑子里就一片空白了。没有办法，他只有想到什么说什么，他用自己的语言来临时表达出自己的观点。当评委把第一名颁给他时，他都忘记了自己刚才说了些什么。不过，从那天起，他就不去背诵演讲稿了。演讲的思维已经放在大脑中了，语言会促使你用材料把稿子组合起来。

好的演讲者，都不会去依赖演讲稿，他们能想出一个良好的开头，再用几个关键词，最后想一个能够煽动人心的结尾，就可以了。即使是演讲稿在手，也只是把其中的一些关键点列在自己的卡片上，人们称之为“信心卡片”，需要回顾的时候迅速地浏览一下就可以回忆起内容。

背稿子是一种不好的习惯。首先，演讲者如果费心费力地去背演讲稿的每一个词，反而会让演讲者感到紧张，演讲者会随时在头脑中回忆，如果有一句没有回忆起来，压力感就会增加。有的单位领导习惯了念稿子，但事实上，在所有传达信息、表达情感的方式中，身体语言占了一半以上的分量，但念稿子会让人们放弃其他的表达方式，这样，演讲已经不是演讲了，只能是毫无感情的、干巴巴的机械广播。其次，不管是念稿，还是背稿，都给观众传达了一种信息：仿佛他们是不重要的，你只是在为自己的稿子服务而已。而对于观众来说，他们付出时间与精力来听你的演讲，是需要真诚的沟通与尊重的。如果有人在台上埋着头念稿子，过不了多长时间，观众就会心不在焉，或者是打瞌睡；但如果有人在台上声情并茂地演讲，观众就会认真倾听，因为这个人正在用心地与他们交流。

从本质上来说，演讲就是演讲者与观众之间的一种交流，如果观众意识到演讲者是在与稿子而不是与他们发生交流，那么情感交流的渠道就被割断了。可见，摆脱演讲稿，直面观众，是演讲者要勇敢去面对的。事实上，放开演讲稿的保护，演讲者表达出自己内心的想法，才更有信心。

思考与练习

1. 完成下面的心理问卷调查并做一个心理分析报告，总结自己在演讲与公众对话中有什么心理问题。

以下每个问题有四个答案可以选择：1 代表“从不或很少如此”；2 代表“有时如此”；3 代表“经常如此”；4 代表“总是如此”。根据你的情况在下表中圈出相应的答案，此数字也是你每题所得的分数。将分数累加，便是你的最后得分了。

（1）我最怕在重要人物面前讲话。(1□ 2□ 3□ 4□)

(2) 在人面前脸红我很难受。(1□ 2□ 3□ 4□)

(3) 聚会及一些社交活动让我害怕。(1□ 2□ 3□ 4□)

(4) 我常回避与我不认识的人进行交谈。(1□ 2□ 3□ 4□)

(5) 让别人议论是我不愿意的事情。(1□ 2□ 3□ 4□)

(6) 我回避任何以我为中心的事情。(1□ 2□ 3□ 4□)

(7) 我害怕当众讲话。(1□ 2□ 3□ 4□)

(8) 我不能在别人的注目下做事。(1□ 2□ 3□ 4□)

(9) 看见陌生人我就不由自主地发抖、心慌。(1□ 2□ 3□ 4□)

(10) 我梦见和别人交谈时出丑的窘样。(1□2□ 3□ 4□)

答案得分分析：

10 分以下：放心好了，你可以正常、自如地与平常人交谈。

11 ~24 分：你已经有了轻度的说话社交恐惧症状，照此发展下去可能会不妙。

25 分以上：你可能处在社交恐惧症中度患者的边缘，要注意自己心理状态的调节。

根据以上的结果，完成一篇心理分析报告，题目是《我交谈的心理状态》，内容可以是：我是否愿意与他人主动交谈？交谈时的情绪如何？我是否愿意在公开场合即兴发言与演说？我是否存在畏难情绪？

2. 心理训练。

第一步：练心。每次站立 5 ~ 10 分钟，手里拿着报纸或者文章阅读，想象面对观众，想象中，观众从一人到多人，直到练习者不觉得十分紧张为止。

第二步：随便说话练习（练口）。练习者在面对熟悉的人，心里达到放松状态时，即可进入说话训练。讲话的内容和形式没有任何规定和限制。练习者随心所欲地讲自己最熟悉的话。练习的时间从 5 分钟到 30 分钟，看自己进入语境以后的心态，如果越来越轻松，从而心理暗示：我可以良好地讲话与演讲了！

3. 完成几个简单的公众说话题目，并讲给自己最熟悉的人听。

稿 1：介绍自己

稿 2：介绍一本自己最喜欢的书（或者一部电影）

稿 3：一件亲身经历的事情

稿 4：一个自己难忘的人

4. 以《我的故事》为题，讲述自我的故事。

讲述自我的故事，是很好掌握的与人交流的技巧。先诵读以下莫言在获得诺贝尔文学奖时讲述的自我的故事，学习他的讲述情感与细节再现方式；然后学生以《我的故事》为题，讲述自己的成长故事。

尊敬的瑞典学院的各位院士，女士们、先生们：

通过电视或者网络，我想在座的各位，对遥远的高密东北乡，已经有了或多或少的了解，你们也许看到了我的九十岁的老父亲，看到了我的哥哥姐姐、我的妻子女儿和我的一岁零四个月的外孙子。但有一个我此刻最想念的人，我的母亲，你们永远无法看到了。我获奖后，很多人分享了我的光荣，但我的母亲却无法分享了。

我母亲生于1922年，卒于1994年。她的骨灰，埋葬在村庄东边的桃园里。去年，一条铁路要从那儿穿过，我们不得不将她的坟墓迁移到距离村子更远的地方。掘开坟墓后，我们看到，棺木已经腐朽，母亲的骨殖，已经与泥土混为一体。我们只好象征性地挖起一些泥土，移到新的墓穴里，也就是从那一时刻起，我感到，我的母亲是大地的一部分，我站在大地上的诉说，就是对母亲的诉说。

我是我母亲最小的孩子。

我记忆中最早的一件事，是提着家里唯一的一把热水壶去公共食堂打开水。因为饥饿无力，失手将热水瓶打碎，我吓得要命，钻进草垛，一天没敢出来。傍晚的时候我听到母亲呼唤我的乳名。我从草垛里钻出来，以为会受到打骂，但母亲没有打我也没有骂我，只是抚摸着我的头，口中发出长长的叹息。

我记忆中最痛苦的一件事，就是跟着母亲去集体的地里捡麦穗，看守麦田的人来了，捡麦穗的人纷纷逃跑，我母亲是小脚，跑不快，被捉住，那个身材高大的看守人扇了她一个耳光，她摇晃着身体跌倒在地，看守人没收了我们捡到的麦穗，吹着口哨扬长而去。我母亲嘴角流血，坐在地上，脸上那种绝望的神情让我终生难忘，多年之后，当那个看守麦田的人成为一个白发苍苍的老人，在集市上与我相逢，我冲上去想找他报仇，母亲拉住了我，平静地对我说："儿子，那个打我的人，与这个老人，并不是一个人。"

我记得最深刻的一件事是一个中秋节的中午，我们家难得地包了一顿饺子，每人只有一碗。正当我们吃饺子时，一个乞讨的老人来到了我们家门口，我端起半碗红薯干打发他，他却愤愤不平地说："我是一个老人，你们吃饺子，却让我吃红薯干，你们的心是怎么长的？"我气急败坏地说："我们一年也吃不了几次饺子，一人一小碗，连半饱都吃不上！给你红薯干就不错了，你要就要，不要就滚！"母亲训斥了我，然后端起她那半碗饺子，倒进老人碗里。

我最后悔的一件事，就是跟着母亲去卖白菜，有意无意地多算了一位买白菜的老人一毛钱。算完钱我就去了学校。当我放学回家时，看到很少流泪的母亲泪流满面。母亲并没有骂我，只是轻轻地说："儿子，你让娘丢了脸。"

我十几岁时，母亲患了严重的肺病，饥饿，病痛，劳累，使我们这个家庭陷入困境，看不到光明和希望。我产生了一种强烈的不祥之感，以为母亲随时都会自寻短见。每当我劳动归来，一进大门就高喊母亲，听到她的回应，心中才感到一块石头落了地。如果一时听不到她的回应，我就心惊胆战，跑到厨房和磨坊里寻找。有一次找遍了所有的房间也没有见到母亲的身影，我便坐在院子里大哭，这时，母亲背着一捆柴草从外边走进来。她对我的哭很不满，但我又不能对她说出我的担忧。母亲看到我的心思，她说："孩子，你放心，尽管我活着没有一点乐趣，但只要阎王爷不叫我，我是不会去的。"

我生来相貌丑陋，村子里很多人当面嘲笑我，学校里有几个性格霸蛮的同学甚至为此打我。我回家痛哭，母亲对我说：“儿子，你不丑。你不缺鼻子不缺眼，四肢健全，丑在哪里？而且，只要你心存善良，多做好事，即便是丑也能变美。”后来我进入城市，有一些很有文化的人依然在背后甚至当面嘲弄我的相貌，我想起了母亲的话，便心平气和地向他们道歉。

我母亲不识字，但对识字的人十分敬重。我们家生活困难，经常吃了上顿没下顿，但只要我对她提出买书买文具的要求，她总是会满足我。她是个勤劳的人，讨厌懒惰的孩子，但只要是我因为看书耽误了干活，她从来没批评过我。

有一段时间，集市上来了一个说书人。我偷偷地跑去听书，忘记了她分配给我的活儿。为此，母亲批评了我。晚上当她就着一盏小油灯为家人赶制棉衣时，我忍不住地将白天从说书人那里听来的故事复述给她听，起初她有些不耐烦，因为在她心目中，说书人都是油嘴滑舌、不务正业的人，从他们嘴里，冒不出好话来。但我复述的故事渐渐地吸引了她，以后每逢集日她便不再给我派活儿，默许我去集上听书。为了报答母亲的恩情，也为了向她炫耀我的记忆力，我会把白天听到的故事，绘声绘色地讲给她听。

很快的，我就不满足复述说书人讲的故事了，我在复述的过程中不断地添油加醋。我会投我母亲所好，编造一些情节，有时候甚至改变故事的结局。我的听众也不仅仅是我的母亲，连我的姐姐，我的婶婶，我的奶奶都成为我的听众。我母亲在听完我的故事后，有时会忧心忡忡地，像是对我说，又像是自言自语：“儿啊，你长大后会成为一个什么人呢？难道要靠耍贫嘴吃饭吗？”

我理解母亲的担忧，因为在村子里，一个贫嘴的孩子，是招人厌烦的，有时候还会给自己和家庭带来麻烦。我在小说《牛》里所写的那个因为话多被村里人厌恶的孩子，就有我童年时的影子。我母亲经常提醒我少说话，她希望我能做一个沉默寡言、安稳大方的孩子。但在我身上，却显露出极强的说话能力和极大的说话欲望，这无疑是极大的危险，但我说故事的能力，又带给了她愉悦，这使她陷入深深的矛盾之中。

俗话说“江山易改，本性难移”，尽管有我父母亲的谆谆教导，但我并没改掉喜欢说话的天性，这使得我的名字“莫言”，很像对自己的讽刺。

我小学未毕业即辍学，因为年幼体弱，干不了重活，只好到荒草滩上去放牧牛羊。当我牵着牛羊从学校门前路过，看到昔日的同学在校园里打打闹闹，我心中充满悲凉，深深地体会到一个人，哪怕是一个孩子，离开群体后的痛苦。

到了荒滩上，我把牛羊放开，让它们自己吃草。蓝天如海，草地一望无际，周围看不到一个人影，没有人的声音，只有鸟儿在天上鸣叫。我感到很孤独，很寂寞，心里空空荡荡。有时候，我躺在草地上，望着天上懒洋洋地飘动着的白云，脑海里便浮现出许多莫名其妙的幻想。我们那地方流传着许多狐狸变成美女的故事，我幻想着能有一个狐狸变成美女与我来做伴放牛，但她始终没有出现。但有一次，一只火红色的狐狸从我面前的草丛中跳出来时，我被吓得一屁股蹲在地上。狐狸跑没了踪影，我还在那里颤抖。有时候我会蹲在牛的身旁，看着湛蓝的牛眼和牛眼中的我的倒影。有时候我会模仿着鸟儿的叫声试图与天上的鸟儿对话，有时候我会对一棵树诉说心声。但鸟儿不理我，树也不理我。许多年后，当我成为一个小说家，当年的许多幻想，都被我写进了小说。很多人夸我想象力丰富，有一些文学爱好者，希望我能告诉他们培养想象力的秘诀，对此，我只能报以苦笑。

……

我是一个讲故事的人。

因为讲故事我获得了诺贝尔文学奖。

我获奖后发生了很多精彩的故事，这些故事，让我坚信真理和正义是存在的。

今后的岁月里，我将继续讲我的故事。

谢谢大家！

CHAPTER

第二章　演讲的选题准备

一、选择有趣的题目

演讲的题目千千万万，但并不是每一个题目都让你充满热情。如果演讲的是自拟题目，演讲者要选择有趣的、有自己真实体会的题目。如果选择的话题不是自己真心喜欢的，那么演讲只能是干巴巴的。

演讲的选题

在卡耐基的演讲培训课上，来了一位杰克逊先生。他不知道有什么可以用来作为自己演讲的题目，于是他买了一份报纸，在上面看中了《十年成功秘诀》这篇文章。他想这篇文章还不错，自己加点什么就可以演讲了。但事实上，他列举了一些历史名人的故事再加上这篇文章里的观点，演讲出来干巴巴的。

指导老师说："杰克逊先生，我们对你讲的那篇文章的作者并不感兴趣。不妨先告诉我们，你是怎么想的，而不是那篇文章的作者是怎么想的。请把那篇文章再读一遍，看你是否同意他的观点。如果同意，就用你的经验来论证。如果不同意，告诉我们为什么。就让这篇文章作为一个引子，引出你自己的演讲。"

杰克逊重新读了这篇文章，才发现自己根本不同意作者的观点。他从记忆里搜寻自己的亲身经历来证明自己的观点，于是他的演讲成功了。毫无疑问，他自己讲自己的经历，会让观众更感兴趣。

当演讲者不知道自己可以用什么题目来演讲时，就思考自己的真实经历有什么可以与观众分享的。比如，演讲的题目是《祖国》，演讲者可以结合自己到北京看升旗仪式的体会，或者是奥运会申办成功时自己的心情，或者是自己到长城旅游时看到清洁工爱护环境、热爱祖国的事迹，演讲者演讲时真情实感的流露，会感染到观众。相反，有些演讲者只会从历史书上找一些历史资料来证明祖国的伟大，或者是找一些与自己无关的名人爱国行为来鼓舞观众要爱国，这类没有亲身体会的内容连自己都感动不了，更感动不了观众。

总结一下，演讲中，能引起演讲者与观众共同兴趣的主题包括：

（1）自己早年的成长历程，自己与家庭、童年、学校有关的事件。因为人的成长都要经历磨难，如何走出困境是人类相互关注的主题，特别是成长过程中自己的心路历程——迷茫、冲动、失败、懊悔或是感恩、自强都是观众愿意分享的内容。

（2）自己是如何出人头地的。每个人都渴望成功，由于成功的方法与体会不同，所以演讲者可以从不同的侧重点与各自的经历出发，讲述自己走向成功的路途是怎样的，这也是社会普遍关注的，马云、俞敏洪的演讲就因此而流行。演讲者可以回忆自己为成功付出的代价，如自己又是如何选择了某种特别的行业？是什么机遇造就了自己今天的事业？在这竞争激烈的社会，自己是如何取得今天的成就的？这些内容永远都是有市场的。

（3）爱好与兴趣。你如果爱好摄影、绘画、电影，或者是其他什么特殊爱好，如喜欢蜘蛛，都可以讲。因为演讲者谈到自己的爱好，总有说不尽的话语。他是如何迷上这一事物的，为之付出了什么，收获了什么，这些可以作为演讲的主题。

（4）不同寻常的经历。例如，见过什么名人，或者是经历过什么特殊的事情，包括一些危险的事情，都是观众感兴趣的。

（5）信仰与信念。比如你的人生观是什么，你认为人生最有价值的是什么，是如何形成这种观点的。举出实例证明自己的观点。

总之，演讲的主题仅仅是一个“正确的观点”并不够。这些观点，如果只是报纸上的二手观点，没有经过自己的内心体会，就可能讲不好。其实，每个人的内心深处都有很多知识与情感的宝藏等待着发掘。

有时演讲的题目是规定了的，比如《个人对公司的责任》，演讲者就应该培养自己对这个题目的热情。即使演讲者的立论再怎么丰富、材料再怎么充分，但没有真实的情感投入，也演讲不好。观众都看着演讲者，很容易分辨他在舞台上是否是一个“好演员”，而真正的好演员都是有真情实感的。

一个学校关于爱国爱党的演讲，大部分学生搜集了一些建党资料，最后喊着口号，号召大家将爱党作为自己的终生事业。突然有一个学生，一上台就带着丰富的感情投入演讲。

他谈到自己的入党，准备入党前，他到邓小平故居去旅游了一次，早期共产党人将自己奉献给一项伟大事业的精神感染了他，所以他认为自己要选择一个伟大的精神领域，于是，他入党了，他要以一个共产党员的精神鼓舞自己，永远保持党员的纯洁性。“同学们，你们有信仰吗？在这个信仰缺乏的时代，有的人以钱来衡量一切。但是我认为，有信仰的人生，才是有价值的人生。共产党员的信仰是高尚的，也是我们年轻人应该继续跟随的，为民族的未来，为国家的未来，我们有责任继续这个伟大的事业！”富有真情实感的演讲，使他获得了成功。

即使是一个老生常谈的主题，也是可以投入情感的，重要的是选择触动自己的那个“点”，只要感动了自己，就感动了观众。演讲者要培养自己情感的外露表现，甚至把自己想象成一个话剧演员，情感表现得夸张一些，这样更有丰富的效果。

二、积累丰富的材料

选好题目后，要进行深入的思考：围绕这一主题，有哪些问题？比如，“人生应该生于忧患”，可以继续思考：为什么相信这一点？有哪些经历可以证明这个观点？忧患可能带来什么正向的价值？是不是所有的忧患必定带来好的效果？如何正确地对待所有的忧患？有哪些不同的忧患类型？等等。这类问题可以促使你深入地思考演讲题材，让你充分地选择最有价值的小观点分享给观众。据说植物界的天才路德·伯班克为了寻找一两个高级品种而培养了100万种植物。演讲其实也是如此，围绕主题思考一二十种观点，然后舍去一些，选择最有价值的小观点组合起来。

秘书小王正在准备一系列关于公司运营情况的文章，为此他到公司各个部门进行走访，甚至打电话到不同的片区，了解他们的运营情况。在他的办公室里，放满了各种各样的财务报表、行业分析报告以及总结等。他说：“我总是搜集比我要使用的材料多10倍的东西。”

最后，他完成了一篇总结以及一篇投资报告，结果源于数据与真实的事件，但是他为了得出这一结果，撰写的笔记如同一本厚厚的书。

演讲也是这样，特别是一些需要临时应变的演讲，如竞选、竞聘，针对前面演讲者的重点你要改变一下自己的重点或者增加一定的内容，于是你必须准备得更充分一些。

三、提炼一个好的主题句

一个好的演讲，主题应该是简洁、清晰的，因为观众的注意力是有限的，演讲者要不断地在演讲过程中重复自己的主题句，强化观众对这一主题的理解。从生理上说，观众的记忆力是有限的。一场演讲过后，他们记得的，可能不过是一句话，所以，演讲者需要提炼出自己演讲的主题句。

在哈佛大学的毕业典礼上，比尔·盖茨发表了一篇演讲，主题是要消除人与人之间的不平等。他列举了大量的事实，用一句话概括了主题——“人性最大的进步之处不在于他是如何被发现的，而在于人们如何运用这些发现去减少不公平的现象”。到现在，观众虽然忘记了他演讲的其他内容，但是却没有忘记这一句话。

在准备材料的时候，一些演讲者认为自己的观点都是有价值的，如果让他提炼出一个而舍弃其他的，这是非常困难的。但如果一个演讲里包含了两个主题句，对于观众来说，也是非常难以忍受的。

以下选用的是1960年，美国黑人民权运动领袖马丁·路德·金一场极为著名的演讲《我有一个梦想》的片段，全文中，他重复了9次“我有一个梦想”这个主题句，使这一主题句成为人类进步史上的经典！

朋友们，今天我对你们说，在此时此刻，我们虽然遭受种种困难和挫折，我仍然有一个梦想，这个梦想深深扎根于美国的梦想中的。

我梦想有一天，这个国家会站立起来，真正实现其信条的真谛：“我们认为这些真理是不言而喻的；人人生而平等。”

我梦想有一天，在佐治亚的红山上，昔日奴隶的儿子将能够和昔日奴隶主的儿子坐在一起，共叙兄弟情谊。

我梦想有一天，甚至连密西西比州这个正义匿迹、压迫成风、如同沙漠般的地方，也将变成自由和正义的绿洲。

我梦想有一天，我的四个孩子将在一个不是以他们的肤色，而是以他们的品格优劣来评判他们的国度里生活。

我今天有一个梦想。

我梦想有一天，亚拉巴马州能够有所转变，尽管该州州长现在仍然满口异议，反对联邦法令，但有朝一日，那里的黑人男孩和女孩将能够与白人男孩和女孩情同骨肉，携手并立。

我今天有一个梦想。

我梦想有一天，幽谷上升，高山下降；坎坷曲折的道路变成坦途，圣光披露，满照天地。

……

思考与练习

1. 以下面的内容为大范围，确定你演讲的具体主题与题目。

稿 1：关于人生

稿 2：关于苦难

稿 3：关于美丽

稿 4：关于真相

稿 5：关于责任

稿 6：关于自由

2. 同学们，大家一起来构思一下，下列这些演讲稿应怎么写？我们把以下演讲稿的提纲写出来，大家共同欣赏一下吧！

稿 1：人生追求什么？

稿 2：为了孩子

稿 3：过去与现在

稿 4：梦想有多远？

稿 5：你被误解了

稿 6：人生的友情

稿 7：文凭与水平

稿 8：永不放弃

稿9：我爱我的家乡

稿10：我最欣赏的人

3. 请为下列演讲题目选取丰富的背景材料，每个题目选取的材料不少于3篇文章。

稿1：我的理想

稿2：人生的价值

稿3：环境污染从何抓起

稿4：从今天开始，还是从明天开始？

稿5：路是人走出来的

4. 阅读以下这两段演讲稿，它们的主题句分别是什么？

你唯一有把握的是成长

杨　澜

稿1：做好一件事就好

人与人虽然没有优劣之分，但却有很大不同。一次参加一个论坛，有位教授说了一个观点：一个人不需要每件事都做得好。其实只要一件事做得好，你就有下一次机会。我觉得很有道理。像我遇到很多做记者的同行，他们说：杨澜你多幸运，能采访那么多国家元首和政府首脑，我们都没有这个机会。而我其实是从采访一个区长开始的。所以要是区长没采访好，就不要去采访市长；市长没采访好，就不要采访部长；等部长采访好了，再想副总理、总理、总统。

对于医学，我不是很懂，但我也了解到，也有这种比较优势存在。有的医学生，在学校理论学得很好，但手比较笨，所以在临床上就不适合做外科医生。有的理论学得不是很精专，但手很灵巧，就可以成为外科的“一把刀”。这就是每个人有不同的比较优势。

（资料来源：http：//www. zhlzw. com/lz/zx/94298. html）

稿2：给你的人生做加减法

后来我去上海的中欧商学院进修CEO课程，一个老师讲到一个商人和一个士兵的区别：士兵是接到一个命令，哪怕打到最后一发子弹，牺牲了，也要坚守阵地。而商人则好像是在一个大厅，随时要注意哪个门能开，我就从哪出去。一直在寻找流动的机会，并不断进出，来获取最大的商业利益。所以听完，我就心中有数了——我自己不是做商人的料。虽然可以很勤奋地去做，但从骨子里，这不是我的比较优势。在我职业生涯的前十五年，我都是一直在做加法，做了主持人，我就要求导演：是不是我可以自己来写台词。写了台词，就问导演：可不可以我自己做一次编辑？做完编辑，就问主任：可不可以让我做一次制片人？做了制片人，就想我能不能同时负责几个节目。负责了几个节目后，就想能不能办个频道？人生中一直在做加法，加到阳光卫视，我知道了，人生中，你的比较优势可能只有一项或两项。

在做完一系列的加法后，我想该开始做减法了。因为我觉得我需要有一个平衡的生活。我不能这样疯狂地工作下去。所以就开始做减法。那么今天我想把自己定位于：一个懂得市场规律的文化人，一个懂得和世界交流的文化人。在做好主持人工作的同时，希望能够从事更多的社会公益方面的活动。所以可能在失败中更能认识自己的比较优势。当然我也希望大家付出的代价不要太大，就能了解自己的比较优势和缺陷所在。

第三章　演讲稿的写作

一、演讲的开头

（一）开场白的设计

我们一起来比较以下两种演讲的开头方式：

演讲稿开头的写法

第一种开头方式："大家好，我是今天的演讲者2号，李丽。我今天的演讲题目是：关注食品安全问题。"

第二种开头方式："女士们，先生们：你们知道你们每天早上吃的豆浆、油条安全吗？你在伸手去拿那些看上去白白嫩嫩的豆腐时，知不知道有的黑心店主在那里加进了有害健康的成分？现在我要和你们一起直面这些生活中的真相，一起思考如何应对这一现状，因为我们不得不——吃！"

毫无疑问，后者一开头就吸引了观众的注意力。据统计，演讲最开始的30秒是观众决定是否有兴趣继续听下去的关键，如果开头不能做到"一鸣惊人"，演讲就已经失败了一半。

总结来看，常用的演讲开场白方式包括：

1. 故事式开头

用形象的语言讲述一个故事来作为开场白会引起观众极大的兴趣。选择故事要遵循这样几个原则：要短小，不然就成了故事会；要有意味，促人深思；要与演讲内容有关。

新东方创始人俞敏洪有一个演讲《只有经过危机，才有成熟的人生》，在演讲的开头，他讲了一个故事：

在美国有一群濒临灭绝的鹿，被国家保护了起来，圈在一处水草丰美的地方，不让任何天敌接近它们。这群鹿过着十分惬意的生活，可以吃了睡、睡了吃。很快鹿的数量越来越大，灭绝的危险解除了。但紧接着科学家们发现了一个问题，这些鹿的身体越来越差，各种稀奇古怪的毛病出现在这群鹿身上，不是心血管病就是肥胖症。科学家们使用了各种办法治疗它们，却总不见好。最后有一个科学家提出把狼医生请过来，就是请一群狼来到鹿群中间。当这群狼来到鹿群中间时，鹿群已经不知道狼为何物，傻傻地站在那里。狼看到美食就在眼前，自然扑上去就咬，这时鹿群才知道狼是来吃自己的，争相逃命。就这样，每天狼群追着鹿群在草原上飞奔，凡是跑不动的就被吃掉。几个月之后，当医生再次检查鹿群的身体时，发现所有的疾病已经一扫而空，这群鹿在狼的追赶下，已经变得健步如飞，健壮如牛。

这是一个寓言故事，用动物生存的法则暗示了人类的生存原则，不管是鹿还是人类，只有在充满危机感和紧迫感的情况下才能更好地生存。演讲中开头的故事要把握叙述的原则，即时间、地点、人物、起因、经过、结果都要有所交代，故事要简短，与主题吻合，这样就可以很好地突出主题的内涵。

在讲故事的时候，如果加入一些人物的对话，辅之以生动的语调，使对话更具有戏剧的效果，就会增强演讲的感染力。比如演讲的开头，同样一个故事有下列两种叙述方式：

第一种："前几天，我正在工作的时候，有个人闯进了我的办公室。他非常生气，因为他认为我们宾馆的服务员态度不好。于是，我竭尽所能地安慰他，最后他平稳了情绪，对我的态度与服务表示了认可。"

第二种："上周二的上午，我正在办公室里工作，突然有人闯进了办公室。

'嗨，你是这里的领导吗？'

我看着他好像非常生气的样子，马上站了起来。

'是的，有什么问题我可以帮助您的？您请先坐下。'

我给他倒了杯水喝。

'我跟你说，你们楼下宾馆的服务员态度太恶劣了。我昨天住的房间里有很多蚊子。她却说蚊子是她控制不了的！'

'哦。请问您住哪个房间？要不，今天我们给您换一个，朝向北边的房间前面是空旷的，没有草坪，应该没什么蚊子。此外，我让服务员特别关注一下，把卫生做彻底。'

'嗯，这种服务态度还不错。'"

显然，第二种叙述方式有更好的戏剧效果。故事的细节是生活化的，演讲者还原生活的现场，使他的讲述更为可信。

2. 幽默式开头

俄国文学家契诃夫说过："不懂得开玩笑的人是没有希望的人！这样的人即使额高七寸、聪明绝顶，也算不上真正的有智慧。"

1990年，台湾影视艺术家凌峰受邀请参加春节联欢晚会。他是这样上台介绍自己的："在下凌峰，我和歌手文章不一样，虽然我们都得到'金鸡奖'和'最佳男歌星'称号，但是，我是以长得难看而出名的。两年多来，我在大江南北走了一遍——拍摄《八千里路云和月》，所到之处呢，观众给予了我们很大的支持，尤其是男观众对我的印象特别好。因为他们认为本人的长相像中国——中国五千年的沧桑和苦难全都写在我的脸上。一般来说，女观众对我的印象不太良好，有的女观众对我的长相已经达到了忍无可忍的地步，她们认为我是人比黄花瘦，脸比煤球黑；但是，时代在变，潮流在变，审美的观念也在变。如果你仔细地归纳一下就会发现，现在的男人基本上分为三种：第一种——你一看上去很漂亮，可看久了以后，就觉得他没有什么男人味道，这一种就像我的好朋友刘文正那样；第二种——你看上去难看，看久了是越看越难看，这一种就像我的好朋友陈佩斯那种；第三种——你看上去很难看，看久了以后你会发现，他有另一种男人的味道，这种就是在下我这种。鼓掌的都表示同意了！”

现场观众顿时鼓掌大笑，这个幽默的开场白，让人们记住了这个“人比黄花瘦，脸比煤球黑”的歌手。

运用幽默开场，要记住一个原则：可以自嘲但不要嘲笑观众，态度要谦卑而不猥琐、低级。自嘲是对自己的揶揄、谦虚，既不伤及他人，也体现了演讲者自己的豁达品格和乐观情绪，自嘲将自己处于一个较低的位置，满足了观众的优越感，让观众感觉到舒适。千万不要在幽默中贬低观众、嘲笑观众，比如“接下来我要讲的这个道理相信是聪明的人才能听明白的。在座的可要听清楚了，看看你们是聪明的还是愚蠢的?”这种幽默会让观众产生很不舒服的感觉，因为演讲者把自己的姿态凌驾于观众之上进行说教。有的演讲者在演讲中为了创造一些幽默不尊重女性，也是不可取的，比如“唯女子与小人难养也，所以，我以下要讲的这个道理，男人们都懂，女人就不要来掺和了”。

幽默是一种很特别的语言修辞，有的时候，由于文化背景的不同，幽默所产生的效果也就不同。所以，英国的笑话，在美国人看来并不是特别好笑。由此可见，你认为好笑的事，其他人未必觉得好笑。在演讲中，能拿出来用的材料，一定是绝大多数人都觉得好笑的材料。如果你说“上周我遇到了一件很好笑的事儿”，结果讲完后并没有达到预期的幽默效果，观众就会很失望。

3. 提问式开头

提问，是一种有效地、迅速拉近演讲者与观众距离的方法。演讲者提出一个问题，促进观众参与进来共同思考，演讲者进而讲解自己的观点，即使观众不回答问题，也能跟着演讲者一起思考。

演讲稿《珍惜生命，把握今天》：“你还有多少事情没有做完?你还有多少人没去感激?你又有多少愿望没去实现呢?假如这是生命的最后一天，你将如何做呢?”接连的问句一气呵成，加强语气，一开始就把演讲推向了高潮。

我国教育家陶行知的演讲稿《学做一个人》是这样开头的：“我要讲的题目是：《学做一个人》。要做一个整个的人，别做一个不完全、命分式的人。中国虽然有四万万人，试问有几个是整个的人?诸君试想一想：我自己是不是一个整个的人……”

提问式的开场白，比如针对某件事情提问，针对观众中一些人提问，或者是用名人的某句话来提问，也可以借用一些道具。比如手里拿出一部手机示意，演讲者提问：“我们每个人都有这个——手机，为什么我们每天都需要看手机?我们通过手机完成了哪些社会功能?”

4. 开门见山式开头

开门见山式开头指演讲者一开始就采用简单明了的语言直奔主题，然后进入阐释与论证。这样的好处，一是让观众明白你的主题是什么，二来有助于厘清演讲者的思路。一般来说，一些正规、庄重的演讲场合，比较适合开门见山的开头方式。比如演讲稿《美丽的春天》可以这样开头：

朋友们，我们都见过春天，但是什么是美丽的春天？首都北京，春天本应是绿柳茵茵，但却常见雾霾沉沉。我今天要说说春天，说说北方的环境污染，我们还能见到美丽的春天吗？

演讲的开头就点明了自己演讲的主题，体现出演讲者的诚意。在演讲中，开门见山，并不等于平铺直叙地交代主题，也不等于毫无艺术方式地直接告诉观众自己的题目。所以，如果这篇开头改为“大家好，今天我演讲的题目是‘环境污染’”，这样就过于平淡。观众虽然明白演讲者的意思，却觉得平淡、乏味。

5. 情境创设式开头

所谓情境创设式开头，是指在演讲的开始，演讲者便激发起观众的情感，以一种沉重、愉快、激动的情感带动观众去理解演讲者。任何一种演讲都是融情与理于一体的，观众如果在一开头就进入相应的情感状态中，就更容易认同演讲者。

演讲者如果一上台就开始正正经经地演讲，就会给人生硬突兀的感觉，让观众难以接受。不妨以眼前人、事、景为话题，引申开去，把观众不知不觉地引入演讲之中。可以谈会场布置，谈当时天气，谈此时心情……

例如，“今天是我第一次到著名的旅游城市桂林来演讲，我虽然要做一个关于文学的演讲，但是我想，任何古往今来的文学大师，面对美丽的桂林，再美的语言也无法赞美出你们桂林的优美！除了自然环境的美以外，我还要感谢在座的各位，你们的热情与好客更让我感觉到了一种人情的美！谢谢大家！”

再比如，在教师节庆祝大会上，如果天气阴沉沉的，演讲者可以这样开头：“今天天气不太好，阴沉昏暗，但我们却在这里看到了一片光明。”接着转入正题，讴歌教师的伟大灵魂和奉献精神，他们燃烧了自己，照亮了别人和人类的未来。

1863 年，美国葛底斯堡国家烈士公墓竣工。落成典礼那天，国务卿埃弗雷特站在主席台上，人群、麦田、牧场、果园、连绵的丘陵和高远的山峰历历在目，他心潮起伏，感慨万千，立即改变了原先想好的开头，从此情此景谈起：

“站在明净的长天之下，从这片经过人们终年耕耘而今已安静憩息的辽阔田野放眼望去，那雄伟的阿勒格尼山隐隐约约地耸立在我们的前方，兄弟们的坟墓就在我们脚下，我真不敢用我这微不足道的声音打破上帝和大自然所安排的这意味无穷的平静。但是我必须完成你们交给我的责任，我祈求你们，祈求你们的宽容和同情……”

埃弗雷特的这个演讲，开场白感情深沉，人、景、物、情是那么完美而又自然地融合在一起。当埃弗雷特刚刚讲完这段话时，不少观众已热泪盈眶。

6. 悬念式开头

在演讲开始，演讲者故意不将自己要讲的东西明明白白地向观众交代清楚，而是引而不发、制造悬念，以吊足观众的胃口激发其兴趣，从而使得观众带着问题急切地想听下面的内容。

例如，演讲稿《苦难——生命的催化剂》的开头：

5 岁，妈妈离去，爸爸为还债外出打工，她在农活与读书的交替中品尝了生活；10 岁，她摔断了腿，无钱医治，躺了整整两个月，爸爸贷款医好她，可她辍学了；12 岁，她借了 100 元跋涉几十里到了××中学，苦苦哀求老师破例收下她，从此在知识的长河里遨游；14 岁，她中考一结束就带着 50 元钱穿越重庆的大街小巷，为躺在医院的父亲寻找律师打官司……她，就是我。

这篇演讲稿通过故事铺陈、设置悬念，让人们在疑问中了解演讲者不凡的身世，从而融入角色内容。

（二）开场白的误区

除了以上的开场白方法以外，还有其他一些灵活的方法，只要能迅速地引起观众的兴趣，就是好的方法。但是有一些开场白的误区需要注意。

1. 一上台就表示抱歉

“实在很抱歉，我的口才比较差，如果我演讲得不好，请大家多包涵。”一上来就抱歉，显得没有自信，这也会让观众不耐烦。

2. 对观众加以区别对待

“我很感谢今天来到现场的各位公司高层，感谢股东张伟先生、感谢全国总经理李强先生，感谢西南地区经理王丽华，当然也要感谢我的直接领导李天开，当然还有现场的其他同事、同人们。”观众会感觉这样的演讲者过分关注某些领导层，趋炎附势。

3. 解释自己演讲的原因

除非演讲者是一个特殊人物，否则观众不太愿意听演讲者讲述自己站在演讲台上的原因。

4. 重复姓名与题目

通常由主持人介绍了下面出场的演讲者姓名与题目后，有的演讲者一上来又重复说一遍自己的姓名与题目，这样非常啰唆，而且平淡。

5. 述说自己的辛苦

不要述说为了演讲你查看了多少资料、对着镜子练习了多少回，如果你不是一个明星，观众不会关心你的幕后故事，直接开讲吧！

二、演讲的结构

演讲稿主体的写法

演讲的主体部分，需要一个清晰的结构。为了做到这一点，在构思过程中，演讲者需要拟一个提纲。提纲，一定要精简，按照主要观点与次要观点进行排列。各个大的部分之间，可以是平行的关系，也可以是递进的关系。

以下是一个演讲提纲的示范。请注意，提纲只需要列出每个部分的要点与一定的方法即可。

1. 故事引入（演讲时间的5%）

（1）用生动的对白吸引观众。

（2）给出演讲的主题句，并强调。

2. 主要观点

（1）支持这个观点的名人名言。

（2）自己生活中的真实体会。

3. 结论（演讲时间的5%）

对全部发言做一定的总结。

（1）精彩的结束语。

（2）与观众互动、鼓励式的结尾。

提纲的结构反映演讲者的思维过程。一般来说，常见的组织结构框架包括以下四种方式。

（一）按时间顺序排列

比如谈人生的经历、成功的过程，这类演讲基本上都是以时间的顺序来安排的，这样，演讲者的思维过程也容易被观众抓住，这是一种简单、有效的方法。

（二）按类别进行阐释

如果演讲的题目包括的内容较广泛，就需要分类别地进行阐释。例如，谈什么是幸福，演讲者可以从健康是幸福、付出是幸福、劳动是幸福三方面来演讲，这三个并列的关系充分回答了演讲者的主题。又如，谈影响商业成功的因素，演讲者可以从个人力量、组织力量、行业机遇三方面来演讲。

（三）提出问题、分析问题、解决问题

演讲者使用“提出问题”的方法进行开头，演讲的主体毫无疑问就是对这一问题的分析，最后解决这一问题。例如，题目《高学历一定高学识吗?》，在提出问题后，演讲者就对高学历人群进行分析，谈到学识包括知识范围的广度以及为人的情商，而高学历并不一定就代表在学识与情商上高于他人。所以，结论是：请用人单位在选拔人才时注意不要单纯地用学历来衡量一切。

（四）对比和比较

演讲者运用对比和比较结构，可以加深观众对演讲主题的理解。例如，题目《救救孩子!》，演讲者介绍中国孩子在参加夏令营时体现出来的公主、少爷脾气，又介绍日本孩子在夏令营里的独立与互助。通过对比和比较的结构，这样更加深了观众对演讲主题的理解。

以上四种经典结构，可以综合运用。不管采用什么样的结构，其提纲都必须体现出清晰的效果。面对演讲者的一场演讲，在短暂的时间里，如果逻辑层次太多、太丰富，观众就根本理解不过来。

三、演讲的过渡

一般来说，演讲内部一个结构与另一个结构的连接，需要“过渡”。如何使过渡自然？这需要联想各个部分之间的逻辑关系。

看以下演讲中的关键词，你如何自然地过渡呢？

天空
食品
孩子
健康

由这几个关键词，我们可以联想到：美丽的天空、干净的自然，在这样的环境下生产出来的食品更有利于孩子的健康。于是，这一段词语就成功地连接在了一起。词语与词语之间的这种联想方式，就是过渡。

作为一个优秀的演讲者，可以自然地过渡，而如果有人讲了一段却不知道如何转移到另一段上去，就是过渡的失败。过渡的方法，在演讲中有以下三种：

一是关联词的运用。常用的关联词包括：“然而”“但是”“并且”“尽管”“因此”“总之”“所以”……此外，还有一些比较长的过渡句子，如“前面我的观点，刚好可以用一个真实的故事来印证”，或者是“以上我讲了三条，总之，可以归纳为一句话……”。此外，还有一些在复杂句子中使用的关联词，如“除此以外”“反过来讲”“另一个原因是”等。

二是声音的变化。演讲中的声音是一种传达信息的很好方法。演讲者突然使用变慢的语速，就是一种强调性的过渡。此外，提高音量、弱化音量，也都有一定的效果。例如，演讲《过去与现在》：“现在，我们处于一种通信工具快速发展的社会，但是，我想先和大家回顾一下我们过去的生活。那时候，我们没有手机……”演讲者在回忆过去的生活时，突然采用一种缓慢的语调，就自然地使整个语境处于一种回忆的氛围。

三是动作的改变。演讲中，从一个演讲的位置前后移动一两步，发生一点走位上的变化，或者是使用态势语，再配合一定的词语和声音，就自然地发生了内容上的过渡转移。例如，演讲《提问与人生》：“学会提问，可以改变一个人的一生。我的亲身经历让我明白了这个真理（此时声音停顿两秒，同时向前走两步）。两年前的一天，我在一个广告公司工作……”

四、演讲的结尾

演讲的结尾，是演讲的关键环节，好的结尾能揭示题旨，加深认识，给观众留下完整深刻的印象；好的结尾，总结全篇，使通篇浑然一体；好的结尾鼓动激情，促人深思，能让观众在反复回味中受到教育和启发。

演讲稿结尾的写法

（一）演讲结尾的类型

演讲结尾的类型多种多样，归纳起来，常见的演讲结尾方式大体可以分为以下几种。

1. 总结式结尾

在演讲结束时对演讲主题进行总结与归纳，使事件或者主题上升到一个新的高度，从而起到突出中心、强化主题、首尾呼应、画龙点睛的作用。为什么观众读演讲稿的时候很容易理解主题，而观看演讲时就容易产生理解上的困难呢？这是因为观众如果面对一篇文稿，他就有足够的时间回看全篇的结构，快速理解主题。而演讲中观众“听”与“观看”的过程，使观众的注意力不能全部集中在演讲的逻辑文稿上，并且观看的同时，不能“回看”，所以，观众印象不深刻。如果演讲者在演讲结尾时不对主题进行总结与提醒，可能就淡化了演讲的主题呈现。

例如，一个演讲者准备了“有机与健康”的主题，在演讲稿中他列举了有机食品对人体的种种好处，又对照了一些国家对于转基因食品的保守态度，他列举了各种食品，种类丰富，每一项都讲得很清楚，但最后没有对有机食品的种类与优点进行总结，观众可能得到的就是一个模糊的印象。经过老师的提醒，他进行了修改，在演讲稿的结尾，他总结道：“各位朋友，刚才我给大家列举了有机蔬菜、有机大米、有机鸡蛋、有机食用油对人体的各种好处，又指出了各国对于转基因食品的保守态度。所以，最后我提醒大家，在购买产品时，多看看说明书，吃的——还是有机的好！”这样，观众对于他整个演讲的逻辑就能清楚地把握了。这正如一位爱尔兰政治家说过的那样：“你先对观众说，我将要告诉他们一些什么；然后，你再告诉他们；到最后，你再告诉他们，已经告诉过了。”

总结式结尾，语言要简练，多用四字词语来进行提炼。

一位医生讲述关于糖尿病病人的日常养生的主题，在介绍大量的病理知识与保养细节后，他总结：“对于糖尿病，在日常养生的时候一定要注意‘三多一不’。‘三多’即要多运动，我指的是一些快走、慢跑等轻中度运动；多与医生配合，糖尿病是终身的，在不同的阶段要配合不同的治疗手段和饮食方案；多餐，一日三餐都要吃，但是要少吃多餐。‘一不’，即不能禁食。即使是血糖偏高时也要少量进食。”观众把“三多一不”的口诀记住了，就容易记住医生介绍的细节了。

2. 号召式结尾

指用慷慨激昂、振奋人心的语言作为演讲的结尾，使观众受到感染。号召式结尾或提出希望，或发出号召，或展示未来，以激起观众感情的波涛，使观众产生一种蓬勃向上的力量。

林肯在其第二次就职演说中采用的结尾方式是：“我们很高兴地期盼，我们很诚挚地祈祷，这场战争灾难将很快成为过去。然而，如果上帝想让这场战争一直持续下去，将那些毫无报酬的奴隶所积聚的财富完全耗尽，将我们身上的每一滴血流干的话，那么我们也必须说出 3 000 年前那句相同的话：‘上帝的裁判是真实而公正的。’不要对任何人心存敌意，对所有人都要心存慈悲。……照顾为国捐躯的战士们的孤儿寡母。尽我们的一切能力，建立公正永久的和平，并推广到世界的每一个角落。”

上面这段演讲的结尾情真意切、回顾历史、思考真理，具有极强的号召力，它鼓舞着美国民众为实现“建立公正永久的和平，并推广到世界的每一个角落”这一目标前进。

3. 抒情式结尾

演讲的结尾以一种优美的柔情方式展开，语尽而意不尽，意留在语外，或提问，或联想，清音有余，余味袅袅，回味无穷。抒情的方式，可借景抒情，可借事抒情，可借理抒情，情感柔和、自然，演讲的语速缓慢、悠扬。

例如，演讲稿《人生的价值何在》的结尾：

我们的雷锋，在他短暂平凡的人生中，创造出了巨大的人生价值，给我们留下了无与伦比的精神财富，那么，亲爱的朋友们，在漫长而又短暂的人生之路上，我们将做些什么？创造些什么？留下些什么呢？

这篇演讲稿的结尾采取对比和提问的手法，听后令人深思，发人深省，给观众留下了哲理性的思索和回味。

4. 引用式结尾

演讲结尾采用哲理名言、典故、上级指示、原始材料、诗句来结尾，这种结尾方式不仅使语言表达精练、生动、富有节奏和韵律，而且还可以提升演讲的文化内涵，使演讲的内容丰富充实，具有启发性和感染力，还可以给人一种生动活泼、别开生面之感。

从心理上来说，多数人都有一种崇拜名人的心理，认为名人名言的指导、建议是正确的，按照名人的思想去做事，对人生有正确的指导意义，在演讲中这种方法很常用。在使用引用式结尾时，引用的句子一定要与主题非常吻合，这样才能起到升华的作用。

在使用引用式结尾时，要注意：

（1）被引用的材料应该是大家都非常熟悉的权威或者名人。一些演讲者在引用他人的话时却忘记了名人的名字，就只好说“某位名人说过”，这样会使表达效果大打折扣，反而令观众对演讲者产生不信任感，或者是“我的一个朋友说过一句名言”，演讲者的朋友不一定就会是观众们所敬仰的人物，即使他的话说得正确，但是却没有名人名言的效应。

比较以下两则演讲的结尾，哪一个更好些？

稿1：演讲稿《人生的价值》的结尾

我希望大家记住的是《钢铁是怎样炼成的》其中的名言：“人，最宝贵的是生命。生命对每个人只有一次。这仅有的一次生命应该怎样度过呢？每当回首往事的时候，能够不为虚度年华而悔恨，不因碌碌无为而羞愧；在临死的时候，他能够说：‘我把我的整个生命和全部精力，都已经献给了世界上最壮丽的事业！’”我希望我们每一个人都以此作为自己人生的座右铭！

稿2：演讲稿《毅力》的结尾

毅力是攀登智慧高峰的手杖；毅力是漂越苦海的舟楫，毅力是理想的春雨催出的鲜花。朋友，或许你正在向成功努力，那么，运用你的毅力吧。这法宝可以推动你不断地前进，可以扶持你度过一切苦难。记住："顽强的毅力可以征服世界上任何一座高峰！"

两篇演讲稿都采用了名言式结尾，第一篇演讲稿引用了名著《钢铁是怎样炼成的》中的名言，第二篇演讲稿引用了英国作家狄更斯的名言。第一篇的名言是观众们普遍熟悉的，第二篇的名言对于大多数观众来说是陌生的。所以，第二篇演讲稿引用的这一句名言，如果不说明是狄更斯的名言，就没起到名言警句的效果。

（2）引用的名言一定是观众们欢迎的内容。世界上的哲学观点各有不同，人们的世界观、人生观各有不同，所以不同的人群有不同的人生态度，需要的人生指导也不同。例如，注意给老年人的演讲与给年轻人的演讲的不同，老年人喜欢演讲者告诉他要继续关注健康，年轻人希望演讲者告诉他为了理想要付出一切去追求，甚至包括付出一定的健康代价，因为有舍才有得。所以，演讲者演讲时，要在想创业的人面前引用白手起家的人的话，在需要健康的人面前引用健康专家的话，这样自然就会获得认可。

5. 点题式结尾

点题式结尾指用重复题目的方式结尾。演讲的题目或标题是演讲的重要组成部分，是最具有个性和特色的标志。在演讲结束时，如果重复题目，再一次点题，那么，就能加深观众对演讲的印象，使观众产生强烈的共鸣。

例如，演讲稿《我爱长城，我爱中华》的结尾就使用点题式结尾：

雄伟啊长城，伟大啊中华！我登上崇山峻岭的高峰之巅，我站在万里长城耸入云端的城楼之上，我昂首挺立在世界的东方，在祖国的山川大地，向世界的大洲、大洋，向天外的星球宇宙，纵声呼喊："我爱长城！我爱中华！"

这种结尾方式，既表达了主题的需要，又对观众产生了强烈的冲击力。

6. 幽默式结尾

演讲稿采用幽默、风趣的语言结尾，除某些较为庄重的演讲场合外，可为演讲增添欢声笑语，使演讲更富有趣味，令人在笑声中深思，并给听众留下一个愉快的印象。

鲁迅先生《在上海中华艺术大学的讲演》的结尾：

以上是我近年来对于美术界观察所得的几点意见。今天我带来一幅中国五千年文化的结晶，请大家欣赏欣赏。（说着一手伸进长袍，把一卷纸徐徐从衣襟上方伸出，打开看时，原来是一幅病态十足的月份牌，引得观众哄堂大笑。在笑声和掌声中，鲁迅结束了他的演讲。）

月份牌是中华民国初年以时装美女为主要形象的年画日历。鲁迅先生这个无言的结尾是别致的，也是意味深长的。他用寓意深刻的反语和富有喜剧性的诙谐手法，使人们看到了当时艺术事业的退化，让观众对拙劣的艺术品及其危害加深了认识，也表达了鲁迅先生自己深深的痛惜之情。更激励起人们对新艺术的探索和追求。这个结尾是幽默的，它让人在笑声中体味到一种民族的哀愁。这样的结尾，真是叫人永远无法从记忆中抹去。

运用幽默式结尾要切忌无聊的插科打诨、装腔作势、矫揉造作，一定要自然、真实。

7. 呼应式结尾

这种结尾与开头呼应，使整篇演讲首尾圆合、结构完整。

《井下工有颗金子般的心》的开头：

你了解井下工吗？井下工，顾名思义，是在矿井下作业的工人。这是当前最危险的工种……他们不仅承受了人们的种种误解，还以自己有力的臂膀擎起了整座矿山！我可以自豪地说：在我们招远金矿，有多少井下工，就有多少颗金子般的心！

接着，讲述了三个生动感人的事例，歌颂了矿工无私无畏的奉献精神。最后，演讲是这样结尾的：

朋友们，黄金是宝贵的，比黄金更宝贵的是井下工那颗金子般的心！如果我们的整个社会、各行业的每个人都能在自己的岗位上竭诚尽力，无私奉献，那么四化何愁不成？

愿我们都有一颗金子般的心！

这篇演讲结尾照应开头，首尾呼应，增强了演讲的鼓动力和激奋力。值得注意的是，使用呼应式的结尾，不应与开头简单地重复，而应加深主旨，耐人寻味。

（二）演讲结尾的禁忌

以上介绍了7种演讲结尾的方法，但这些方法事实上并不固定，只要是能引起情感、升华主题的方法，都是好的方法。但是演讲中也有一些结尾的禁忌，主要有以下几种。

1. 虎头蛇尾、草草收兵

演讲的结尾要有一定的高度，要尽量将全文的内容升华到新的层次，既要照应开头、总结全篇，又要突出重点、深化主旨，给观众留下完整而深刻的印象。有的演讲者在演讲中，一开始东拉西扯，海阔天空，不着边际，而临近结尾时，也不做强调，草率收兵，如“好了，你们看，我就要讲完了。”“对不起呀，我讲了这么长时间，我看得出你们也许过去听了很多这种讲话了。”“说实话，今天晚上我本不想讲的，比我讲得好的人有的是呀，不过不管怎样，多多关照啦。”这类话都是演讲者在演讲时应该力戒的。

2. 画蛇添足、拖泥带水

本来演讲可以结束了，演讲者又讲了一些与主题无关或关系不大的话，这无异于节外生枝，最令观众反感。它不但搞乱了观众的思路，破坏了观众的情绪，而且也易冲淡前面所讲的内容。演讲者必须有取舍，把那些与主题无关的话从结尾中清除，当断则断，当止则止，绝不要画蛇添足。比如，“前面我说的几点是非常重要的，在此我还想强调一下，再啰唆几句”。这样的话语就是典型的节外生枝。这势必会造成观众心理上的疲劳和精神上的困倦，让观众产生不满情绪甚至反感。

3. 千篇一律、废话连篇

有的演讲者开始说得不错，但结尾就落入俗套，尽说些故意做作、令人生厌的客套话。例如，“今天我讲到这里，本来是不准备发言的，但主持人一定要我说，我就恭敬不如从命了，由于时间关系，本人水平有限，再加上没有准备，对情况也不了解，所以就泛泛而谈，随便说说，以上几点不成熟的意见仅供参考，谈得不对的请批评，说得不好的请指正。”这种结尾就是典型的陈旧、庸俗、平淡无味、废话连篇的套话。

4. 旁敲侧击、讽刺挖苦

有的演讲者，由于发现个别观众在演讲中不太注意听，加上某些观众对自己的演讲不感兴趣，或者在下边看报纸、织毛衣，或者交头接耳、小声议论，因而在演讲结尾时，演讲者就故意说上几句旁敲侧击的讽刺挖苦话，以此发泄心中的不满情绪。例如，“请大家认真听哟，我认真地讲，你们也要认真地听哦！”这种训导的做法会引起观众的反感。

五、反复修改演讲稿

一篇优秀的演讲稿，是需要一段时间来酝酿的。从培养自己对题目的兴趣，再到对主题的兴趣，进而去搜集材料，组织稿件，修改至完成，放一段时间后再修改，不断地使语言简洁、表达清晰，让每一句话都富有一定的哲学意味。总之，完成一篇优秀的演讲稿是一个不断修改的过程。

演讲稿的修改

亚伯拉罕·林肯因常揣摩自己的演讲词而出名，他可以揣摩一整天，甚至是好几个星期。他随时都会记下一些东西，把它们藏在自己的帽子里。最后，他会把这些笔记按顺序排好，写下来，再看一遍，然后整理到他的演讲稿中去。直到演讲的最后一刻，他还在思考、还在斟酌。星期天之前，他正在准备葛底斯堡的演讲。他告诉一个朋友，演讲稿并没有真正意义上的完成。他说：“我已经写了两三遍了，我还得再修改一遍才能满意。”

演讲的头天晚上，他把自己关在房间里练习他的演讲词，不和任何人联系。他整夜都在努力，即便在去礼堂的路上，他还在聚精会神地思考。当演讲那一刻来临的时候，他用了不到五分钟的时间，发表了一篇演讲，让观众都经久不忘地记住了那266个单词。

（一）初稿形成后征求意见

演讲的初稿形成过后，不是自己藏起来，而是拿出来与朋友们讨论，征询他们的意见，并看他们的第一反应是什么，如果他们第一反应是没有明确的兴趣，那么这个初稿就是不成功的，还需要加入一些“刺激”观众的因素。

不断地思考与等待灵感，让自己的思维在演讲中不断地沉浮。当灵感突然来临时，就把它记载下来。

（二）放一段时间再修改

稿子基本完成后，把它放在一边，过一两天，然后回来，再重写那些你觉得需要重写的部分。在修改中，不要害怕删掉文字，删除会使稿子更有力量、更简洁、更明了。尤其是技术型主题的演讲者，往往更容易使用冗长而晦涩的文字。

无论如何，演讲稿应提炼到最精练的程度，只保留最基本的部分，不要占用观众过多的时间，更不要让人听得一头雾水。这样，观众才愿意听你讲话。语言的简洁和通俗非常重要，但令人遗憾的是，很少有演讲者能做到这一点。

在修改的过程中，注意语言的表达方式。太多的演讲者因为使用过于书面化的语言与长句子，使得演讲稿优美、文学化，但是却缺乏与观众的交流，不像日常对话，反而使演讲成为“表演”。

所以，在演讲稿中，多使用口头交流这种非正式的语言，会更有机会让观众记住你的话语：使用短句和词、丰富多彩的语言以及句子的片段、缩写、反复和提问等，所有这些细节，都会使你的语言生动，让人难以忘怀。

最后，通览全篇，思考自己的演讲稿是否交代清楚以下问题：

（1）能否用一个简洁的句子，概括演讲背后的目的？

（2）谁是观众？观众对这个话题的主要兴趣在哪里？

（3）关于这个和观众有关的话题，我已经了解了哪些东西？还需要进一步做哪些调查研究？

（4）我演说的主要观点是什么？

（5）我用什么信息和故事才能支持这里的每一个重点？

（6）我需不需要使用 PPT 等教具？需要的话，分别在哪些环节？

（7）在最后的总结中，我有没有解释说，我期望观众使用这些信息做什么？

（8）我有没有尽自己的最大努力锤炼演讲稿的语言并勤加练习？

思考与练习

1. 指出下面这篇演讲的开头有什么表达上或者技巧上的问题。

各位，早上好！很高兴今天能在这里演讲。感谢你们在百忙之中抽出时间来听我的演讲。在开始我的演讲之前，我要特别感谢中国移动公司，是他们组织了今天的演讲活动。在进入正题之前我先介绍点琐事：卫生间在大厅的左边。另外，我已经安排公司秘书将有关计划的详细材料分发给各单位，请大家现在就接收一下。

我对领导力非常感兴趣，准备了 66 张 PPT，列出了我认为我的团队里提高凝聚力的方案，以及在哪些资金支持下可以做哪些事情。在接下来的时间，我将要和大家一起来分享我的一些心得。

2. 完成以下 8 篇演讲稿的提纲，说明开头、中间过渡、结尾采用哪种组稿方式。

稿 1：春天与秋天

稿 2：挫折的意义

稿 3：每个人都是一颗种子

稿 4：社会道德产生危机了吗？

稿 5：人人为我，我为人人

稿 6：人人都是自己的推销员

稿 7：社会的真相

稿 8：亲情，我们回报了什么？

3. 分析下面这篇演讲稿的开头、结尾各采用了哪种方式，演讲稿的主体结构是什么逻辑关系。

百度 CEO 李彦宏在北大毕业典礼上的演讲稿

尊敬的闵书记、许校长，各位老师，各位家长，亲爱的学弟学妹们：

大家上午好！

今天，站在各位同学毕业典礼的讲台上，我最大的感受就是觉得非常的荣幸，在各位生命中最值得纪念的时刻与你们在一起，让我百感交集。我仿佛回到了 17 年前，坐在你们中间，对这个再熟悉不过的校园感到万分的留恋，也对即将展开的新的生活有期待、有迷茫甚至有所畏惧。

说实话，我今天除了荣幸之外，还有一些紧张。因为我知道，在座的不仅有我十分尊敬的师长，更多的是未来中国最有影响力的一群人。你们中一定会有未来中国最杰出的科学家、最成功的企业家、最优秀的政治家、外交家。如果我这个曾经住在 43 楼 522 的北大男生今天和大家交流的内容，能够为各位即将铺展开的未来有些许帮助的话，那我也会觉得，这是经历了 2005 年百度在纳斯达克的辉煌上市后，我所经历的又一个光荣时刻。

今天回忆十多年前，我走入社会的感觉，那是让视野豁然开朗的一步，走出校园后看到的是一个充满机会、日新月异的新天地。大家今天所面对的中国与世界，与十年前我所见到的华尔街和硅谷，当然会有很大的不同。但以我在美国八年、回到中国八年多的经历，我更感受到今天，社会经济文化生活各个方面都充满了活力，你们面对的是更广阔的天地，一定将大有所为。

今天我想给大家分享一些我的经历和对生活的感悟。

第一，是关于选择的故事。

进北大前我就非常喜欢计算机，我相信未来的计算机肯定会被应用广泛，而单纯地学计算机恐怕不如把计算机和某项应用结合起来有前途，于是我选择了北大的信息管理系，而不是计算机系。

我有个姐姐先我五年考上了北大，她告诉我北大的学生出国都很容易，她告诉我外面的世界很精彩。上了北大之后，我却发现我的情报学专业出国并不容易，而最先进的计算机技术那时候在美国。我被迫开始思考自己的下一步，并通过不断参与各种活动来丰富自己的视野。我去学了不少计算机系的课，我翻阅了很多美国有关情报学的论文，希望能够在国际学术期刊上找到自己的机会，我作为那时唯一的理科生参加了学校的五四辩论赛，我听了各种各样的讲座：气功、哲学、电影，我参加了合唱团，还在国庆的时候到天安门广场去跳集体舞，我尽情地享受着北大带给我的各种机会，我接触到了各种各样的人，每个人都有他们自己的思路，每个人都不一样，每个人都很精彩。这让我逐渐形成了不轻信、不跟风的思维方式。对于我未来人生道路的选择，北大四年让我具备了独立思考的能力。

我在美国读计算机的时候，本来是读博士的，后来选择了放弃。原因是发现我更希望我做的东西能够被很多很多人使用，而不喜欢去研究一个别人已经研究了10年的命题。

1997年我离开自己奋斗了三年多的华尔街，前往当时在硅谷很著名的搜索引擎公司Infoseek。在硅谷，我亲见了当时最成功的搜索技术公司如何在股市上呼风唤雨，见识了每天支持上千万流量的大型工业界信息系统是怎样工作运转，我也见证了Infoseek后来的每况愈下和惨淡经营。但最重要的是，在Infoseek，我找到了我一生的兴趣所在——互联网搜索引擎。那时，是北大所学的信息检索方面的理论，让我比任何计算机系科班出身的工程师都更能够理解普通用户习惯于怎样的信息获取方式。我意识到搜索能让每个人与所需信息的距离只有鼠标的点击一下那么远，这种感觉是那么的美妙。从那以后，我从来没有离开搜索引擎超过24小时，不是因为我是工作狂，而是因为我喜欢。

百度公司走过了8年的历程，今天已经成为一个市值超过100亿美元的公司，为越来越多的人提供服务。我最大的心得就是要选择做自己喜欢做的事情，我们需要从自己真正的心里面去做选择，并不是你认为社会期望你这样做，父母期望你这样做，朋友期望你这样做。只有这样，你才会越工作越开心，在遇到困难、遇到挫折的时候，不会被沮丧击败，而全身心地去享受整个过程。

第二，是关于专注的认识。

我一生有两个最大的幸运：一是找到我的太太，二是从事一份自己喜欢的工作。但太太与工作唯一的不同就是：太太只有一个，而工作每时每刻都充满了诱惑。很多人都会专注于一个妻子，但很多人都会喜欢上多个不同的工作。

在百度上市之前，百度只做一件事情就是中文搜索。在创业初期，搜索在美国硅谷并不是炙手可热的概念，当时更热的是门户，是电子商务，以及后来在中国火起来的无线、网游，等等。百度在招聘第一批职员的时候，碰到一位我特别希望他能加盟，他技术很好，可惜他对我说如果我们不做e-commerce他就不来了。2001年，曾经有一位百度的工程师找到我，很认真地说他想做网上购物，结果被我拒绝了，并为此离开了百度。百度上市后，也有一些共事多年的老同事先后离开了百度去尝试更多的业务。

很多时候，我感到百度能一直坚持做搜索是因为我对专注有宗教一般的信仰。普通人很难想象对于一个有2亿用户的公司，每天要面对多少诱惑。百度可以做一百件事，最后我们只选择了一件，并一做就是8年，而且还会再做下去。

人一生中可以完成的事情是有限的。只有专注才能让自己变得足够优秀。所以说：“有所不为，才能有所为。”

第三，是关于视野的感悟。

回头望望自己走过的路，我会发现，这个世界的广阔是自己很难想象的。很多当时觉得非常大的困难，现在看来不过是一些小事；很多当时感觉到很棘手的事，现在也只是茶余饭后的话题罢了。

百度在2000年成立时，并不直接为网民提供搜索服务，我们只为门户网站输出搜索引擎技术，而当时只有门户需要搜索服务。2001年夏天，我做了这样一个决定，从一个藏在门户网站后面的技术服务商，转型做一个拥有自己品牌的独立搜索引擎。这是百度发展历程中唯一的一次转型，会得罪几乎所有的客户，所以当时遭到很多投资者反对。但当我把视线投向若干年以后时，我不得不坚持自己的观点。大家知道，后来我说服了投资者，所以才有了大家今天看到的百度。

百度从后台走向了前台，加上我们的专注与努力，今天运营着东半球最大的网站。

事实上，从创立百度的第一天，我的理想就是“让人们最便捷地获取信息”。这个理想不局限于中文，不局限于互联网。作为一名北大信息管理系的学生，我很幸运在前互联网时代，在大学时就理解了信息与人类的关系和重要性。所以，百度从第一天起，就胸怀远大理想：我们希望为所有中国人，以至亚洲，以至全世界的人类，寻求人与信息之间最短的距离，寻求人与信息的相亲相爱。

所以说：视野有多远，世界就有多大。

最后，我在这里衷心祝贺你们顺利完成在北京大学的学习，祝愿你们未来的道路越走越宽广，世界在你手中。也让我们一起祝福我们的母校传承历史、继往开来、再攀高峰。

谢谢大家！

4. 分析下面这篇演讲稿的开头、结尾各采用了哪种方式，演讲稿的主体结构是什么逻辑关系。

记住，你即将死去！

乔布斯

今天，我很荣幸能来参加大家的毕业典礼，斯坦福大学是世界上最优秀的大学之一。我根本没有从大学毕过业。说实话，这还是我与大学毕业最近距离的接触。今天，我想给大家讲三个故事，它们都与我自己息息相关。没错，它们就是三个故事而已。

第一个故事是有关小事情间的联系。

不过六个月的时间，我便从里德学院辍学了，但在那之后，我还是在学院里又待了18个月才真正离开。那么，我为什么要辍学呢？

话还要从我出生时说起了。我的生母是一个年轻的未婚大学生妈妈，是她决定把我送去别人家收养，并坚持收养我的人一定得是大学毕业生。在我出生前，所有关于收养我的事宜都已经安排妥当了。我本该被送到一个律师家去，但等到我真正出生了，那名律师和他的妻子却在最后时刻发现他们真正想要的还是女孩。所以我的生父生母半夜给申请名单上的另一个家庭打了电话，“我们生出来的是男孩，你们想收养他吗?”他们回答说，“当然想。”但后来，我的生母发现了我的妈妈不是大学毕业生，而我的爸爸甚至连高中都没有毕业，于是她拒绝在收养文件上签字。几个月后，她才最后妥协了，因为我的父母保证以后会送我去上大学。

17 年过去了，我果真上了大学。但我却很无知地挑了一个和斯坦福大学一样贵的学校，光是学费就花掉了我父母辛辛苦苦积攒多年的积蓄，而他们只不过是普通的工人而已。在学校待了六个月后，我发现学校对我没有任何的价值。我不知道我的人生期望是什么，也不知道我在学校里如何才能找到它。而且，我在学校念书，还花掉了父母一生的积蓄。于是，我决定辍学，并坚信这是一个正确的决定。当时，这的确是一个相当冒险的举动，但今天再回头看，那却是我做出的最明智的决定。辍学之后，我瞬间逃开了那些枯燥乏味的课程，转而开始研究那些我真正感兴趣的科目。

但事情也并非完美。辍学后我就没有寝室了，因此我都睡在朋友寝室的地板上。为了有钱吃饭，我把可乐瓶子退回商店，只为了那 5 美分的押金。每个星期天晚上，我还要走 7 英里（约 11 千米）的路，到城镇另一头的克利须那寺吃一顿大餐。但我爱这样的生活。而且，许多我出于好奇和直觉而偶然做过的事，后来也变得价值不菲。我就举一个例子。

当时，里德学院拥有全国最棒的书法课程。走在校园里，每一幅贴在墙上的海报，每一张粘在抽屉上的标签，都由漂漂亮亮的手写体写就。由于我辍了学，不用再去上课，我便决定报名参加书法培训班，学一手漂亮的字。在培训班里，我了解到了灯芯体和衬线体，字母组合间的间隙变化，以及如何才能让印刷品更美观。这一切是如此美妙、如此古朴、如此艺术、如此微妙，是现代科学所不能触及的。我简直着了迷。

当时看来，这些东西仿佛对我的人生没有任何实际意义。但十年之后，我在设计第一台苹果电脑时，这一切又重新浮现在我的脑海，并最后融入 Mac 系统，使我们的苹果电脑成为第一台将文本精致排版的电脑。如果我当时没有辍学，我就不可能去参加书法培训班，Mac 系统就不会有多字体选择，字母间也不会有匀称的间隙。而由于 Windows 是借鉴了 Mac 的产物，如今所有的个人电脑都没有多字体和美妙的字母间隙也是有可能的。这些事情就像一个一个的点。当我还在学校时，是不可能看出这些点在未来如何能彼此联系起来。但十年之后，再回头来看，一切就豁然开朗了。

你们也是一样，现在要将点连接起来是不可能的，只有一段时间后，它们间的联系才会显现出来。但是，你们得相信，它们总是能联系起来的。而且，你们还得坚持一种信念，不管是直觉也好，命运也罢，甚至人生，或是来世，无论什么都好。我这样坚信了，并从中获益良多，我的生命也因此与众不同。

我讲的第二个故事，是关于爱与失败。

我是幸运的，因为我找到了我愿毕生从事的事业。我 20 岁时和沃兹一起在我父母的车库里创立了苹果公司。我们拼命工作，不到十年的时间，就把只有我和沃兹两名员工的苹果从车库搬了出去，并雇用了 4 000 多名员工，拥有了 20 亿美元的资产。接着，在我快满

30 岁的那年，成功推出了我们最棒的艺术品——Macintosh。然后，我就被解雇了。一个人怎么会被自己成立的公司解雇呢？因为，随着苹果日益壮大，我们聘请了一个人，当时，我认为他很有天赋，并希望他能和我一起经营苹果。第一年，一切看来都很好。但好景不长。我们对苹果的未来慢慢出现了分歧，最后我们发生了激烈的争吵。但公司董事会站在了他那边，于是我走人了，就在大家的注视之下。那一年我正好 30 岁。随之而去的，还有我成年之后对于生活的目标，当时，这给我造成了相当大的打击。

一开始的几个月，我根本不知道该做什么。我总感觉我让上一代的企业家们失望了，因为我把他们传给我的接力棒掉在了地上。我与戴维·帕卡德（David Packard）和鲍勃·诺伊斯（Bob Noyce）见了面，想要尝试着道歉，因为我把事情都搞砸了。我觉得自己成了公众的笑柄，甚至还因此想过逃出硅谷不干了。但事情开始慢慢有了转机，我也依然爱着我的事业，在苹果的失败并没有减少我对事业的热爱。虽然我感到灰心丧气，但我依然深爱着这一切。于是，我决定从头再来。

当时我并没有意识到，但后来我才发现，被苹果解雇是发生在我身上最好的一件事。再次创业，一切未知的轻松赶走了成功带来的压力，并给予了我生命中最具创造力的一段时光。

在接下来的五年里，我成立了两家公司，一家叫 NeXT，一家叫皮克斯（Pixar）动画公司，并爱上了一个优秀的女人，她就是我现在的妻子。后来，皮克斯动画公司创作出了世界上第一部全电脑制作的动画电影《玩具总动员》，现在已经成为最成功的动画公司。同时，我也遇到了戏剧性的转机，苹果收购了 NeXT，我因此重返苹果，而我在 NeXT 发展的技术，也成了苹果现在的复兴之源。劳伦娜和我也有了一个幸福美满的家庭。

我很确定的是，如果我没有离开苹果，这一切都不可能发生。离开苹果像是一剂苦口的良药，但这却正是我这个病人所需要的。生活也许会给你沉重的打击，但千万不能失去信念。我确信，支持我，让我一直坚持走下去的，正是我对于我所从事的事业的热爱。你们也是一样，也得找到你们所热爱的。不管是找工作还是找伴侣都是这样。工作将伴你走过人生中很长一段时光，只有你自己认为你所做的工作是伟大的，你才会真正感到满足，因此，你们必须得热爱自己的工作。如果现在你们还不知道它是什么，那就继续找下去，不要马马虎虎应付了事。相信自己心底的感觉，当你找到它时，这种感觉会告诉你。这样的工作和美好的爱情一样，随着时间的推移而愈显美好。因此，勇敢地去寻找吧，千万不要应付了事。

最后一个故事，是关于死亡。

我在 17 岁那年读过一句话，话是这样说的，“如果你把每一天都当作是生命中的最后一天来度过，总有一天你会收益良多。”当时，这句话给我留下了很深的印象，从那以后的 33 年来，我每天早上都会对着镜子问我自己，“如果今天是我生命的最后一天，我还会去做我今天打算做的事吗?”如果我的答案一连几天都是“不会”，我就知道我需要做出改变了。

时刻提醒自己的生命行将终结，这是帮助我为生命中的重要选择做出决定的最好办法。因为所有期待、所有骄傲、所有畏怯、所有的所有，都在死亡面前变得不值一提。在死亡面前，生命中最重要的才能存留下来。时刻提醒自己的生命行将终结，这是防止自己畏首畏尾的最好办法。既然你已经一无所有，为什么不听听内心真实的想法呢？

大约一年前，我被诊断出患有癌症。那天早上七点半我去做了检查，发现胰腺上有一个肿瘤。我根本不知道胰腺癌意味着什么，但医生告诉我说，胰腺癌基本上是绝症，我只有不到六个月可活了。医生建议我马上回家，归纳一下我的各项事宜，通常，这就是医生让病人准备面对死亡的委婉说法。这意味着在一个月的时间里，你得把接下来十年里要对孩子们说的话说完；意味着你得把家中的大小事务都安排妥当，以免给家人造成麻烦；意味着，你得跟这个世界道别了。

那一天，诊断结果无时无刻不出现在我的脑海里。夜里晚些时候，医生把一面内窥镜顺着喉咙穿过胃肠，在我的胰腺里放了一根探针，取下几片肿瘤细胞，做了一次切片检查。我一直很镇定，直到我的妻子告诉我，医生在显微镜下检查切片时兴奋地大叫了起来，因为这是一种非常稀有的胰腺癌，可以通过手术治愈。于是我接受了手术，而且现在身体很健康。

这是我最接近死亡的时刻，我真心希望今后几十年里我不要再有这样的经历。渡过这一难关后，比起死亡还只是一个抽象的概念时，现在的我能以一种更加确定的语气对你们说下面的话。

每个人都不想死。即使有人向往天堂，他也不想以死亡为方式去那里。但是我们大家最终都会投入死亡的怀抱。每个人都难逃一死，但这才是事物发展的规律，因为死亡可能才是生命最好的创造。死亡作为生命新老交替的使者，抹去老旧的事物，让新生的力量有空间发展。此时此刻，你们就是新生的力量，但不用太久，你们也会慢慢老去，最后消失。很抱歉说得这么悲观，但这是事实。

你们的时间是有限的，不要去过自己不想要的生活，那是在浪费时间。不要被教条束缚，那与生活在他人思想之中无异。不要让旁人的观点淹没了你内心的呼喊。最重要的是，你们要有勇气去追寻你心底的想法，去追寻你的知觉。它们才真正清楚你想要成为什么样的人。其他的一切因素都只能拿来参考。

我年轻时，有一本名叫《全球目录》的书，它读起来令人惊叹，是我这一代人的“圣经”。这本书的作者名叫斯图尔特·布兰德，他用诗歌一般的笔触将这本书写得活灵活现。他就住在门洛帕克，离这儿不远。那还是20世纪60年代末的时候了，个人电脑和桌面排版都还没有发明出来，他只能使用打字机、剪刀和宝丽来相机。那本书的性质就和Google一样，但比Google早诞生了35年，而且是用纸印刷的。它是理想主义的产物，充满了绝佳的创意和伟大的思想。

斯图尔特和他的团队为《全球目录》推出了好几个版本，最后，当《全球目录》即将退出历史舞台时，他们推出了最终版。那是在20世纪70年代中期了，那时我正和你们一般大。在最终版的封底上有一幅图片，上面是一条晨光中的乡村小路，如果你们中有人曾经勇敢地向别人搭过车，说不定就曾经行驶过这样的小路。在图片下面有这样一句话：“求知若饥，谦逊若愚。”这是他们的停刊赠言。求知若饥，虚心若愚。我一直这样要求自己。而现在，在你们即将毕业，迎来人生新起点之时，我也愿你们能记住这句话。

5. 分析下面这篇政治演讲稿的结构，是如何提出自己的观点的，是如何针对不同观点进行反击的，是如何说服观众接受自己的观点的。

秋瑾，1875—1907，近代民主革命烈士，清末女革命家，著名演说家。她在短暂的革命生涯中，除了从事大量的宣传组织工作之外，对中国妇女解放事业也做出了卓越的贡献。秋瑾一生做过多次演讲，但现在留下的只有三篇。这篇中国妇女解放宣言是她最有代表性的作品。

敬告中国二万万女同胞

秋 瑾

唉！世界上最不平的事，就是我们二万万女同胞了。从小生下来，遇着好老子，还说得过；遇着脾气杂冒、不讲情理的，满嘴连说："晦气，又是一个没用的。"恨不得拿起来摔死。总抱着"将来是别人家的人"这句话，冷一眼、白一眼地看待，没到几岁，也不问好歹，就把一双雪白粉嫩的天足脚，用白布缠着，连睡觉的时候也不许放松一点，到了后来肉也烂尽了，骨也折断了，不过讨亲戚、朋友、邻居们一声"某人家姑娘脚小"罢了。这还不说，到了择亲的时光，只凭着两个不要脸媒人的话，只要男家有钱有势，不问身家清白，男人的性情好坏、学问高低，就不知不觉应了。到了过门的时候，用一顶红红绿绿的花轿，坐在里面，连气也不能出。到了那边，要是遇着男人虽不怎么样，却还安分，这就算前生有福今生受了。遇着不好的，总不是说"前生作了孽"，就是说"运气不好"。要是说一二句抱怨的话，或是劝了男人几句，反了腔，就打骂俱下；别人听见还要说："不贤惠，不晓得妇道呢！"诸位听听，这不是有冤没处诉么？还有一桩不公的事：男子死了，女子就要带三年孝，不许二嫁。女子死了，男人只戴几根蓝辫线，有嫌难看的，连戴也不戴；人死还没三天，就出去偷鸡摸狗；七还未尽，新娘子早已进门了。上天生人，男女原没有分别。试问天下没有女人，就生出这些人来么？为什么这样不公道呢？那些男子，天天说"心是公的，待人是要和平的"，又为什么把女子当作非洲的黑奴一样看待。不公不平，直到这步田地呢？

诸位，你要知道天下事靠人是不行的，总要求己为是。当初那些腐儒说什么"男尊女卑""女子无才便是德""夫为妻纲"这些胡话，我们女子要是有志气的，就应当号召同志与他反对。陈后主兴了这缠足的例子，我们要是有羞耻的，就应当兴师问罪；即不然，难道他捆着我的腿？我不会不缠的么？男子怕我们有知识、有学问、爬上他们的头，不准我们求学，我们难道不会和他分辩，就应了么？这总是我们女子自己放弃责任，样样事体一见男子做了，自己就乐得偷懒，图安乐。男子说我没用，我就没用；说我不行，只要保着眼前舒服，就做奴隶也不问了。自己又看看无功受禄，恐怕行不长久，一听见男子喜欢脚小，就急急忙忙把它缠了，使男人看见喜欢，庶可以藉此吃白饭。至于不叫我们读书、习字，这更是求之不得的，有什么不赞成呢？诸位想想，天下有享现成福的么？自然是有学问、有见识、出力做事的男人得了权利，我们做他的奴隶了。既做了他的奴隶，怎么不压制呢？自作自受，又怎么怨得人呢？这些事情，提起来，我也觉得难过。诸位想想总是个中人，亦不必用我细说。

但是从此以后，我还望我们姐妹们，把从前事情，一概搁开，把以后事情，尽力作去，譬如从前死了，现在又转世为人了。老的呢，不要说“老而无用”，遇见丈夫好的要开学堂，不要阻他；儿子好的，要出洋留学，不要阻他。中年做媳妇的，总不要拖着丈夫的腿，使他气短志颓，功不成、名不就；生了儿子，就要送他进学堂，女儿也是如此，千万不要替她缠足。幼年姑娘的呢，若能够进学堂更好；就不进学堂，在家里也要常看书、习字。有钱做官的呢，就要劝丈夫开学堂、兴工厂，做那些与百姓有益的事情。无钱的呢，就要帮着丈夫苦作，不要偷懒吃闲饭。这就是我的望头了。诸位晓得国是要亡的了。男人自己也不保，我们还想靠他么？我们自己要不振作，到国亡的时候，那就迟了。诸位！诸位！须不可以打断我的念头才好呢！

6. 阅读与分析，看下面这篇演讲稿的情感是如何自然过渡的。

为了我们的父亲

沈　萍

同学们，你们见过青年画家罗中之的油画《我的父亲》吗？如果见过，还记得这位动人的中国老年农民的形象吗？让我们再看一看这幅画，再看一看我们的父亲吧！这是一张忠厚善良、朴实慈祥的老年人的脸，在那一道道深深的皱纹中，仿佛隐藏了一生的艰辛，眼睛有些昏花，但却安详，没有悲哀和怨恨，有的却是无限的欣慰和期望。你看，他这双勤劳的大手，青筋罗布，骨节隆起，虽然粗糙得像干枯的树皮，但却很有力量。他把自己一生的精力和满腔心血都交付给了我们祖祖辈辈劳作生息的土地，交付给了正在成长发育的儿女子孙。他已经到了安度余生的晚年，却仍然头顶烈日，在田里耕作，用他仅有的精力，换来背后满场金谷。他勤苦一生，创造了生活的一切，编织着美好的未来。

面对这样一位父亲，怜悯、同情、崇敬、热爱，万般思绪，一下子在我心头翻滚起来。特别是父亲那双欣慰、期望的眼睛，深深地印在我的心上。他为什么在历尽人间忧患之后，却感到无限的欣慰呢？在为时不多的晚年，他还热烈期待着什么呢？

在去年夏天的一个中午，我去书店，那天天气非常热，我身上穿着清凉的夏装，走在林荫路上。这时，我忽然看见，马路上一位老人推着一车钢筋，正在艰难地行走着。重载使老人不得不把自己的腰深深弯下，太阳烤着老人紫红色的脊背。老人的脸上、背上淌着汗水，在他面前，路是上坡，老人咬紧牙，非常吃力地推着车。我赶忙跑过去，帮着老人把车子推上坡，老人抹了把汗水，喘息着向我道谢。当他看到我胸前佩戴的校徽时，眼睛一亮，露出了赞许、期望的目光。他满脸笑容，欣慰地说：“孩子，好好念吧！我也有一个孩子，和你一样上学。”

看着满车的钢筋、老人弯曲的脊梁、满脸的汗水和欣慰的笑容，听着老人这亲切的嘱咐，我的眼泪一下子涌了出来。

此刻，他的孩子也许正在舒适的宿舍里午休，也许正在清凉的大学教室里学习，这是为什么呢？我想答案就在父亲那欣慰的笑容和期待的目光里。他的期望就是让我们接受高等教育，就是让我们用现代科学知识武装起来，走出一条与他完全不同的崭新的生活道路。这是老一辈的希望，不也正是祖国和人民的希望吗？

大家知道，在我们国家里，培养一个大学生需要五个农民一年的劳动。可是，当我们戴上校徽的时候，当我们领取人民助学金的时候，有谁想到了我们的父亲，又有谁想到了工人、农民？想想吧，同学们！发奋学习是人民对我们的期望，也是时代赋予我们的光荣使命，更是我们每个大学生的职责。

同学们，我们应该牢记父辈的欣慰笑容和期待的目光，当我们埋怨祖国的贫穷和落后、羡慕舒适安逸的生活时，当我们为了个人的得失和苦恼迷失方向和道路时，父辈期望的目光将像皮鞭一样，狠狠地鞭挞我们的无知和糊涂、懒惰和轻浮、私欲的污染和灵魂的癌变。让我们在鞭挞中立志，在鞭挞中不懈地追求和勇敢地攀登吧！父亲欣慰的笑容和期望的目光，应该像光芒四射的明灯，永远照耀在我们的心头。在它的照耀下，我们不仅会看到前进的道路和方向，更能看到自己的使命与责任，在它的照耀下，我们更加清楚地看到自己像父亲那样做事业的战士和开拓者。

革命先烈李大钊说："无限的'过去'都以'现在'为归宿，无限的'未来'都以'现在'为渊源。'过去''未来'的中间全仗有现在。"这话说得多好啊！革命先烈和我们的父辈英勇奋斗，苦而无怨，为的是我们年轻一代。我们是承前启后的一代，我们是继往开来的一代。革命先烈和我们的父辈用筋骨和鲜血凝成的精神财富，要在我们这一代人身上，化作永不枯竭的前进的力量。

好好学习吧，同学们！

为了祖国，为了人民，为了我们的父亲。

谢谢大家！

第四章　演讲的修辞技巧

一、演讲中讲故事的方法

一般人都有过这样的经历，那就是企业领导总是习惯用“第一点、第二点……第一项、第二项……”的方式来讲话。这样的方式虽然看上去条理清晰，但对观众来说却平淡无味，令人昏昏欲睡。基本上是左耳进右耳出，很难给观众留下深刻的印象。即便是企业领导经常用市场调查结果、财务预测等数字来支持自己的论点，但数字终究是抽象的，人们难以深刻认识其中蕴含的意义。

演讲当中讲故事

而讲故事的效果就大不一样了。故事不仅能增强观众的注意力、记忆力，而且能增加对抽象道理的理解。演讲的过程中，无论是开头还是中间主体或者结尾，都可以采用讲故事的方法。故事可以使演讲的主题生动、自然、感人。观众可能记不住一连串的数字，但他们会记住一个故事。比如，演讲者讲述一个道理，“我们做事情的时候需要合作精神”这种讲述方式不如讲一个故事：“我有一个同事，在开会之前，他突然发现自己的电脑坏了，正在着急之时，旁边的同事想到一个主意……”

斯蒂芬·丹宁在西方企业管理界享有“故事大王”的美誉。他不但善于讲故事，而且极力推崇领导者通过讲故事来提高自己的领导力。2004 年，斯蒂芬·丹宁出版了《松鼠公司》一书，里面充满了智慧的寓言。他用独特的手法介绍了一种具有魔力的领导艺术——在恰当的时间讲恰当的故事。寓言中，女主人公戴安娜是一只聪明的松鼠，肩负“松鼠公司”的 CEO 的重任。她用许多生动有趣的故事激发企业的团队精神，终于使公司扭转危机，走向成功。

但是如何把故事讲好呢？

首先，要交代清楚叙述的六要素，即故事发生的时间、地点、人物、事件、原因、结果。叙述中应以“事件”这个要素为核心，其他要素要围绕这一要素而展开，即以事件贯穿全文，围绕事件的发展即时交代时间、地点以及与事件有关的人物及其活动。

演讲稿《每一位老师都是上帝》是这样讲述故事的：

2019 年 9 月 1 日，我也成了班主任大军中的一员。人们常说，班主任是所有主任中官职最小、责任最大、利益最少、操心最多的主任。对于这项工作的艰巨性我是有充分思想准备的。我像每一个初出茅庐的年轻人一样，在出发前就已经热血沸腾、踌躇满志了。

然而现实很快地给我泼了一盆冷水。在实际工作中，总有许多琐事和麻烦迎接我，每天，我几乎都是到校最早的老师，可是由于没有经验、没有方法，我只能跟在问题后面一路小跑，问题出一个，我解决一个，疲惫且充满了挫败感。

这还不算什么，最让我头疼的是班内的十七个男生。也奇怪了，我们班女生虽多，却个个乖巧懂事，一个个像小天使一样，从不让老师操心；男生只有十七个，数量不多，却像十七个小魔鬼，不断刺激着我的神经。今天这个违纪了，明天那两个打架了，几乎无法安静。他们之中，竟挑不出一个可以做班长的，不管是成绩、纪律还是特长，都没有出众的，他们每天都在一门心思地调皮捣蛋、嬉皮笑脸。我每天都陷入和他们无休止的斗争中，心情糟糕透了……

这篇演讲稿，讲述了一个教育工作者的心声，演讲者在叙述时，首先交代清楚了时间、地点、人物（2019 年 9 月 1 日，学校，作为班主任的“我”），从而使叙述的故事条目清楚。

叙述方法有顺叙、倒叙和插叙。

上面这篇演讲稿《每一位老师都是上帝》就是按顺叙来记叙的，顺叙就是按照事件发生、发展的时间先后顺序来介绍事情的来龙去脉，但要剪裁得当，切勿记“流水账”。

倒叙是把事情的先后顺序颠倒一下，先写事件的结局，然后再按时间顺序叙述事件的发生、发展和经过。采用倒叙方法，除了应注意前后照应之外，还应注意交代清楚倒叙部分的起止点。例如，下面这篇演讲稿《我的老师》采用的是倒叙的方法：

我经常去看望我的小学老师李明立，她是一位普通的劳动者。上个礼拜，我和她讨论到一个问题：一件小事是如何影响一个人的一生的？我在和李老师散步聊天的时候，给她讲述起小时候因为她而产生的人生变化。那是 1903 年 6 月的一天……

这种叙述的写法，从李明立老师对演讲者的影响说起，从他们最近的相遇说起，从现在回忆起多年以前的事件，从时间与逻辑顺序上来说，是倒叙。

插叙，就是在叙述中心事件的过程中，由于某种需要暂时把叙述的线索中断一下，插进有关的另一件事的叙述方法。对全文来讲，插叙往往只是一个片段，插叙结束后，文章仍回到中心事件的叙述上来。演讲稿《美丽的心灵》采用插叙的讲述方式：

魏新老师每天都有一个习惯，她总是第一个到学校，并且把开水烧好，还要带一点红薯，把红薯作为对功课完成得好的学生的一种奖励。大家可能觉得一个红薯没什么。是的，今天，我给我的孙子买一个肯德基的汉堡都引不起他什么兴趣。我们现在物质丰富，而那个物质贫乏的时代，魏新老师给的一个红薯却比今天一顿比萨、牛排更有吸引力。魏新老师对我们的功课要求很严格……

这是一种插叙的叙述方法。在讲述魏新老师的教育方法时，从一个“红薯”对孩子的鼓励对比联想到了今天人们物质时代的丰富，插叙“今天”后，又回到故事中，叙述过去。

此外，故事要讲得生动需要一些技巧，如设置一些“悬念”。比如，讲述成功之路。如果故事的主人公面对两种艰难的人生选择，演讲者可以提问，大家认为应该选择哪一条才正确？又如，演讲者讲述故事中的一个细节，有人在一个小本子上给他留电话，这个电话号码后来给了他人生最大的帮助，这是谁的电话号码？再比如，演讲者讲述一个人的生活历程，演讲者提问，这个人今天也来到了现场，故事的主角是谁？“悬念”可以促使观众紧跟演讲者的思路，使演讲更成功。故事要精彩，还可以加入一些“斗争情节”。“斗争情节”让故事更有趣、更激动、更富于情感与戏剧冲突。

故事可以来自历史、个人的亲身经历，或者来自报纸、网络媒体。故事的类型很多，但在演讲中常用的类型包括：一是警示类寓言故事，二是励志类故事。特别是在励志类故事中，主人公面临的困难越大，故事就越精彩。最好的故事是真实的故事，真实才更令观众信服。

马云的演讲基本都来自他自己亲身经历的故事，如《我只相信一流的努力》：

小时候，我有很大的梦想，想进清华北大，也有很大的使命，想为国做贡献，但缺乏创新的手段，一次次没有考上清华。跟开复有点不一样，开复想要寻找的是一流的人才，我从没想过自己是一流的人才，但我否认自己是四流的人才，我认为天下所有的人都一样，天生我材必有用，不管你怎么样，你只要找到适合自己的方法一定有办法，我不相信有一流的人才，我只相信有一流的努力，你才有机会做到。

有的人开会多了，吃饭多了越来越胖，我刚好相反，我跟别人吃饭也不少，但是越吃越瘦，大部分的时候我在听别人讲，或者在讲我自己认为我坚持的东西，所以很少有时间吃饭。我跟很多同事分享（的时候），假如你毕业于北大，毕业于清华，你用欣赏的眼光看看别人；假如你毕业于普通的学校，或者经历不太好，你要用欣赏的眼光看看自己。我们这些人都是平凡的，别去相信那些人说——他天生就很厉害。

我今天讲一些我自己的观点，我坐在下面时在思考我要讲什么，因为每次我都是讲临时想的、我真实的想法。我觉得创新无模式，创新就是你的感触，你对事情的认识，你对问题的看法。我想表达一下我对创新的看法，未必对，只是分享给大家。

我自己在想为什么没考进清华？小学我念了七年，中学念了三年，高考考了三次，一直以来从来没有被认为是好学生，但也没变成一个坏学生。小学我是最好的小学生，我们去参加重点中学考试全军覆没，第二年再度全军覆没，后来实在没有中学要我们，就把我们改为杭州天水中学。在杭州历史上只有一所小学改为中学的，改了一年后实在不行，后来撤了，我也不知道问题出在我们这里还是教学的方法上，我有时候看见北大、清华、哈佛这些学校的毕业生，出于嫉妒心理，我经常讽刺多一点。我认为最好的学校是我考了三年考进的杭州师范学院……

二、演讲中比喻的使用

比喻，是一种常用的语言技巧，比喻使一个道理由抽象变得具体。

战国时期，有人在魏王前进谗言："惠施说话爱用比喻，假如不让他用比喻，他就什么事情也说不清楚。"魏王半信半疑，后来见到了惠施，就说："请先生说话直截了当，以后不要再用什么比喻！"惠施说："现在这里有个人，不知道'弹'是怎样一种东西。如果他问您：'弹的形状是怎样的？'您告诉他：'弹的形状像弹。'他能听得明白吗？"魏王摇头说："不明白。""对呀。"惠施说，"如果您告诉他：'弹的形状像弓，它的弦用竹子做成，是一种弹射工具。'他听得明白吗？"魏王点头说："可以明白了。"惠施说："比喻的作用就是用别人已经知道的事物来启发他，使他易于理解未知的事物。现在大王叫我不用比喻，那怎么行呢？"魏王高兴地说："你说得很对呀！"

演讲是在特定场合下运用有声语言和体态语，用以作用于观众的交际形式之一。在演讲过程中，经常用比喻描绘或叙述客观事物，表达我们的观点、看法，抒发思想感情，创造崭新的意象，开拓广阔的想象空间，能使演讲新意盎然，流光溢彩，给人留下鲜明难忘的印象，进而达到鼓舞和感召观众的目的，取得理想的表达效果。

"新东方"创始人俞敏洪的一分钟演讲——《树和种子的比喻》通篇是一个精彩的比喻，将人的生命态度比喻成草、树、河流、泥沙的生长过程：

人的生活方式有两种，第一种方式是像草一样活着，你尽管活着，每年还在成长，你毕竟是一棵草，你吸收雨露阳光，但是长不大。人们可以踩过你，但是人们不会因为你的痛苦，而产生痛苦；人们不会因为你被踩了，而来怜悯你，因为人们本身就没有看到你。

所以我们每一个人，都应该像树一样成长，即使我们现在什么都不是，但是只要你有树的种子，即使你被踩到泥土中间，你依然能够吸收泥土的养分，自己成长起来。当你长成参天大树以后，从遥远的地方，人们就能看到你；走近你，你能给人一片绿色。活着是美丽的风景，死了依然是栋梁之材，活着死了都有用。这就是我们每一个同学做人的标准和成长的标准。

每一条河流都有自己不同的生命曲线，每一条河流都有自己的梦想——那就是奔向大海。我们的生命，有的时候会是泥沙。你可能慢慢地就会像泥沙一样，沉淀下去了。一旦你沉淀下去了，也许你不用再为了前进而努力了，但是你却永远见不到阳光了。

所以我建议大家，不管你现在的生命是怎么样的，一定要有水的精神。像水一样不断地积蓄自己的力量，不断地冲破障碍。当你发现时机不到的时候，把自己的厚度积累起来，当有一天时机来临的时候，你就能够奔腾入海，成就自己的生命。

比喻的作用，有以下三点：

（一）使演讲更形象

运用比喻，可以使抽象的事物具体化，再现一幅栩栩如生、生动形象的图画。2012 年李克强总理在莫斯科大学发表演讲时对国际形势进行了深入的分析，台下的学子提问，如何认识新时期的中俄合作？李克强总理这样比喻：这就像中国人喜欢的围棋和俄罗斯人喜欢的象棋，都讲究要谋事布局。我们现在谋的是中俄合作的大局，顺应的是世界和平、发展、合作的大势。这不是权宜之计，必须着眼长远，脚踏实地。李克强总理对复杂的政治局势用下棋的精神来比喻，说明中国人民谋求长远政治前景的美好态度，非常生动。

例如，著名日本作家村上春树在演讲稿《永远站在鸡蛋的一侧》中这样来做比喻：

当我写小说的时候，我总是将此观念牢记于心。虽然我还没有到将它写到一张纸上，然后贴在墙上的地步，但是，它已深深地刻在我的脑海里，是这样一种观念：

在高而坚固的墙壁与一只撞向它的鸡蛋之间，我永远站在鸡蛋的一侧。

是的，无论墙壁是多么理直气壮，鸡蛋是多么可恶可恨。我会站在鸡蛋的一侧。其他什么人，也许时间或历史，会判定谁是谁非。但如果一个小说家，不论何种原因，选择为墙壁高唱赞歌，这种作品又有什么意义呢？

这个喻义是什么？某些时候，它十分简单明了。轰炸机、坦克、火箭弹以及白磷弹就是那堵高墙。鸡蛋就是那些手无寸铁，被以上武器摧毁、焚烧、射击的平民百姓。这是其中的一种喻义。

但这不是全部，还有更深层次的喻义。这样来想，我们每一个人，或多或少，都是一只鸡蛋。我们每一个人都是独一无二、不可替代的灵魂，它被一个易碎的壳包裹着。这是我的本质，也是你们每一个人的本质。并且，任何一个人，从某种层次上说，都在面临着一堵高大坚固的墙。这堵墙有一个名字，叫作“体制”。体制可能会保护我们，但有时它会形成自己的生命，那时它就开始屠杀我们，或者让我们去杀戮别人——冷漠、高效而且有序。

作家将自己的写作立场用鸡蛋来作比喻，真诚的、不畏惧结果的写作立场像不怕墙的鸡蛋一样勇敢、生动、形象。

（二）使演讲更通俗

运用比喻，使深奥的理论浅显化，表述自然，语言直白，通俗易懂。

当代作家韩石山在西山煤焦集团工会写作培训班上做《写作，一种智力的较量》的演讲，当他讲到文章布局构思时，这样说：

凡我散文作家，提笔属文之前，心中一定先要存一美女形象。其文章的整体，要似美女之体形，该凸的凸，该收的收，详略是也。其文章的亮点，要似美女之目，顾盼流萤，勾人魂魄，所谓文眼者是也。其文章的见识，要打动美女之心，不同凡响，迥异流俗，所谓超卓是也。苟能如此，虽是一篇寻常之文，无异于花前月下，卿卿我我，薄暮时分，与美人相携而归，罗帏轻摇，暗香浮动，其乐何如！

对于刚入写作大门的学员来说，文章布局构思是很难懂的一个问题。作家韩石山将写作的过程比喻为一位美女在心中的形象，该凸的凸，该收的收，内容精神要传神、不流俗，比喻为美女之目，使学员懂得写作的美学效果。

（三）使演讲更风趣

运用比喻，使严肃变为轻松，既能融合演讲者与观众的关系，又能增加演讲的幽默风趣，使演讲收到较好的效果。例如："今天来了这么多人，无非是想看看吕叔湘是什么人，就像动物园新到了一只猴，大家都跑去看，看完之后，就觉得不过如此。"这是著名语言学家吕叔湘先生有一次到苏州做报告的开场白。他这一调侃式的自嘲，把自己比喻成动物园新到的一只猴，引来了全场的笑声，使原来严肃的会场顿时变得活跃起来。演讲者开头自我贬低，以谦虚、俏皮的态度调侃，起到拉近距离、调节气氛的作用。

在一次"大学文化建设"论坛上，中山大学人文学院院长陈春声这样谈"人文学科"：

人文学科历史悠久，但在现代科技发展强调实用性技术的浪潮中，人文学科受到了巨大的冲击。人文学科确实没什么用，它不能使你发财，不能使你升官。但是，我们可以用一个家庭来说明问题。大家知道，一个家必须要有厕所，有厨房，这些是最实用的。而家里最没用的东西，数来数去可以说是墙上挂的那幅齐白石画的虾。可是，家里有客人来了，你会带他去参观厨房和厕所吗？大家坐在客厅评头论足谈论得最起劲的，恐怕就是齐白石画的那只虾。人文学科就是那只虾！

人文学科是个很难定义的概念，陈春声在演讲中使用了一个比喻，谈到了人文学科的价值，不能拿来用、不能拿来吃，但是却有着明显的人生价值，使演讲幽默、生动。

三、演讲中的停顿和重音

演讲的停顿

演讲者在演讲时为了渲染某一种思想或者使情况发生转化而突然沉默能收到奇特的效果；或在问题谜底的揭开前，故意逗留一下，让观众自己去捅破这层纸；或在提出有一定难度的问题之后，戛然而止，让观众自己去找打开谜语的钥匙；或在一番绘声绘色的讲述之后，或在感情最强烈的时候，突然中断，让观众沉浸在特殊的情境中。这种艺术性的沉默，使整个演讲虎虎有生气，在观众心中烙上强烈的印象。具体来说，运用演讲的沉默具有以下作用：

第一，给演讲者和观众整理思路、体会情感的时间，从而达到沟通同步。当涉及阐述性的问题过多时，沉默能给观众思维、回味的机会，演讲者也可以利用这个时间整理一下思路，或者当涉及强而有力的情绪时，沉默就更自然了，因为情绪有一个发生、发展的过程，如果不给观众这个过程，就难以有效地激起观众的情感。

林肯在演讲中，当他要讲出一个重要的意思，并需要把这个内容牢牢地印在观众的心上时，总是把身体前倾，两眼直视观众，好久不说一句话。这个令人难忘的沉默，绷紧了观众的心弦，收到了绝好的效果。

一位战斗英雄在演讲中有这样一段话："当我在医院里苏醒过来，第一件事情就是睁开眼睛，可是，怎么也睁不开啊，眼睛睁开了，可周围漆黑一片，我喊，我哭，我总算知道了，从今以后，伴随我的只是茫茫黑夜。"演讲在这里中断了半分钟左右，观众的眼睛逐渐湿润了，继而传出女学生的抽泣声，如果这里没有停顿，接连说下去，产生的情感效果肯定会微弱得多。

第二，当演讲者提出一个问题要求观众回答，或者暗示观众思维时，适当的沉默是很有必要的。如果是演讲者提出疑问，并快速地自答，就失去了设问和暗示的意义，观众刚刚对你的演讲有了一点念头，便被你打断了，他们就会认为你仅仅是在做戏。

演讲中不但要使用停顿，恰当地使用重音也很重要。重音是指那些在表情达意上起重要作用的字、词或短语在朗读时要加以强调的技巧。重音是通过声音的强调来突出意义的，能给色彩鲜明、形象生动的词增加分量。重音有以下几种情况：

第一，语法重音。语法重音是按语言习惯自然重读的音节。这些重读的音节大都是按照平时的语言规律确定的。一般来说，语法重音不带特别强调的色彩，如"我必须完成这个任务"中的"必须"。

第二，强调重音。强调重音不受语法制约，它是根据语句所要表达的重点决定的，它受演讲者的意愿制约，在句子中的位置是不固定的。强调重音的作用在于揭示语言的内在含义。由于表达目的不同，强调重音就会落在不同的词语上，其所揭示的含义也就不相同，表达的效果也不一样，如"我在昨天亲眼发现"这句话中，重音放在"我"上，或者重音放在"昨天"上，或者重音放在"亲眼"上，表达的效果都是不同的。

第三，感情重音。感情重音可以使朗读的作品色彩丰富，充满生气，有较强的感染力。感情重音大部分用于表现内心节奏强烈、情绪激动的情况，如"那一天我真的、真的相信他说的话"中的"真的、真的"。

四、演讲中幽默的技巧

2006 年 10 月，法国前总统希拉克在北大发表演讲。在回答一位学生的提问时，麦克风忽然出现了一点故障。尴尬的场面发生了，这时，这位 74 岁的老人像孩子般做了一个顽皮的鬼脸，耸耸肩说："这可不关我的事，我没碰它。"一句话引来全场听众的笑声和掌声，尴尬气氛顿时消散。

演讲中的幽默，使观众在愉快的同时，有效地支持你的观点。在演讲中使用幽默有很多种方法，无论是一个夸张的笑脸、一个夸张的动作，还是一个故事，都可以丰富演讲的感染力。

哪些是我们在演讲中可以运用幽默来谈的事物呢？

（一）从现场寻找幽默的元素

演讲的现场，是演讲者与观众感同身受共同所处的环境，演讲者如果能从当时的环境出发，从人、事中总结一些有趣的现象，会达到很好的幽默效果。

我国著名作家老舍先生是好幽默的。他在某次演讲中，开头即说“我今天给大家谈六个问题”，接着，他第一、第二、第三、第四、第五，井井有条地谈下去。谈完第五个问题，他发现离散会的时间不多了，于是他提高嗓门，一本正经地说：“第六，散会。”听众起初一愣，不久就欢快地鼓起掌来。

（二）运用双关法

所谓双关就是利用文字多重性的特点，以形成言此及彼的一种制联方法；两者在形式上虽然平行，但在意义上却有主次之分。双关的表面意思其实是设置的“障眼法”，其深层意思才是其主要目的。

双关的形式主要有谐音双关和语义双关两种。用好双关往往能使你的讲话柳暗花明、峰回路转，令人回味无穷，同时也能增加内容的深度和广度。

在一次新婚典礼上，贴在堂上的“囍”字突然从墙上飘了下来，刚好落在新婚人的头上。顿时，喜堂上的宾客为之一愣，大家脸上的笑容立即消失，取而代之的是满脸的不快。还是那主持婚礼的小伙子头脑机敏，立即揭起“囍”字高声地说道：“哎呀，各位亲朋好友，你们看喜从天降，喜上眉梢，双喜临‘人’啦！”顷刻，喜堂欢声雷动，一对新人的脸上充满笑意、充满阳光。

（三）运用承转法

承转法是指对前面演讲者提到的事物继续进行一定的幽默发挥，或者对前面的演讲进行点评，对现场的感染力更强。

某大学中文系一次毕业生茶话会，第一个是系党总支书记讲话，三分钟的即兴讲话主要是向毕业生表示祝贺。第二个是彭教授讲话，主题是希望同学们继续努力学习，还引用了列宁的名言。第三个讲话的潘教授朗诵了高尔基的《海燕》片段，以此勉励毕业生学习海燕的精神。第四个讲话的系副主任希望同学们永远记住母校和老师们。紧接着，毕业生欢迎王教授讲话。在毫无准备而又难以推辞的情况下，王教授站起来，先简单地回顾了数年来与同学们交往的几个难忘片段，最后一字一顿地说：“前面几位给大家提出了殷切的希望，可我还是喜欢说他们说过的话。（笑声）第一，我要祝同学们胜利毕业！（笑声）第二，我希望同学们‘学习、学习、再学习’。（笑声）第三，我希望同学们像海燕一样勇敢地搏击生活的风浪。（笑声、掌声）第四，我希望同学们不要忘记母校，不要忘记辛勤培育你们的老师们！”

（四）自嘲的幽默

要敢于把自己作为公开嘲弄的对象，当演讲者把自己当成笑话的中心人物时，就会赢得观众。而且，越是平常受到尊重的人物，自嘲的效果越好。

美国总统小布什应邀回到母校耶鲁大学为毕业生发表演讲。他说：“今天是诸位学友毕业的日子，在这里我首先恭喜家长们：恭喜你们的子女修完学业，顺利毕业，这是你们辛勤栽培后享受收获的日子，也是你们钱包解放的大好日子！最重要的是，我要恭喜耶鲁的毕业生们：对于那些表现杰出的同学，我要说，你真棒！对于那些丙等生，我要说，你们将来也可以当美国总统！耶鲁学位价值不菲。我时常这么提醒切尼，他在早年也短暂就读于此。我想提醒正就读于耶鲁的莘莘学子，如果你们从耶鲁顺利毕业，你们也许可以当上总统；如果你们中途辍学，那么你们只能当副总统了。”

不管是哪一种方式，幽默使得演讲富有额外的趣味性。特别是国外的演讲，上至总统，下至平民，都贯穿着幽默的原则。美国演说家多罗西·利兹说：“只要你别让观众感觉无趣，能够让对方乐于听你继续说下去，哪怕你说错了都不要紧，都可以补救，但如果让对方觉得你毫无趣味，就彻底完蛋了。”幽默风格是任何观众都喜欢的，演讲者要形成自己的幽默风格，即演讲者需要平常把自己的心态调整好，让自己成为一个充满趣味的人，平常都用一种新鲜、快乐的眼光观察生活，在平凡的工作、生活中体会到乐趣，最终在演讲中也能把乐趣带给他人。

五、演讲中排比的运用

排比，指利用意义相关或相近、结构相同或相似和语气相同的词组或句子并排，达到一种加强语势的效果。演讲中的排比是一种常见的修辞方法，不仅能产生语言形式上的匀称和声音韵律上的往复美，而且能给观众以深刻的印象。这种句式气势壮阔、情感充沛，为演讲的综合表现力锦上添花。赏析下面演讲稿中排比句的使用，体会句式上的情感过渡：

演讲中的排比

稿1：如果你是一棵大树，就洒下一片阴凉。如果你是一泓清泉，就滋润一方土地。如果你是一棵小草，就增添一分绿意。如果你是一朵鲜花，就点缀一角夜空。如果你是一片白云，就装扮一方晴空。如果你是一只蜜蜂，就酿造一份甜蜜。如果你是一缕阳光，就照亮所有黑暗。如果你是一丝清风，就吹走世间的尘埃。如果你是一阵春风，就吹绿田野的庄稼。

稿2：朋友是快乐日子里的一把吉他，尽情地为你弹奏生活的愉悦；朋友是忧伤日子里的一股春风，轻轻地为你拂去心中的愁云；朋友是成功道路上的一位良师，热情地将你引向阳光的地带；朋友是失败苦闷中的一盏明灯，默默地为你驱赶心灵的阴霾。

稿3：书籍好比一架梯子，它能引导我们登上知识的殿堂。书籍如同一把钥匙，它能帮助我们开启心灵的智慧之窗。时间好像一把尺子，它能衡量奋斗者前进的进程。时间如同一架天平，它能称量奋斗者成果的重量。时间就像一把皮鞭，它能鞭策我们追赶人生的目标。

时间犹如一面战鼓，它能激励我们加快前进的脚步。

排比用于叙事，语意畅达，层次清楚；用于抒情，节奏和谐，显得感情洋溢；用于说理，条理分明，适合详尽的论述。

思考与练习

1. 分析下面这篇演讲稿的开头、结尾各采用了哪种方式，演讲稿中采用了哪些修辞手法。

理想丰满

冯　仑

同学们好，我今天跟大家说说，什么是理想，以及我对理想的一些看法。也可能我的答案是我自己的，你们有你们的答案。

什么是理想这件事呢，我实际上后来才发现，当我遇到困难而没有解的时候，理想是一个 GPS，是一个生活当中的导航，是当什么都不清楚的时候，你知道该去哪儿。这件事我在什么时候突然明白的呢？大概在七年前，我和王石，我们一起去戈壁滩上，从西安开车一直到新疆乌鲁木齐，到新疆的时候，突然车坏了，前面那个地方没信号，如果继续开，就有可能油烧完了，什么都看不见，一个参照系都没有。地上全部都是戈壁滩上的鹅卵石，温度之高，很快就可以把轮胎粘到石头上。我们没有办法跟任何人联系，我们越来越恐惧，开始焦躁。这时候司机他自己下了车，他就在那边转，不断地在地下看，看什么呢，看有没有车辙，看了以后他发现有一个车辙。这个时候他就把车开到那个最新的车辙上面，把它横过来，然后他就说："剩下的事情，只能等待，没有任何奢望。"然后我们就这么等，等了大概将近一个小时，有一个特别大的货车过来，因为我们挡住了这个车辙，那个大车就停下来，停下来以后，我们的司机就写了一个电话，让他出去以后打电话给那个人，告诉他们我们在这儿，让他们来救我们。回来以后，我们在车上就讨论说："这事儿靠谱吗？人家会给你打这个电话吗？"他说了一句话，说："在没有方向的地方，生命是唯一的选择的时候，信任是最可宝贵的。"结果我们又等了一个多小时，果然我们的车子过来了，把我们接出去了。

这件事让我一直在想，什么最恐惧呢？不是没有钱的时候，不是没有水的时候，也不是没有车的时候，最恐惧的时候，实际上是没有方向的时候。当你有了方向了，其实所有的困难都不是困难。我就想，理想这件事情，就相当于在戈壁滩上，你突然找到了方向。其实生命当中，要想活下来，第一件事是有方向。

但是这个方向是怎么确定的呢？是你心中要有一个价值观。这个价值观就是是非判断。我想说的是，你有任何理想，你都要坚持到最后，你都要能兑现你的诺言，而这个价值观是什么，是诚信的价值观、道义的价值观。有了价值观的驱使，你就会有一个方向感。这个方向感，每个人不一样，每个时代也不一样。20 年前、30 年前所谓的理想，没有个人理想，我们只有家国情怀。黑格尔说，群众是什么，群众是没有意义的零，而领袖是一。所以在20年前，我们都是零，我们不能谈我们的理想，我们能谈的只是领袖的理想、国家的理想。所以你们会发现，比你们大20岁、30岁的人，说话的词儿都是大词儿，特别大的词儿，一说都是国家、社会。但是你仔细看现在的人，这个时代，说的都是小词儿。比如，我喜欢放风筝，就这一件事，我要放到全世界第一，这就是一个理想；我想娶个好媳妇，过个好日子，这也是理想；我要找一个高富帅，最近学生毕业的时候，教室经常打出横幅，说三年变成高富帅，对面女生宿舍打出横幅，一定要成白富美，这也是理想，你不能说这不是理想。

所以在今天，社会理想、国家理想变成了个人理想而已。我不是很赞成任何一个社会都让政府、领导人、大人教我们小孩、小人物、年轻人去追随他们强加给我们的理想，我主张我们应该在一个时代、一个环境下，根据我们的现实、我们的价值观来确定我们的追求，提出我们自己的理想。

理想还有一个很有意思的（地方）是，人有了方向感以后，人会快乐，生命会变得简单，你就不会在现实中变成“纠结哥”，你会变成“淡定哥”。比如钱这件事，对我们来说很重要，但是我们人一生最苦恼的事，有三件事情算不准：第一件事是算不准今后你要赚多少钱；第二件事是算不准有多少幸福和痛苦；第三件事是算不准什么时候、以什么方式离开这个世界。所以当我们碰到大量金钱问题的时候，我们就很纠结，但是你如果有价值观、有理想，你算账就变得非常简单，人活得很通透。

我自己的例子是，我每天要经常算账，但是我自己就做三件事，第一件事是看别人看不见的地方，第二件事是算别人算不清的账，第三件事是做别人不做的事情。同学们仔细看，什么人最快乐呢？有信仰的人快乐，心里有方向感的人快乐。理想就是一个方向感，就像在黑暗隧道里的那个光明，如果你们失去了这个光明，你会恐惧，会死亡，而有了这个光明，你会行动，会前行，这就是理想在我们生命当中给我们的意义。

当然，理想这件事情，也不能把它夸大到什么都能解决，它是一个保健品，它不是个速效救心丸。所以理想它是一个增加概率的运动，有理想的人和没理想的人相比，只不过是成功的概率一定是高一点、快乐程度高一点、毅力强一点、走得远一点、心里头踏实一点，无非是这样。但不是说有了理想，今天你20岁，然后25岁房也有了，车也有了，媳妇也有了，什么都有了。一切都是叫“追求理想，顺便赚钱”。

今天并不是说这些不重要，当我们面临人生刚开始的时候，工资很重要，房子很重要，老婆很重要，但是，天下事了犹未了，有很多事情，你方向不对，结果就不了了之；你方向对了，解决一个问题，就上一个台阶。

我知道一谈理想难免要谈到现实。大家总是说“理想很丰满，现实很骨感”，我们永远都在讲理想，永远都不能够和理想拥抱在一起。我是这么看，理想永远是从现实中孕育出来的。因为不满，所以有梦想；因为没有，所以才需要；因为很弱小，所以想强大。

我们跟理想之间怎么对话呢？理想只是告诉你要去哪里，怎么去，这件事是你自己的事儿，理想告诉你要娶一个好媳妇，但具体怎么娶，你还得上节目。所以简单也可以这样讲，现实是术的问题，但我们讲的理想是道的问题，就是说是去哪儿，为什么要去哪儿，这是理想回答的问题；怎么去、什么时间去、怎么到达，这是现实中每天要解决的问题。

我们有理想，但不等于可以跟现实做交易，说我今天有理想，明天就变成了要什么有什么。我们经常开玩笑地说，我们最差的是爹不行，但是我们爱我们的爹，因为他创造了我们，让我们今天有机会来这世上折腾，但是我们最厉害的是什么事儿呢，我们识字，我们会读书，所以我们就把读书这件事，学习这件事，和自我改造这件事加强，反正这事儿便宜，不需要爹，自己就可以做到。

另外，我们必须看到，在长期的发展过程中，真正能坚持理想的人毕竟是少数，多数人是在理想过程中被现实磨灭，然后妥协了，就像我们在 18 岁的时候都在谈爱情，但是 38 岁的时候都在过日子，我们真正相信爱情的人也会很少，能够以爱情的方式活一辈子的人也很少，我们华人地区只有一个琼瑶阿姨真正是爱情的信徒，最后用爱情滋润自己，养育自己，而且成就自己，最后丰富自己。

所以同学们，我们也必须知道，当我们大家在一起讲理想的时候，犹如在爬山之前的山底下的散步，这个时候每个人都信誓旦旦地说："我要上山顶。"大家仔细看，走一会儿，就剩下一半人了，还不到三分之一的路，就剩一半人了，你再走，到了最后，就剩五六个人了，所有人都不知道跑哪儿去了。然后在半山腰上的人都在说风凉话，说："上去干嘛，上去你也得下去。"在底下的人说："有这工夫，不如去看个电影、谈个恋爱，旅个游。"所有人都在给自己找理由，最后就剩下一个人，上了山顶，而这个人告诉大家，我看见了很多风光，看见了很多风景。但仍然有很多人不以为然，说照片上也有，跟你说的不一样，要不就说，我没上去，我不信这事儿。

今天谈理想，面临同样的困境，我跟你们讲很多关于理想的故事，你们将信将疑是正常的，是应该的，因为你们现在还在爬山的起点上。那么到了山上以后，能看到什么，你们回过头来，我们可以做一个赌博，如果你们坚持走到半山以上，20 年以后，你回头来，也做这个节目，你会比我讲得更精彩、更感动、更有力量！谢谢同学们。

2. 下面这篇抒情与说理并重的演讲稿，语言优美，分析它采用了哪些修辞手法，是如何形成自然、流畅的语气的。

觉悟就是见我心

于　丹

今天这个时代，相对我们过去的任何一个时候，都显得更丰富。在这样一个时代里，科技无限发达，物质极大繁盛，但是我们的心一定比过去更幸福了吗？更安宁了吗？我们拥有的，一定比过去更多吗？世界繁荣了，不意味着人心的灿烂；世界的选择多元了，不意味着人心的稳定。我们可以想一想，就在几十年前，我们的物质条件相对贫瘠，但是，大家彼此没有多少可以攀比的，生活没有多大的差别，因此彼此平静、彼此和谐。而今天，我们的选择多了，却不意味着我们的心灵更快乐，反而充满了浮躁与不安，找不到当初那种平静的感觉了。

正是因为今天这个时代的巨大变化，心理的失衡，我们才如此需要对经典的阅读、对成长的感悟。今天我们每一个人所面临的是心灵的安顿。自己的心到底想要什么呢？

我们大概从小就听到一个词，说要做一个有觉悟的人。那什么是“觉悟”呢？“觉”字下面是一个“看见”的“见”，悟是“忄”旁边一个“吾”。“觉悟”两个字什么意思呢？最根本的含义就是“见我心”，也就是说，真正的觉悟是你看见了自己内心真正的愿望。

我们今天的科技很发达，大家要是想查一个什么词，你去用Google查，马上几十万条搜索结果都在你的眼前。但是我们永远都没有一个心灵搜索引擎，能够轻易地查到自己心里现在是什么愿望。“见我心”这件事情，能够依靠别人、依靠科技去完成吗？不能。而我们的心到底有多大、多小呢？我们自己不知道。人的心，有时游于万仞，独立于天地万物，无比辽阔；有时候又心思狭隘，钻到牛角尖里，觉得今天的日子都过不去了。然而，人心真的有这样的区别吗？

曾经有一个徒弟在寺院里面修行，他问他的师父：“师父啊，我们看起来身材都差不多，想法会有很大的区别吗？真的有人心特别大，有人心特别小吗？”师父就对他说：“你现在闭上眼睛，在你心里边建一座城堡。”于是徒弟就闭上眼睛，在心里建城堡，里边有多少根柱子，有什么样的房间，他建啊建啊，建了一座很大的城堡，睁开眼睛对师父说：“我建好了。”师父说：“你再闭上眼睛，在心里造一根毫毛。”徒弟闭上眼睛想啊想啊，一根小毫毛，想好了，他睁开眼睛说：“我造好了。”师父问他：“你造那么大一座城堡，是用你的心造的吗？”他说：“是啊，我自己想出来的里面的格局。”师父又问他：“那你造一根小毫毛，是不是也用的是整个心呢？”他说：“对啊，我想小毫毛的时候，整颗心都在那根小毫毛上，也想不了其他东西。”师父说：“对啊，人心可以造城堡，也可以造毫毛，这就是心力的大与小。”其实，人这一生，有多大的眼界就有多大的世界。有些人抱负远大，就像故事里说的那样，在心里建造一座城堡，因此他学知识，他有梦想，他为社会担责任，他使命在肩，情怀在胸，把心里的城堡扩大到自己生活的世界，就能够安顿他人，安顿自己。也有些人，可能为了一个职称，为了两口子拌一句嘴，为邻居对你一个脸色不好看，心就绊在一根毫毛上，怎么都过不去，一个星期甚至半个月都不开心，这就是人心的大与小。所以，我们每一个人如果想真正得到个人的幸福与安宁，需要有一个生命的起点，那就是“见我心”——真正看看我心何在，这是我们真正的觉悟。

3. 阅读下面这篇演讲稿，看看它采用了哪些修辞手法，各段之间的逻辑过渡是如何安排的。

飞机在起飞的时候最耗油

各位领导，朋友们：

记得几年前，我还在吉林传播学院读书的时候，曾经看过中央电视台一期访谈节目。访谈嘉宾是新华社年轻的记者司马波音。访谈的具体内容大都忘却了，但司马波音的一句话，却像钉钉子一样钉在了我的心坎儿上。他说：“飞机在起飞的时候最耗油！”

司马波音23岁当记者，28岁就获得了包括中国新闻奖在内的许多新闻大奖，成为中国当时最年轻、最有成就的“名记”。他成功的秘诀是什么？就是他说的那句大实话——“飞机在起飞的时候最耗油!”

是的，“飞机在起飞的时候最耗油”，必须开足马力，全力攀升，而一旦进入万米高空，则十分省油而且自由翱翔。作为一名年轻的记者，要想成为时代的战鹰，那么，在刚刚从事新闻工作的时候就一定要多耗油，就一定要开足马力，全力攀升。

但在哪些方面耗油，怎样耗油？我认为，一个优秀的记者，首先应该有强烈的社会责任感，虽然不一定做得到“以天下为己任”，但至少应该“对得起自己的良心”。新闻记者是公众的代言人，没有强烈的社会责任感，怎能担当起公众的代言人？

“铁肩担道义，妙手著文章。”作为记者，具有敏锐的观察力、准确的判断力、很强的交际能力、出色的表达能力，是远远不够的，他首先应具备强烈的责任感和正义感。富兰克林有句名言：“推动你的事业，不要让事业推动你!”把新闻当作一项事业来做，而不仅仅是谋生的手段，有了这份挚爱，我们才会忠诚于新闻事业、体恤群众的疾苦，才会在工作中有内在的驱动力，才会用辛勤的汗水和不懈的努力来推动新闻事业。在面对社会丑恶现象时，我们才不会熟视无睹，在面对老百姓尤其是最底层的弱势群体时，我们才不会无动于衷。

曾经读过这样一段神话故事：有一只雄鹰，飞过一片森林，遇见森林大火，它便飞到水上，垂下翅膀，蘸了两翅的水，飞回去滴在火焰上。滴完水后，它又飞回去取水，然后再去救火。它的举动终于感动了山神，于是山神用神力扑灭了烈焰。

试想一想，作为一名记者，我们对社会，是不是应该有雄鹰一样的使命感呢？是不是应该为人类的命运承担责任呢？

在所有的职业中，人与人接触最频繁，生与生拥抱最热烈，莫过于新闻记者的工作。在一次又一次的现场报道中，无论跋涉得多么艰辛，我们都应该坚毅地走下去。正是这份责任的支撑，闾丘露薇第一个勇敢地站在了巴格达的硝烟中；正是这份责任的支撑，王志第一个出现在了非典的病房。

作为一名年轻的记者，我没有什么值得推广的经验，但是我有着一颗纯净的心灵；作为一名年轻的记者，我没有什么值得炫耀的成绩，但是我有着对职业的无限热情。我知道，要想做得问心无愧，就要比别人付出更多的努力；要想像飞机那样在新闻这片天空中展翅翱翔，就要比别人消耗更多的油。

作为我们电视台一名年轻的记者，2005 年夏天，我有幸参加了“来自一线的报道”采访组，在这次历时一个多月的战役性报道中，采访的地点都是环境最艰苦的地方，采访的对象也都是最一线的工人。采访清掏工人和垃圾处理场的清洁工人的那一次，我至今记忆犹新，深受教育。

我清晰地记得清掏工人毕田国和垃圾处理场的工人见到我们去采访时说的一段话。他们说：“你们记者也不容易啊！我们四点钟干活，让你们也跟着起大早儿，还跟着我们到这么埋汰的地方来，其实你们能来采访，我们就已经挺感激的了。”听着他们的话，我的心久久不能平静。我们只是去采访了一次，他们就已感动不已，与他们的付出相比，我们起点儿早、贪点儿黑、受点儿累，又算得了什么呢？清掏工人每天都要凌晨四点开始工作，垃圾处理场的工人每天都要工作在臭气熏天，张嘴就能吸进苍蝇的地方。而我们记者一年也只不过去采访一次或者几次而已，可他们却是年复一年，日复一日。看着在垃圾处理场挥汗如雨的一线工人，我还有什么理由不加倍努力工作呢?！望着清掏工人那张淌满汗水的脸，就在那一瞬间，让我深刻地理解了记者应该肩负的责任。

如果您问我，一个优秀的记者应该是什么样的，我会毫不犹豫地告诉您：能够时刻用心去牢记记者责任，用双肩勇于承担责任的，就是好记者！作为记者行业的一名新人，我不敢让现实中的尘埃落满自己的双肩，我要不停地拍打，不停地擦拭，因为我要把双肩留给责任，因为我已别无选择，因为有一句话早就像钉钉子一样钉在了我的心坎儿上。那就是——“飞机在起飞的时候最耗油！”

谢谢大家！

4. 完成以下几份演讲稿，注意使用要求的修辞手法。

稿1：未来在哪里？(运用排比、幽默的方法)

稿2：楼梯与电梯（运用讲故事、比喻的方法)

稿3：我的今天与我的未来（运用讲故事、比喻的方法)

稿4：天空是什么颜色的？(运用排比、幽默的方法)

CHAPTER 第五章　演讲的综合表现力

一、有力度的声音

萧明要参加一场演讲比赛，事先，他做好了充分的准备。演讲开始后，他按照预定计划顺利地说开场白、讲故事、总结，结果却让他大失所望——观众们没听多久就开始窃窃私语，等他走下台的时候，台下的观众看他不说了，你看我我看你，然后稀稀拉拉地开始鼓掌，就连坐在前面的同学都感到莫名其妙，评委们一致给了他最低分。事后，他询问同学，同学却说："我也不知道你说得怎样，因为我根本没有听到你的声音。"他愕然地看着同学，因为他觉得自己已经很大声了。

据说，美国林肯总统的音调是经长久磨炼形成的。在美国，政治家、企业家、文化名人，只要谁想功成名就，口才是重要条件之一，练习发出理想的声音，成为一个重要的课题。在日本等国发音练习十分受重视，因为在商业社会中，电话使用率高，利用电视电话进行会议要求更好地发出有力度的声音，声音的重要性在现代社会更显突出。

有些人认为声音的好坏是天生的，其实声音的某些成分是可以后天改变与控制的。

首先，控制声音的第一步是要了解自己声音的特性。要注意、了解自己的声音特质，观察哪一种声调最能给人好印象，就应好好把握，多加练习，遇到重要生意商谈时，便可用最好的声音赢得机会。

刚开始，你可把自己的声音录下来，最好是录下自己与他人自然交谈的声音，这样你才能真正知道自己平时讲话的腔调、速度、习惯等。然后反复聆听，找出自己说话的优缺点。

其次，声音的大小在演讲的感染力中起着重要的作用，如果声音太小，观众就要费很大的劲去集中注意力，这样他们很快就会疲倦，从而放弃"跟随"演讲者。所以，演讲者要尽可能放大自己的音量，让坐在最后一排的观众也能清楚地听到自己在说什么。声音也传达了自信，声音大的演讲者像一位富有权威的领袖一样，容易说服观众。

如何使声音洪亮？专业的播音员都要训练腹部呼吸。好的声音需要很多新鲜氧气来帮助发音，所以要采用能充分补充氧气的腹部呼吸法，也就是利用横膈膜的腹部呼吸法，运用这种腹部呼吸法可以美化声音。通常大多数人只会采用胸部呼吸法，即吸气时，胸部凸出而腹部缩进去，而腹部呼吸法，是吸气时腹部凸出，一块有力的膈肌肉会向下弯曲，专业的歌手都用腹部呼吸来支持他们的声音。

多数人会有些经验，当坐姿不正确时，发音也会感到困难，可见姿势与声音也有密切的关系，不良的姿势不可能发出悦耳的声音。歌手、演员们为了发出好听的声音，都是先从姿势训练开始的。因为姿势良好不会压迫声带，这样就可以毫不费力地发出响亮的声音。

训练演讲姿势的方法是站立在墙壁旁，肩胛骨和脚跟紧靠墙壁，此时腰部有一拳头宽的空隙，这就是能发出好听声音的基本姿势。坐着说话时要尽量伸直脊柱骨，这样说话时易扩张胸部，声音也较易发出。

二、多样化的语调

不管是日常说话，还是演讲，有的人语调表现得绘声绘色，有的人却平平淡淡，没有语调的起伏，没有停顿、节奏快慢、声音大小的变化。采用起伏有致的讲述方式，平凡的故事也会表现得不平凡。林肯在演讲时常用很快的速度说出很多词句，但是说到需要强调的地方，他会刻意放慢节奏、拉长声音或者提高声音，然后用很快的速度说接下来的内容。为了特别强调某些词语，可以把这个词语说得很慢，这就是演讲者注意了语调的变化。

语调，指说话时声音的高低、轻重、快慢、停顿的变化。这种变化对于表情达意来说，具有非常重要的作用。无论高兴、喜悦、难过、悲哀、愁苦、犹豫、轻松、坚定、豪迈等复杂情感，都能通过语调的变化表现出来。同时，这种变化还可以造成声音的多样化，从而使观众乐于接受，并赋予听觉上的美感。一般来说，语调变化多端，语调有以下几种运用技巧。

（一）轻重变化

演讲中某些关键的词、句和段，利用轻重音起伏跌宕的变化，既能突现某种思想感情，又能加强语言的色彩，美化语言。

一般的演讲，尤其是那种议论型的演讲，其结尾段往往重音较多，甚至整段都是重音，以此来造成一种强烈的气氛，突出结尾所概括的演讲的主要内容、中心思想，把整个演讲推向高潮，给观众留下更深刻的印象。

例如，演讲《我爱祖国》的结尾：

“亲爱的同学们，让我们把真情捧出来，把赤诚捧出来。化作长城上的一块砖，化作长江里的一朵浪花，化作昆仑山上的一朵白云，为了祖国美好的明天，努力吧！”

（二）快慢变化

演讲的内容是有情绪变化的，而语速的快慢是可以根据表达思想感情的需要变化的。当表达热烈、兴奋、激动、愤怒、紧急、呼唤的思想情感时，说话吐字就要快些，滔滔汩汩、势如破竹；讲到庄重、怀念、悲伤、沉寂、失落、失望的思想感情时，语速可以放慢些，娓娓道来。

例如，演讲《我爱祖国》的中间“当祖国贫穷的时候，她的人民就挨饿受冻；当祖国弱小的时候，她的人民就受辱被欺；当祖国富裕的时候，她的人民就快乐幸福；当祖国强大的时候，她的人民就昂首挺胸！”这段话就有语速由低沉、缓慢过渡到激昂、快速的过程。

（三）高低变化

演讲的声调，具有高低的变化，这样使得声音具有音律的美感。在具体的演讲过程中，常见的声调高低变化有以下几种：

（1）高升调，多用在疑问句、反诘句、短促的命令句，或者是在表示愤怒、紧张、警告、号召的句子里使用。朗读时，注意前低后高、语气上扬。

（2）降抑调，一般用在感叹句、祈使句或表示坚决、自信、赞扬、祝愿等感情的句子里。表达沉痛、悲愤的感情，一般也用这种语调。朗读时，注意调子逐渐由高降低，末字低而短。

（3）平直调，一般多用在叙述、说明或表示迟疑、思索、冷淡、追忆、悼念等的句子里。朗读时始终平直舒缓，没有显著的高低变化。

（4）曲折调，用于表示特殊的感情，如讽刺、讥笑、夸张、强调、双关、特别惊异等句子里。朗读时声调由高而低后又升高，把句子中某些特殊的音节特别加重加高或拖长，形成一种升降曲折的变化。

演讲的效果能否起到很好的作用，除了演讲稿本身以外，演讲者要灵活地处理语调轻重快慢的变化。一般来说，需要强调的地方，适合采用重、慢的语调。当然，也不是要去刻意改变，每一句话都“跌宕起伏”，而是要在自然的前提下加强一定的效果。

一个很会演讲的公司领导，在公司的年终销售总结会上，是这样来进行演讲以提高员工的注意力的：

“在这三年里，大家为公司做出了很大的贡献。”接着，他放慢了讲述的速度，“大家的努力，我都看在眼里。在公司产品的项目发展阶段，项目部的小李、小张经常拿出有创意的想法……”他特别加重了对“小李”“小张”的语气强调。

看到各位员工情绪有点上来了，他又把音量放大了：“所以，我决定，把大家的福利待遇提高百分之五十！”很多员工脸上都露出了笑容。

最后，他采用号召的语言并情绪激动地鼓励大家：“但是，同志们，明年我们的任务可能还要加重。大家说，我们有没有信心?!”如果是平时，提出明年任务要加重，员工可能会感到很大压力，但是在员工与公司的情感因素已经被调动起来的情况下，最后一句号召起到了很好的效果。

三、丰富的情感

演讲适用于多种场合，具有多种情感风格。比如，用于追忆往事的政治演讲，其风格是严肃、崇高的，但用于抨击时政的演讲，风格又可能转变为幽默、富有深意的讽刺。演讲的情感，也如不同的文章一样，虽然面貌个个不同，但只要能感染观众，就是优秀的演讲。

演讲的情感风格

但是，某些固定的场合会决定演讲的总体风格，虽然演讲者可以发挥自己的个人风格，但总体也不能背离大的演讲背景。例如，关于《热爱祖国》的演讲，其主题一般都是庄严的，因此过分的幽默、插科打诨是不可取的。

一般来说，欢庆会上的演讲要用喜庆、热烈的情感；誓师会上的演讲用鼓舞、煽动的情感；竞选演讲用自信、坚定、勇敢面对未来的情感；抨击时政的演讲用犀利、严肃的情感；总结人生的演讲用幽默、豁达的情感……

四、演讲中的态势语

态势语是演讲者必须具备的一种非口头语言。它是演讲者通过自己的身体姿态、仪表风度、手势动作、面部表情和服饰打扮等来表情达意、传达信息的一种无声语言，是演讲中不可缺少的直观性因素。美国心理学家艾伯特·梅拉比安说过："人的感情表达由三方面组成：55% 的体态，38% 的声调及 7% 的语气词。"这说明了态势语表达的重要性。

主要使用的态势语有目光语、步态语、站姿语和手势语四种。

（一）目光语

演讲中的目光语很重要，用好目光语很有技巧，美国的第四十任总统里根是演员出身，每次演讲他都能充分运用目光语。有时像聚光灯，把目光聚集到全场的某一点上；有时则像探照灯，目光扫遍全场。因此有人评价他的目光语是一台"征服一切的戏"。下面介绍运用目光语的七种方法。

1. 前视法

前视法是指演讲者视线平直向前而弧形流转，立足观众席的中心线，以此为中心弧形照顾两边，直到视线落到最后的观众头上，视线推进时不要匀速，要按语句有节奏进行，要顾及坐在偏僻角落的观众。

2. 环视法

环视法方法是指有节奏或周期地把视线从观众的左方扫到右方，从右方扫到左方或从前排到后排，从后排到前排；视线每走一步都是弧形，弧形又构成一个整体——环形。这种方法要注意中间的过渡，由于其视线的跨度大难免有为视线而视线之嫌，演讲时要注意衔接。这种方法主要用于感情浓烈、场面较大的演讲。

3. 侧视法

侧视法，即使用"Z"形或"S"形方法运用视线。此法在演讲中用得较多。

4. 点视法

在很特殊的情感处理与观众的不良反应出现时，可大胆运用此法，这种方法对制止观众的骚动情绪有很大作用。

5. 虚视法

虚视法即"眼中无观众，心中有观众"。这种方法在演讲中使用频率很高，尤其是初上场的演讲者可以用它来克服自己的紧张，而不至于使自己看到台下那火辣辣的眼神就害怕。

这种方法还可以用来表达演讲时的愤怒、悲伤、怀疑等感情。

6. 仰视法

仰视法是指在表达后辈对长辈的尊敬时，或者对演讲的主题进行思索、回忆时，使用时视线向上。

7. 俯视法

俯视法是指在表达长辈对后辈的爱护、怜悯与宽容时，使用时视线向下，俯视观众。

要特别说明的是，视线的运用往往是各种方法综合考虑、交叉运用的，同时要按照内容的需要，顺着感情的节拍，配合有声语言形式和手势、身姿等立体进行，协同体现。在自由地转换时，头脑里可以把眼前的观众分为前、后、左、右四个区域，不断地进行转换，以照顾到各个区域的观众。当讲到激昂处，往上看的时候，即与后排某个方向的某个人的视线建立起联系，然后再回到前排的人，尽量把自己的视线分到每个角落，让观众体会到你的真实存在。

（二）步态语

上下台时的步态语表达了自信，演讲者要注意以下几点。

上台前：在讲台的侧面或前排候场，此时要做的事情是：第一，要看好地形、路线，了解观众的情况；第二，要整理好自己的衣服、资料、道具、发型等；第三，请各工作人员调整好音响及话筒高度；第四，调整心态，酝酿感情。

上台时：听到请自己上场的声音时，要与主持人点头致意，然后从容不迫、落落大方、潇洒自信、面带微笑地走向讲台，走到舞台三分之一或一半时要甩头看观众，在离讲桌或立杆话筒还有半步时，轻松自然地转体、鞠躬后，再横跨一步进入讲桌或立杆话筒的讲话位置。一般来说，比较自然的入场方向是从观众的左方进入舞台。美国演讲家彼得·迈尔斯打过一个有意思的比方，“在电影中，你经常会注意到好人总是从观众的左边进入，而坏人总是来自观众的右方”。

上下台时的步姿一定注意：不能松松垮垮、随随便便、弓背弯腰；不能矫揉造作、扭捏作态、怪模怪样；不能缺乏谨慎、匆匆忙忙、大步流星；不能过于迟缓、拖拖拉拉、萎靡不振。

上台后：不要急忙开口，停下来，伫立片刻，使观众的大脑做好接收信息的准备，得到无声的感染。

下台时：步姿的要求与上台一样，一定要前后一致，善始善终。从观众右侧的舞台离场。

（三）站姿语

站姿语是通过站立的姿态传递信息和情感的语言。不同的站姿给人的印象不同，也传递出不同的信息和情感。

站要直：站在台上时要保持两肩相平，上身和两脚与地面要基本垂直。

立要稳：讲话者的重心，应放在自己脚上，而不应该依靠讲台之类的支撑物。要保持稳固的站立，通常有两种方法：一种是两脚并排，分开 20 厘米左右；另一种是一脚稍前，一脚稍后，重心主要压在后脚上，也就是介于立正和稍息之间的姿势。相比之下，后一种方法好处要多些，这种方法可以两脚调剂，减轻疲劳，长篇演讲者一般都采用这种站姿。

演讲中的站立不是一成不变的，当讲到某些内容时，演讲者可以在一定范围内自由走动。西方的演讲比中国的更为活跃，演讲者在舞台上的活动范围也更大一些。在演讲中，用到“下一步我们怎么做”或者是“为什么我这么认为呢”这一类的连接语时，很明显，演讲接下来的内容是一个新的部分，演讲者可以变换一下站立的位置了。如果是无线耳麦，演讲者可以采用自由而大胆的形式，为演讲增加很多有趣的因素。例如，考虑先往前走两步，因为这样可以拉近与观众的距离，是非常保险的做法。当有足够的勇气把握舞台后，可以在舞台的左侧、右侧进行一定的走动，演讲者事先计划一下时间，60% 的时间保留在舞台中央，20% 的时间在左侧，20% 的时间在右侧。当走到舞台某侧的时候，一定要注意提起这一侧观众的全面注意力。当然，如果舞台采用的是有线收音的麦克风，演讲者的活动范围就只局限在较小的范围之内而不能自由地走动了。

（四）手势语

手是人体敏锐的表情器官之一。手势是体态语言的主要形式，使用频率最高。由于双手活动幅度较大，活动最方便、最灵巧，形态变化也最多，因而，表现力、吸引力和感染力也最强，最能表达出丰富多彩的思想感情。寓意深刻、优美得体的手势动作能产生极大的魅力，激发观众的热情，加深观众对演讲内容的理解，使演讲获得成功。根据手势的活动范围，可将人体分为三区：上区、中区、下区。上区指肩部以上位置。中区指肩部至腰部位置。下区指腰部以下位置。

下面是一套常用的手掌动作，共有以下 11 种：

（1）伸手（手心向上，前臂略直，手掌向前平伸）——表示请求、交流、许诺、谦逊、承认、赞美、希望、欢迎、诚实等。

伸手训练：“人生的成功，需要机遇，需要帮助，但是最重要的是我们个人的努力与追求!”

（2）抬手（手心向上，手臂微屈，手掌与肩齐高）——表示号召、唤起、祈求、激动、愤怒、强调等。

抬手训练：“各位同学，环境污染问题大家有目共睹。但是我们作为一个普通人应从何做起？我号召大家，从关注环境做起，从不乱扔垃圾做起，从节约用电、节约用水，从尽量乘公交车做起!”

（3）举手（五指朝天，前臂垂直，手掌举至头部）——表示行动、肯定、激昂、动情、歌颂等。

举手训练：“我们都赞美美好的未来，未来女神啊，你能不能告诉我教育公平的未来在哪里？”

（4）挥手（手臂向前，手掌向上挥动）——表示激励、鼓动、号召、呼吁、前进、致意等。

挥手训练："同志们，朋友们，让我们一起关注环境污染问题，我们每一个人都有责任，我们都是地球母亲的孩子，让我们一起爱护我们共同的母亲！"

（5）推手（手心向前，前臂直伸）——表示坚决、制止、果断、拒绝、排斥、势不可当等。

推手训练："不！不能这样！这不是我们的逻辑！""谁不属于自己的祖国，那么他也就不属于人类。"

（6）压手（手心向下，前臂下压至下区）——表示要安静、停止、反对、压抑、悲观或气愤等。

压手训练："也许，你认为这只是一件小事，一件不需要拿出来让大家思考的小问题。不，这代表了一个大学生的素质，我觉得这事关重大。"

（7）摆手（手心对外，前臂上举至中区上部）——表示反感、蔑视、否认、失望、不屑一顾等。

摆手训练："口头的承诺，不管有多么的动人，都只是镜中花、水中月，而只有行动，才能真正证明他的内心想法。"

（8）心手（五指并拢、弯曲，自然放在胸前）——表示自己、祝愿、愿望、希望、心情、心态等。

心手训练："我们希望，这个小孩在大家的关心、爱护下，尽早地恢复健康。我们希望，不再有无辜的孩子在交通事故中受伤。"

（9）侧手（手掌放在身体一侧，手心朝前）——表示憎恨、鄙视、神秘、气愤，指示人物和事物等。

侧手训练："知识决定命运，不学习不会有未来！""你要想获得幸福，你就得给世界创造价值！"

（10）合手（两手在胸前由分而合，双手合一）——表示亲密、团结、联合、欢迎、好感、接洽、积极、同意等。

合手训练："我知道，我们真诚、友好的态度，是我们两个国家共同发展与进步的基础。"

（11）分手（两手在胸前由合而分，双手打开，做另一手势状）——根据打开后手势的区域不同分别表示空虚、沉思、消极（下区），赞同、乐观、积极（中区），兴奋、赞美、向上（上区）等。

分手训练："谁又知道，长路漫漫，他能否坚持住自己的理想与信念呢？""然而，我们看到了，他虽然非常疲惫，但是他坚持住了，他正在向终点冲过来！"

演讲时，手势的运用要遵循一定的规则：

（1）雅观自然。手势的运用要自然、大方，如果演讲者使用时感到拘束、不自然，反而不好。整体上看，手势要带给观众审美的享受。演讲者的手势贵在自然，自然才见感情的真实流露，自然才能真实地表情达意，才能给人以美感。优美自然的体态语言应该符合演讲者的性别、年龄、经历、职业及性格等特征。

（2）手势与口头语言的协调。手势的起落应和话音的出没是同时的、同步的，不可互为先后。如果话说出去了，手势还没有做；或话已讲完，手势还在继续，不仅失去了它的意义，而且也使观众感到滑稽可笑。演讲中当演讲者感情激昂时手的幅度、力度可大，反之，就小一点，手势幅度和感情应该是成正比的。

例如，下面这段演讲稿的动作幅度就应该大些：

人的生命是短暂的，也是非常宝贵的，生命对于我们每一个人只有一次，没有丝毫重复的机会，不要因一时疏忽而造成终身遗憾。只要你心中时刻装着安全，装着你的父母、你的妻子、你的儿女，还有你的朋友，那么，每天的朝阳是属于你的！美丽的晚霞是属于你的！健康快乐是属于你的！安全也一定是属于你的！

而下面的一段演讲稿的动作幅度就应该小些：

滚滚的车轮是无情的，不管你是穷人还是富人，不管你是坐公共汽车的还是坐宝马奔驰的，都同样有着命丧车轮的危险，随便的一张报纸都不时会出现交通事故的报道，随便的一条马路上都曾沾染着受害者的鲜血。

（3）适宜、适量、简练。手势运用要与演讲内容相适宜。手势动作的运用是自然而然的，是情感到达一定状态的自然表达，就像电影演员的动作一样，不是要导演把每一个动作细节都教给他，而是要演员自然地领会并表演出来。演讲者的手势必须跟随演讲的内容、自己的情感和现场气氛自然地表现出来，手势的部位、幅度、方向、力度都应与演讲者的有声语言、面部表情、身体姿态相适宜，协调一致。

手势的多少要适量。如果手势动作过多，表演的成分过重，就会干扰观众对演讲内容的关注，喧宾夺主。相反，如果演讲者在台上从头到尾都不运用手势，那样就会显得局促不安，就像背稿子一样，失去了演讲的感染力和活力。

手势动作要简单精练。演讲者每做一个手势，都要力求简单精练、清楚明了、干净利索、意义明确，不可拖泥带水。小动作、碎动作千万不要做，重复动作也不要多做。

（4）因人而异。演讲中手势的恰当运用可以表现一个人的成熟、自信、涵养、气质和风度。就性别而言，男性演讲者的手势一般刚劲有力，外向动作较多；而女性演讲者的手势主要是柔和细腻，手心内向动作较多。就年龄而言，老年演讲者因体力有限，手势幅度较小，精细入微；而中青年演讲者身强力壮，手势幅度较大，气魄雄伟。就身高而言，个子比较矮小的演讲者可以多做些高举过肩的手势来弥补不足，这样可以使自己形体显得高大一些，而个子较高的演讲者，可多做些平直横向动作。

对于在什么情况下该打什么手势，做什么动作，是无法确定的，全靠自己摸索、模仿。但初学者一定要注意：不要去追求那种千人一招、万人一式的模式化的态势动作。每个人都有自己的特点，突出自己的特点并美化定型就行。

演讲手势贵在自然，切忌做作，此外，随着时代的发展，观众的喜好是有变化的，演讲者可以参看当时最流行的一些企业名人或政治家们的手势，从中得到有益的示范。

思考与练习

1. 读以下句子，注意读出其中的情感语气。

（1）表意语气。通过这种语气，向观众表达自己的意见、意思。用这种语气讲话，句子中通常有相应的语气词，它或独立成小句，或用于小句末尾，或用于整个句子的末尾。例如：

对此，你的意见如何呢？（反问）

你真的事先一点儿也不知道吗？（质问）

你不要一意孤行，执迷不悟啊！（提醒）

排长，敌人上来了，打吧！（催促）

您把那本书借给我看几天吧！（请求）

站住！否则我就开枪了。（命令）

你上哪儿？（询问）

你昨天怎么旷课啊？（责备）

（2）表情语气。通过这种语气，向观众表达自己的某种情感。句子中通常也有相应的语气词。例如：

哎呀，这下子可好了。（喜悦）

日本鬼子真是坏透了。（愤恨）

他这位才华横溢的作家死得太早了。（叹息）

这一仗打得真漂亮啊！（赞叹）

哦！我终于弄明白了。（醒悟）

呸！你这个无耻的叛徒！（鄙视）

（3）表态语气。通过这种语气，向观众表达自己的某种态度。句子中有时也用语气词。例如：

他确实尽了最大的努力。（肯定）

这件事恐怕难以办到。（不肯定）

我不希望看到那样的结果。（委婉）

你认为这样做行吗？（商量）

这种意见是错误的。（否定）

2. 对照镜子，朗读以下文章，注意站立的姿势，随着阅读情感的深入，运用三个以上手势。朗读之后，再对照马云《赢在中国》创业演讲视频，看看他运用了哪些手势？他是如何自然运用的？

我想跟大家讲，跟风险投资谈判，腰挺起来，但是眼睛里面是尊重的，你从第一天这么理直气壮、腰板挺硬的时候，当然，别空说，你用自己的行动证明，你比资本家更会挣钱。我跟 VC（风投）讲过很多遍，你觉得你比我有道理，那么你来干，对不对。现在我能够把钱变成更多的钱，你能够找到好的项目，所以双方之间是共通和平等的。他问你 100 个问题的时候，你也得问他至少 99 个问题，你是嫁给他的，他可以娶七八个，你就一个。

然后你要问他投资的理念是什么，为什么投资我们？我最倒霉的时候你准备怎么办？我先告诉你我会很倒霉的，要真的不行，你看看怎么样，但是我们很多人倒过来讲，先告诉他，我一定会很成功的，当 VC 的期望值抬到那么高以后，你怎么做都是失败。都谈过好的以后，你要谈坏的了，坏的告诉他，也许这个公司明天……这该怎么办，你有什么东西可以帮我？你是好公司的时候，七八个 VC 会追着你转，让他们把帮助你的企划和想法互相写下来。你的承诺每年都得写下来，他对你的承诺也得写下来，这是互相的约束，这是婚姻合同。对不对？

我这么多年来，从第一个 VC 到今天为止，我的每一个计划，每个季度我没有错过一个计划，如果你错过一个计划，那么你的信誉就没有了。你告诉他，我这个月会亏，下个月还是会亏。但是我亏多少，只要发现可控，你的投资人都不会怕，他最怕的是你不可控了，你说赚两块钱，结果你还亏了 3 块钱，你亏 3 块钱，结果你亏了 8 块钱。你就麻烦大了去了。我见孙正义那一天，我根本就没穿西装，我就那么很随便地进去了，因为我心态里面从来没想过要钱，我也没觉得，大家就是聊聊嘛，然后就讲了五六分钟，我说我要做一个事情是这样的。孙正义，我觉得他是一个非常大智慧的人。我见过这么多 VC，我现在阿里巴巴很多 VC，到今天为止很多人并不明白我们在做什么。但是这个人六七分钟他就明白我想干什么，正因为我的心里的平和，我没有出于钱去跟 VC 去谈，我讲的是我想做一件什么样的事情，讲完以后他打断我，他说停一下，你要多少钱，我说我不要钱。他说要钱的，他教我怎么花钱花得快，然后，我说我真不要钱。那天六分钟以后，他喜欢上了我，我喜欢上了他。后来他边上很多人说我们两个是 soul partner（灵魂伴侣），有人不相信一见钟情，也许那就是一见钟情，这是真实的事情。最后他说，马云，我拿出 4 000 万美金。他一定要我拿着 4 000 万美金。我说 NO，我最多管过 200 万人民币，4 000 万美金我肯定不要，他说要拿出 3 500 万美金。我说我去考虑下，我一到公司内部，再想想，还是不对，太愚蠢了。要他那么多钱干什么，我不会用，肯定公司要出问题的，最后他派了一个人到我办公室追到我门口，然后我就跟我的 CFO（财务总监）我们三个人飞到日本，在孙正义的办公室里面，那个谈判是最经典的，孙正义提出 4 000 万。谈判最高的高手是只听不讲。讲得多的人谈判水平是二流。真正高手是听，他一出剑你基本就倒下了。他那时候报出的价，他一讲我心潮澎湃。我都觉得应该是这样。

我们的 CFO 说："NO。"孙正义吓了一跳，然后再赶紧调整价格，最后 3 000 万美金。我们可以接受。回来后想想还是不对，因为没签合同之前我还可以反悔。我就给孙正义写了一封信，我说："Sorry，3 000 万美金我不要，2 000 万美金，同意就干不同意就不干。"然后孙正义回了，就两个字："Go ahead."

3. 奥巴马演讲的手势表现得非常丰富与自然，请观看其演讲《梦想与责任》的视频，学习与模仿其手势的表现方式。

梦想与责任

嗨，大家好！你们今天过得怎么样？我现在和弗吉尼亚州阿林顿郡韦克菲尔德高中的学生们在一起，全国各地也有从幼儿园到高三的众多学生们通过电视关注这里，我很高兴你们能共同分享这一时刻。

我知道，对你们中的许多人来说，今天是开学的第一天，你们中的有一些人刚刚进入幼儿园或升上初高中，对你们来说，这是在新学校的第一天，因此，假如你们感到有些紧张，那也是很正常的。我想也会有许多毕业班的学生们正自信满满地准备最后一年的冲刺。不过，我想无论你有多大、在读哪个年级，许多人都打心底里希望现在还在放暑假，以及今天不用那么早起床。

我可以理解这份心情。小时候，我们家在印度尼西亚住过几年，而我妈妈没钱送我去其他美国孩子们上学的地方去读书，因此她决定自己给我上课——时间是每周一到周五的凌晨4点半。

显然，我不怎么喜欢那么早就爬起来，很多时候，我就这么在厨房的桌子前睡着了。每当我埋怨的时候，我妈总会用同一副表情看着我说："小鬼，你以为教你我就很轻松？"

所以，我可以理解你们中的许多人对于开学还需要时间来调整和适应，但今天我站在这里，是为了和你们谈一些重要的事情。我要和你们谈一谈你们每个人的教育，以及在新的学年里，你们应当做些什么。

我做过许多关于教育的讲话，也常常用到"责任"这个词。

我谈到过教师们有责任激励和启迪你们，督促你们学习。

我谈到过家长们有责任看管你们认真学习、完成作业，不要成天只会看电视或打游戏机。

我也很多次谈到过政府有责任设定高标准、严要求，协助老师和校长们的工作，改变在有些学校里学生得不到应有的学习机会的现状。

但哪怕这一切都达到最好，哪怕我们有最尽职的教师、最好的家长和最优秀的学校，假如你们不去履行自己的责任的话，那么这一切努力都会白费——除非你每天准时去上学、除非你认真地听老师讲课、除非你把父母、长辈和其他大人们说的话放在心上、除非你肯付出成功所必需的努力，否则这一切都会失去意义。

而这就是我今天讲话的主题：对于自己的教育，你们中每一个人的责任。首先，我想谈谈你们对于自己有什么责任。

你们中的每一个人都会有自己擅长的东西，每一个人都是有用之才，而发现自己的才能是什么，就是你们要对自己担起的责任。教育给你们提供了发现自己才能的机会。

或许你能写出优美的文字——甚至有一天能让那些文字出现在书籍和报刊上——但假如

不在英语课上经常练习写作，你不会发现自己有这样的天赋；或许你能成为一个发明家、创造家——甚至设计出像今天的 iPhone 一样流行的产品，或研制出新的药物与疫苗——但假如不在自然科学课程上做上几次实验，你不会知道自己有这样的天赋；或许你能成为一名议员或最高法院法官，但假如你不去加入什么学生会或参加几次辩论赛，你也不会发现自己的才能。

而且，我可以向你保证，不管你将来想要做什么，你都需要相应的教育——你想当名医生、当名教师或当名警官？你想成为护士、成为建筑设计师、律师或军人？无论你选择哪一种职业，良好的教育都必不可少，这世上不存在不把书念完就能拿到好工作的美梦，任何工作，都需要你的汗水、训练与学习。

不仅仅对于你们个人的未来有重要意义，你们的教育如何也会对这个国家乃至世界的未来产生重要影响。今天你们在学校中学习的内容，将会决定我们整个国家在未来迎接重大挑战时的表现。

你们需要在数理科学课程上学习的知识和技能，去治疗癌症、艾滋那样的疾病和解决我们面临的能源问题与环境问题；你们需要在历史社科课程上培养出的观察力与判断力，来减轻和消除无家可归与贫困、犯罪问题和各种歧视，让这个国家变得更加公平和自由；你们需要在各类课程中逐渐累积和发展出来的创新意识和思维，去创业和建立新的公司与企业，来制造就业机会和推动经济的增长。

我们需要你们中的每一个人都培养和发展自己的天赋、技能和才智，来解决我们所面对的最困难的问题。假如你不这么做——假如你放弃学习——那么你不仅是放弃了自己，也是放弃了你的国家。

当然，我明白，读好书并不总是一件容易的事。我知道你们中的许多人在生活中面临着各种各样的问题，很难把精力集中在专心读书之上。

我知道你们的感受。我父亲在我两岁时就离开了家庭，是母亲一人将我们拉扯大，有时她付不起账单；有时我们得不到其他孩子都有的东西；有时我会想，假如父亲在该多好；有时我会感到孤独无助，与周围的环境格格不入。

因此，我并不总是能专心学习，我做过许多自己觉得丢脸的事情，也惹出过许多不该惹的麻烦，我的生活岌岌可危，随时可能急转直下。

但我很幸运。我在许多事上都得到了重来的机会，我得到了去大学读法学院、实现自己梦想的机会。我的妻子——现在得叫她第一夫人米歇尔·奥巴马了——也有着相似的人生故事，她的父母都没读过大学，也没有什么财产，但他们和她都辛勤工作，好让她有机会去这个国家最优秀的学校读书。

你们中有些人可能没有这些有利条件，或许你的生活中没有能为你提供帮助和支持的长辈，或许你的某个家长没有工作、经济拮据，或许你住的社区不那么安全，或许你认识一些会对你产生不良影响的朋友，等等。

归根结底，你的生活状况——你的长相、出身、经济条件、家庭氛围——都不是疏忽学业和态度恶劣的借口，这些不是你去跟老师顶嘴、逃课或是辍学的借口，这些不是你不好好读书的借口。

你的未来，并不取决于你现在的生活有多好或多坏。没有人为你编排好你的命运。在美国，你的命运由你自己书写，你的未来由你自己掌握。

而在这片土地上的每个地方，千千万万和你一样的年轻人正是这样在书写着自己的命运。

例如，得克萨斯州罗马市的贾斯敏·佩雷兹（Jazmin Perez），刚进学校时，她根本不会说英语，她住的地方几乎没人上过大学，她的父母也没有受过高等教育，但她努力学习，取得了优异的成绩，靠奖学金进入了布朗大学，如今正在攻读公共卫生专业的博士学位。

我还想起了加利福尼亚州洛斯拉图斯市的安多尼·舒尔兹（Andoni Schultz），他从三岁起就开始与脑癌病魔做斗争，他熬过了一次次治疗与手术——其中一次影响了他的记忆，因此他得花出比常人多几百个小时的时间来完成学业，但他从不曾落下自己的功课。这个秋天，他要开始在大学读书了。

又如，在我的家乡，伊利诺伊州芝加哥市，身为孤儿的香特尔·史蒂夫（Shantell Steve）换过多次收养家庭，从小在治安很差的地区长大，但她努力争取到了在当地保健站工作的机会，发起了一个让青少年远离犯罪团伙的项目，很快，她也将以优异的成绩从中学毕业，去大学深造。

贾斯敏、安多尼和香特尔与你们并没有什么不同。和你们一样，他们也在生活中遭遇各种各样的困难与问题，但他们拒绝放弃，他们选择为自己的教育担起责任、给自己定下奋斗的目标。我希望你们中的每一个人，都能做得到这些。

因此，在今天，我号召你们每一个人都为自己的教育定下一个目标——并在之后，尽自己的一切努力去实现它。你的目标可以很简单，像是完成作业、认真听讲或每天阅读——或许你打算参加一些课外活动，或在社区做些志愿工作；或许你决定为那些因为长相或出身等原因而受嘲弄或欺负的孩子做主、维护他们的权益，因为你和我一样，认为每个孩子都应该能有一个安全的学习环境；或许你认为该学着更好地照顾自己，来为将来的学习做准备……当然，除此之外，我希望你们都多多洗手、感到身体不舒服的时候要多在家休息，免得大家在秋冬感冒高发季节都得流感。

不管你决定做什么，我都希望你能坚持到底，希望你能真的下定决心。

我知道有些时候，电视上播放的节目会让你产生这样或那样的错觉，似乎你不需要付出多大的努力就能腰缠万贯、功成名就——你会认为只要会唱 rap、会打篮球或参加个什么真人秀节目就能坐享其成，但现实是，你几乎没有可能走上其中任何一条道路。

因为，成功是件难事。你不可能对要读的每门课程都兴趣盎然，你不可能和每名代课教师都相处顺利，你也不可能每次都遇上看起来和现实生活有关的作业。而且，并不是每件事，你都能在头一次尝试时获得成功。

但那没有关系。因为在这个世界上，最成功的人们往往也经历过最多的失败。J. K. 罗琳的第一本《哈利·波特》被出版商拒绝了十二次才最终出版；迈克尔·乔丹上高中时被学校的篮球队刷了下来，在他的职业生涯里，他输了几百场比赛、投失过几千次射篮，知道他是怎么说的吗？“我一生不停地失败、失败再失败，这就是我现在成功的原因。”

他们的成功，源于他们明白人不能让失败左右自己——而是要从中吸取经验。从失败中，你可以明白下一次自己可以做出怎样的改变；假如你惹了什么麻烦，那并不说明你就是个捣蛋鬼，而是在提醒你，在将来要对自己有更严格的要求；假如你考了低分，那并不说明你就比别人笨，而是在告诉你，自己得在学习上花更多的时间。

没有哪一个人一生出来就擅长做什么事情的，只有努力才能培养出技能。任何人都不是在第一次接触一项体育运动时就成为校队的代表，任何人都不是在第一次唱一首歌时就找准每一个音，一切都需要熟能生巧。对于学业也是一样，你或许要反复运算才能解出一道数学题的正确答案，你或许需要读一段文字好几遍才能理解它的意思，你或许得把论文改上好几次才能符合提交的标准。这都是很正常的。

不要害怕提问，不要不敢向他人求助——我每天都在这么做。求助并不是软弱的表现，恰恰相反，它说明你有勇气承认自己的不足并愿意去学习新的知识。所以，有不懂时，就向大人们求助吧——找个你信得过的对象，如父母、长辈、老师、教练或辅导员——让他们帮助你向目标前进。

你要记住，哪怕你表现不好、哪怕你失去信心、哪怕你觉得身边的人都已经放弃了你——永远不要自己放弃自己。因为当你放弃自己的时候，你也放弃了自己的国家。

美国不是一个人们遭遇困难就轻易放弃的国度，在这个国家，人们坚持到底、人们加倍努力，为了他们所热爱的国度，每一个人都尽着自己最大的努力，不会给自己留任何余地。

250 年前，有一群和你们一样的学生，他们之后奋起努力、用一场革命最终造就了这个国家；75 年前，有一群和你们一样的学生，他们之后战胜了大萧条、赢得了“二战”；就在 20 年前，和你们一样的学生们，他们后来创立了 Google、Twitter 和 Facebook，改变了我们人与人之间沟通的方式。

因此，今天我想要问你们，你们会做出什么样的贡献？你们将解决什么样的难题？你们能发现什么样的事物？20 年、50 年或百年之后，假如那时的美国总统也来做一次开学演讲的话，他会怎样描述你们对这个国家所做的一切？

你们的家长、你们的老师和我，每一个人都在尽最大的努力，确保你们都能得到应有的教育来回答这些问题。例如我正在努力为你们提供更安全的教室、更多的书籍、更先进的设施与计算机，但你们也要担起自己的责任。因此我要求你们在今年能够认真起来，我要求你们尽心地去做自己着手的每一件事，我要求你们每一个人都有所成就。请不要让我们失望——不要让你的家人、你的国家和你自己失望。你们要成为我们的骄傲，我知道，你们一定可以做到。

谢谢大家，上帝保佑你们，上帝保佑美国。

4. 完成以下演讲稿，演讲时间 10 分钟。对照镜子，注意手势的自然运用，总结自己运用得最自然的几种手势。

稿 1：手机带给我们什么？

稿 2：孩子与未来

稿 3：关灯一小时

稿 4：平凡与不平凡

稿 5：乡村与城市

稿 6：我看到的不平等

稿 7：中医的未来

稿 8：中国人的旅游习惯

稿 9：科学都是进步吗？

稿 10：病毒的警示

第六章　关注演讲的细节

CHAPTER

一、关注 PPT 展示

现代科技的一些手段，如 PPT（电子幻灯片）的展示，被运用到了演讲当中，如果使用得恰当，就可以为演讲增添风采；如果使用得不恰当，反而会使演讲成为读词念稿的平淡过程。所以，PPT 的使用要注意一些细节。

第一，要展开一定的叙述后，才使用 PPT。要注意，演讲者是在演讲，而不是在展示 PPT，所以，演讲的开头、故事铺垫、情境导入等都是必需的，不能一上来就围绕 PPT 演示。那么，怎么连接演讲与 PPT 呢？例如，“好，那么具体到一些地方与数据是怎样的呢？”又如，“刚才我谈到一些过去的现象，今后我们应该怎么办呢？我给大家展示一下我的思路。”这样，就可以自然地过渡到 PPT 的展示上。

第二，要考虑字的大小。如果最后一排的观众看到投影上的文字感到费劲，那么会严重影响 PPT 的效果。演讲者应该事先走到房间的后面，也就是在你演讲时观众坐的最远的位置，打开有最小尺寸文字的幻灯片进行浏览，以确保最后一排的观众也能轻松看清，建议最小的字也要 32 号。

第三，PPT 的展示文字不能太多。有的演讲者为了图方便，把自己的演讲内容全部放到 PPT 上，这样观众看到密密麻麻的文字，就会头疼，会产生厌烦的情绪。所以，演讲 PPT 如果与大量文字相关，应该只放一些关键的词语，甚至不用连成一句话，反而更容易引起观众的兴趣。

第四，PPT 的大部分页码都应该有一个标题，以提示这一部分的主要内容。例如，如果你谈的是城市的环境问题，相关的 PPT 页面标题可能是“问题 1、问题 2、问题 3”，等等。

第五，不要滥用 PPT 附属功能。PPT 的演示文稿中有很多功能，有些 PPT 使用者习惯运用太多的翻页变化、动画、音效等。但事实上，对于演讲来说，演讲者并不是为了给观众展示自己在 PPT 功能方面的渊博知识。所以，简洁地展示即可，否则会分散观众的注意力。

第六，不要把观众与演讲者长期置于黑暗中。有的演讲者为了图像呈现的清晰度，把现场的光源全部切掉，只留下 PPT 展示。其实，演讲的中心应该是演讲者本身，而不是 PPT。建议演讲者可以安排光源的切换，除了最重要的某些图片需要每一个人集中注意力到图片上以外，都应该打开光源把大部分的注意力集中到演讲者身上。

二、关注观众

成功的演讲，有赖于观众与演讲者的观念合一，但要做到这一点，演讲者要激发观众的热情，让他们参与到演讲中，缩短彼此心灵的距离。

在演讲过程中，为了提高观众参与的兴趣，可采用一些特别的方法：

（一）用问答的方法让观众参与

很多时候，演讲者都像一位高高在上的人物，对观众进行人生与事业上的指导、说教，但这并不是最好的方式，观众最欣赏的是尊重观众，与观众平等交流、探讨的演讲者。

谈判专家林伟贤说过：“人们往往会对自己所参与的决定给予支持。”如果演讲者采用问答、现场调研等方法让观众参与到演讲的过程中，即使观众的观点与演讲者不能完全一致，也会使他们对演讲的认同度增大。所以，有经验的演讲者会巧妙地在演讲中加入提问这一环节。演讲者在提问的时候要注意以下几个问题。

1. 在合适的时间进入提问环节

最合适的提问环节，是放到开场后的五到十分钟，这时观众还保持着对演讲的一种新鲜感，参与的热情度也会高一些。

千万不要在演讲的最后，以提问的方式去结束演讲。一些演讲者会以为这样可以引起回味无穷的效果，但事实上即使他吊起了观众的“胃口”，但是没能给出答案，交流就是不完整的，有问有答的交流才是完整的。所以，正常的时间流程分配一般是：讲述背景→提出问题→观众回答→演讲者总结与分析→演讲结束。

2. 提观众普遍能回答上来的问题

演讲者提出的问题，要注意难易度，应该是观众略加思考就可以回答上来的问题，当然也不要过分简单地让观众只回答“是”或者“不是”，要观察观众的反应，帮助并引导他们作答。例如，演讲者可以提示“您的意思，我可不可以理解为这样一句话……”或者是“哦，那我知道了，你的观点基本上是认同……是这样的吗？”演讲者不能奢求观众的表达完整、自然，所以要帮助观众进行总结。

有一位新手要上台演讲，他的朋友告诉他如果加一些与观众互动的问题，可能效果会更好。但是他担心观众回答不了他的问题，于是他想把所有的问题都设计成“是或者不是”“对或者不对”，于是在演讲中他问：“城市交通的发展确实给我们的生活提供了便利吗？”观众觉得这个问题太幼稚了，报之以嗤嗤的笑声……

3. 要控制提问的时间，把握全局

有的时候，某些富有经验的观众可能会就某一个问题侃侃而谈，演讲者要注意，自己才是演讲的主角，不要让这位观众给“抢了风头”。面对这样的观众，演讲者要注意插话，并将注意力引回到自己身上。

有的时候，一个问题可能引起观众的争论，还可能会纠结很久，演讲者要注意把握全局，在一个问题上花费的时间不能太多，要及时地帮助不同观点的观众进行总结，再回到演讲的主体上来。

一次，演讲者要讲一个关于创业的问题，于是，他在观众中随机选取了一位看上去有一定气质的中年男性，提问：“请问你觉得创业，是机遇更重要，还是自己的努力更重要?”那位观众站起来回答：“我觉得机遇最重要，各位，我自己就是一个例子，1985 年我到广州做生意，我当时的想法是……”他似乎没有停下去的意思，演讲者立即注意到这个问题，把话筒拿过来，礼貌地说：“您的故事细节一定很精彩，我建议您把故事心得整理好，也参加我们的演讲比赛。好的，谢谢，您的观点是机遇重要，那么我的观点呢……”

4. 不擅自对回答给予评价

每个人看问题的角度不同，所以很多问题的答案是完全不同的，但又是各有道理的，这个时候演讲者要注意不擅自对观众的回答给予评价。例如，城市管理应该保留“城管”，还是废止“城管”，演讲者是很难对不同于自己观点的观点给予评价的。千万不要擅自褒贬从而激怒对方、制造对立，让演讲难以继续进行。演讲者可以表达这样的观点：“很高兴您能表达出您的观点，思考的角度也非常独特，我非常感谢。对于这个问题，我的看法是……”

（二）用语言和观众“套近乎”

拉近关系的最简单的方法，就是述说彼此的感情纽带。在演讲中，演讲者寻找自己与观众的身份、观众所处的部门、观众所处的城市甚至是观众出生的时代之间的关系，这样就可以拉近彼此的心理距离。例如，演讲者说“我们都是大学生”，或者“我也是贵校毕业的学生”，或者“我以前来过你们这个美丽的城市”，或者“我们都是 90 后”等，都可以拉近自己与观众的距离。

英国政治家哈罗德·麦克米兰在印第安纳州绿堡的德堡大学跟毕业班学生讲话时，就是这样打开沟通的渠道的。“我很感激各位亲切的欢迎词，”他说，“身为大英帝国的首相，应邀前来贵校，的确不是一件容易的事。不过我感觉，我当前的政府职位，恐怕不是各位盛情邀请的主要原因。”接着他提到自己的母亲是美国人，出生于印第安纳州，而父亲则是德堡大学首届毕业生之一。“我可以向各位保证，我以能和德堡大学有些关系感到光荣，以能重温老家的传统为骄傲。”麦克米兰提到德堡大学，以及母亲和父亲与德堡大学的关系，立刻就为自己赢得了观众的友谊。

（三）成功地向观众销售自己的观点

演讲本身，可以看成是对演讲者观点的一种“销售”。所以，让观众接受演讲者的观点，要考虑演讲内容本身是否符合观众的需要。著名的心理学大师马斯洛将人的需要分为五个等级：生理需要、安全需要、社交需要、被人尊重的需要和自我实现的需要。

一般来说，演讲的观点在向观众展示的过程中，要注意观众的情感需要，满足观众的情感需要，也就达到了演讲的成功。美国演讲家多丽茜·丽兹总结了当代美国社会普通人需要从演讲中获得的内容，包括：

赚钱、省钱、省时间、少劳多得、舒适、健康、逃离痛苦、受人欢迎、吸引异性、赢得赞赏、财产增值、增加愉悦感、满足好奇心、保护家人、有自己的风格、满足个人欲望、超越他人、占有美好的事物、避免受批评、避免麻烦、利用机会、保持个性和独立、出风头、提高效益、安全。

有人问一个资深的美国热门杂志编辑，为什么他主编的板块受到人们普遍欢迎，他这样说："人都是自私的，他们只对自己感兴趣。他们并不怎么关心政府是否应该把铁路收归国有，但他们却想知道如何才能获得晋升，如何才能得到更多的薪水，如何保持健康。我总是告诉读者，如何保护好牙齿、如何在夏天保持清凉、如何找一份好工作、如何应付雇员、如何买房子等。另外，人们也总是对别人有趣的经历感兴趣，所以我会邀请一些大富翁谈谈他们如何在房地产中赚进几百万美元。我还要请一些著名的银行家及各大公司的总裁，谈谈无权无势如何从底层奋斗到有权有势的地位。"

（四）用热情抓住观众的心

人与人之间的交流，语言技巧、华丽辞藻都不是最重要的，最重要的是演讲者的热情，一个真诚与观众交流的人才更容易激起共鸣。如果演讲者自己把演讲作为一个"活动"来参加，往往达不到很好的效果。

一旦演讲者表现出热情，眼睛就会放射出激情，声音的辐射力量增强，动作表现更为丰富，观众也投入其中。人与人之间热情是可以相互传染的。美国演讲家狄德罗说过："一位以坚定的信心来向你叙说的演讲者，他是绝不会失败的……只要他确实觉得心里有不能不告诉你的事情，他的演讲就会像火一样的炙热……所以，他能发表恳切和热诚的演讲，对于观众的影响力犹如蒸汽一般的膨胀，他可以在修辞上有不少的错误，但是，他的演讲是不会遭受失败的。"

1945 年 8 月，日本投降，美国将领麦克阿瑟担任日本盟军最高司令长官，有大约 25 万日本精锐部队誓死不降，但驻扎在日本的美军数量还不到 1 万人，形势十分危急。麦克阿瑟在巡视日本军营的时候，发表了热情洋溢的演讲，"在战争中，主角是你们，是我，是军人。但最应该反对战争的也是我们，因为我们是最先承受战争创伤的人……在这场生死惨烈的战争中，我很钦佩你们的勇敢和坚韧，我也差点成为你们的俘虏。但是，你们的青春不应该只是表现在战场上，现在战争结束了，国家等待着你们去建设，幸福的生活正在等你们，你们的亲人也等着和你们团聚，所以，我希望你们放下武器，永远地放下，去迎接和平，创造新生活……"在他的热情鼓舞下，剑拔弩张的气氛一下子消失了，一触即发的战争化为无形。

三、关注可能的演讲危机

（一）忘词怎么办？

一旦紧张，演讲者最常见的危机就是忘词。其原因，主要是演讲者对演讲稿的内容大多是“背诵”下来，而不是“写”在头脑中的。所以要避免这个危机，首先，你要让自己对演讲稿非常熟悉，一字一文都是自己写出来的，而不是在网上复制、粘贴而形成的。这样，即使临时忘词了，也能在冷静一下后回忆起大概的主要层次。此外，平时在练习演讲的时候，也不用一字一句地背诵全文，而是要采取列提纲的方式记忆演讲稿内容，这样忘词时可以比较容易地想起内容，如果某些细节内容不易记起还可以根据提纲内容自由发挥一下。

如果出现忘词的现象怎么办？首先不用紧张，这时要发挥自己的语言才华，按照原稿件大概的层次，开始现场编排：利用你最后一段谈话的最后那个字，或是最后那个句子，或是最后的那个主题，作为新段落或新句子的开头。这将形成一条永无尽头的锁链。

让我们来看看这个例子如何运用。我们不妨想象，有位演讲者正在谈论“事业成就”的问题，他在说完下面这段话之后，就发现自己脑中突然一无所有，空白一片。

他说：“一般的职员之所以无法获得升迁，主要是因为，他对他的工作没有真正的兴趣，表现不出进取的精神。”

“进取的精神”，即以“进取的精神”来作为一个句子的开头。你可能不知道你将说些什么，或将如何结束这个句子，但是，不管怎么样，起个头。即使表现得很差劲，也总比承认失败要好得多。

例如，“‘进取的精神’就是主动性，自己主动去做某件事，而不是等待别人的吩咐。”

这样解释虽然平淡，但这比痛苦的沉默好得多。我们最后的几个字是什么？——“等待别人的吩咐”。好吧。我们就用这个观念来造个新句子吧。

“不断吩咐、指示及驱使那些拒绝从事任何主动及进取思考的公司职员。这是最令人感到愤怒的事，也是令人难以想象的事。”

我们已经顺利地说完两段了。现在我们可以振作起精神，继续下去：

“每年在商业战斗中被淘汰的公司职员，真是令人感到悲哀。我说悲哀，因为只要多一点点忠诚、多一点点进取心、多一点点热情，这些被淘汰的男女员工就能使自己跨越失败，走向成功。然而，失败者永远不会承认这是他们失败的原因。”

如此继续进行下去……但同时，应该努力去思索他原来演讲中的下一个要点，想出原来打算要说的话。

这种没有终止的连锁性思考方法，如果延续下去，可以拖得很长，而可能使演讲者和观众们乏味。不过，对于因为遗忘而暂时失去控制的受伤的头脑来说，这却是最佳的急救方法——它也因此挽救了许多垂垂待毙的演讲，或者柳暗花明——演讲者突然回想起自己原来准备的话，并且接上去。

其次，可以中途插话。例如，演讲者忘词时可以这样说：“坐在后面的朋友能听清楚我的讲话吗？”在说的同时用眼睛环视四周，这样可以为自己争取时间。

最后，演讲者忘词时可以跳跃演讲内容。一旦忘词又没有别的办法的情况下，演讲者千万不能愣在那里冥思苦想，这样只会使自己更加紧张，而且会影响演讲的效果，这时演讲者可以继续向下讲自己记得的内容。

解决演讲忘词的方法主要是良好的心理暗示与自我调节，所以心理素质还是最重要的。演讲者平时要多注意锻炼自己沉着稳定的心理素质和随机应变的能力。

（二）演讲中的口误

在即兴演讲中，常常会出现口误。其实，临时讲错话是很常见的，不用太纠结于自己的一个小错误。如果演讲中出现口误，常常有下面几种补救方法。

1. 实话纠错

实话纠错，顾名思义，即用事实说明情况，进行补救。

某跨国食品公司的一位执行官正在给华尔街的分析家们做报告。他在谈到该公司的每种产品时，上方的投影仪都会放映一张绘有图画、写着简单介绍的幻灯片。然而，当他介绍到公司最新的烤小鸡生产线时，幻灯片上出现了一个明显的排字错误，上面写的是“烤小孩”。

“喔，我们新的烤小鸡非常受小孩子欢迎，”那位执行官毫不停顿地说，“当然，我们烤的不是小孩，而是小鸡。”

观众们轻声地笑了起来，而他接下去的演讲进行得非常顺畅。尽管他承认了错误，但他没有让错误转移观众们的注意力，也没有让它损害他的报告。

2. 反问补错

反问补错是当你讲错一句话并马上意识到错误的时候，紧接着用一个反问句进行否定，从而不露痕迹地达到补救的目的。

有一名员工在公司举行的演讲比赛中，根据规定，即兴发表了题为《员工不是扑克牌》的演讲。在演讲中，当“员工是可以由老板任意掌控和摆弄的扑克牌……”这句话一出口，他马上意识到讲漏了“是”字前面的“不”字。要知道，一字之差，意思就完全反了。怎么办？他急中生智，赶紧纠正道：“这难道不是许多公司老板的错误看法吗？”一个反问句，就这样顺理成章地补救了自己的口误，让在场的观众丝毫都没有觉察出来。

3. 妙语辨错

妙语辨错是当你在即兴演讲中觉察到自己讲错话的时候，先镇定下来，再针对错话，巧妙地进行一番辨析。只要能够自圆其说，就不仅可以使观众谅解你的失误，而且能够让观众感受到你的机智和灵敏，从而产生独特的现场效应。

某市演讲与口才协会举办为期三个月的演讲培训课程。培训过程中，老师要求学员围绕“如何提高口语表达能力”这一话题发表即兴演讲。一位学员上台，发表了一番演讲，其结尾部分有这样一句话：“同学们，还有一个月我们就要结业了……”一听这话，全体学员都笑了起来。他马上意识到自己把时间讲错了，赶紧不慌不忙地解释道：“我知道还有两个月才结业。我之所以说成一个月，是希望同学们和我一道，把两个月的学习时间当作一个月来珍惜。这样，我们心中就时刻会有一种紧迫感，大家更会抓紧时间，努力学习，提高口语表达能力。大家说，是吗？”学员们高声回答：“是！”随即一起鼓起掌来。这位演讲者的一番辨析，妙就妙在他在时间的长短上巧做文章，即兴发挥，居然把出现口误的尴尬转化成了观众赞同的掌声。

4. 将错就错

将错就错就是用一番戏言来进行解说。运用这种幽默风趣的表达方式，既可以轻松地补救失误，又能够活跃演讲的现场气氛，何乐而不为呢？

某中学举行建校70周年校庆活动，一位外校的校长，作为特邀嘉宾，在庆祝大会上代表来宾即兴演讲。他走上讲台，一开口就这样讲道：“今天是贵校建校70周年校庆的大喜日子，我代表学校……”话音未落，他就意识到自己讲错了，于是道歉道：“对不起，我说错了，在这个讲台上，我只能代表来宾说几句话。倘若代表学校，岂不是反客为主了吗？是啊，我是校长，经常在会议上代表学校讲话，代表成习惯了，所以刚才就代表错了。看来，一个人无论在什么样的场合讲话，都不要忘记自己的身份和角色。否则，就会像我一样闹出笑话。我由此而想到，习惯性的思维定式真是害人不浅啊！突破定式，勇于创新，不正是贵校一直坚持的办学思路吗？”

（三）被意外中断的演讲

演讲中可能会发生一些意外场景：一位演讲者正在兴致勃勃地演讲，突然一个很搞笑的手机铃声响起，观众们都笑了；或者演讲的现场是一个小会议室，突然会议室的门打开了，一位迟到的女士穿着高跟鞋，伴随着“噔、噔”的响声一步步在众人的注视下走进来；或者演讲者自己的手机突然不断地在桌子上振动，以至于仿佛要在桌子上“跳舞”了。

事实上，演讲的一些现场意外是无法预测的，演讲者要保持自己清醒的头脑，提高自己的应变能力，将观众的注意力再次转移到自己身上。

一位演讲者正在讲述育婴知识，一位妈妈带来现场的刚会走路的宝宝突然哭起来，演讲不得不中断。演讲者微笑着看着孩子，问道：“宝宝是不是饿了？我们有准备的牛奶和饼干。”孩子的妈妈表示孩子并不饿而是觉得有点不好玩，她致谢后将孩子带出了演讲的教室，演讲者转身对观众说：“我今天要谢谢这个宝宝，他提醒了我们在育婴的过程中，食物与营养固然重要，但是对孩子的心理护理其实更重要。这也是我今天要讲述的一个主题……”

（四）应对不合作的观众

虽然大多数观众是友好、善良的，但是在个别单位或者公司，由于一些不好的人际风气，可能会让演讲者在演讲时受到无礼的待遇，如交头接耳、品头论足或者大声喧哗、结伙提前离场等，对于这些，演讲者都要沉着应对。

首先，演讲者要记住自己是整个演讲的主动者，是强势者，是掌握了话语权的人，演讲者可以对观众进行说服，当然，这种说服是要有技巧的，而不是互相的挑衅，如沉默法，即演讲者突然沉默——无言地谴责。一直注视那些会场上不安静的人，观众也会随之去注视那些人。沉默是一种很好的施压方法，它可以让捣乱的人暴露于所有人的目光里，受到大家的集体谴责，自然会形成强大的气场。

如果捣乱的人还不识趣，演讲者可以礼貌地要求他们离开。例如，“每一个人的兴趣点可能不同，我看在座的有些人似乎对我这个演讲并没有兴趣。没关系，您可以现在离开，到外面去休息，等下一位演讲者引起您的兴趣，您再进来。不过，请不要打扰了其他对此感兴趣的人。”一定要注意语言表达的方式，表现出自己的大度与谦逊。

有一次，伟大的生物学家达尔文受邀进行一场演说报告，他讲了一些《进化论》的观点，一位漂亮年轻的女子提出了自己的疑问：“按照您的观点，人是由猴子变来的，如果把这个理论用在你的身上还是很不错的，但是难道我也在你的论断之列吗？”

达尔文并不生气，彬彬有礼地回答：“那当然了，只是您不是由普通的猴子进化而来的，而是由一只长得相当漂亮的猴子变来的。”

思考与练习

1. 朗读以下的演讲稿，进行一定的修改，加入三个与观众互动的提问细节。

民以食为天，食以安为先

食品安全不仅仅是一个健康问题，更是一个生存原则。

最近几年，“健美猪”“染色馒头”“塑化剂饮料”“地沟油”“金黄色葡萄球菌水饺”等事件集中曝光，不断挑战公众的心理承受力。而2011年频频发生的食品安全事件，不仅仅是“小作坊黑窝点”出现监管难，就连很多知名企业也纷纷陷入“质量门”。

前不久，还传出个令人五味杂陈的消息：国家体育总局下令，禁止国家队在外吃肉，因为害怕吃到“瘦肉精”，会让运动员多年辛苦化为乌有。国家马拉松队干脆自己开辟养鸡场养猪场，队里领导教练当起了“养殖专业户”。

在各种“两会民意调查”中，食品安全问题高居前列，食品安全问题自然也成为代表委员们关注的焦点。

全国政协委员刘永好把《关于食品安全的提案》提交到大会，他说：“国家有40万个食品企业，大大小小都有，小的居多，而现在我们的进入门槛很低，容易造成食品安全问题。我建议食品安全建立一个准入制度，必须要达到什么样的要求、什么样的条件才能够准入。”

“食品安全要从源头上把控住安全阀门。”全国人大代表严俊波此次带来的议案也是围绕食品安全问题，他建议，从国家立法层面和食品源头“双管齐下”，来确保食品安全。

食品安全事故为何屡禁不止呢？一些代表委员们认为，法律法规有待进一步细化完善以及违法成本过低，是导致食品安全事故频发的主要原因。

长沙无名粉店雨花亭店日前曝出“在粉锅里洗拖把”的恶劣事件。“我就是无名粉店雨花亭店的受害者，曾经很多次在那里吃过粉，没想到竟然会出现这样恶劣的事。”全国人大代表谢子龙说，自己当时看到消息后就发了一条微博：要让无名粉店彻底无名。

全国政协委员高天乐在调研中发现，目前我国对于涉及食品安全的违法行为，主要处罚手段有两种：一种是行政处罚，另一种是刑事处罚。对于造假者来说，行政处罚最常用的手段就是罚款，但是根据《食品安全法》，在查处违法生产经营食品案件的过程中，罚款只能根据查处的食品货值来定，货值金额不足 1 万元的，处以 2 000 元以上 5 万元以下罚款；货值金额1 万元以上的，处以货值金额 5 倍以上 10 倍以下罚款。高天乐认为，相对于违法所得，行政处罚让不法分子付出的违法成本极低，远不具有威慑作用。

“仅仅让违法食品企业或经营者在某个区某个行业‘禁入’，是远远不够的。”全国政协委员胡旭晟认为，在对严重违法食品企业采取法律措施的同时，应该用最严厉的经济措施，让违法者倾家荡产，无法或无力在任何地区、任何行业从事生产经营活动。只有这样，才能以儆效尤，减少和逐渐杜绝类似违法行为的发生。

代表委员们还呼吁，相关职能部门要发挥应有的作用。

在全国人大代表夏绩恩的一系列调研重点中，食品安全问题令他倍感忧心：“从瘦肉精到地沟油再到黄曲霉毒素，基层老百姓有些谈吃色变，他们期盼着国家相关职能部门严格履行职能，不仅要各司其职各负其责，更要密切配合，加强协作和监管，制定一整套高效的食品安全监管措施。”

全国人大代表李如成认为，从食品流通环节上，要做到“三查”，要拿出交警严查酒驾的劲头查，以保证食品安全。

全国人大代表汪春兰提出《建议实施食品安全监管“首问制”》的建议：就像现在很多医院实行“首诊负责制”一样，如果在食品监管方面也实行“首问制”，可以避免在出现问题后，相关部门“踢皮球”的尴尬。

诚然，由于食品生产经营链条长、涉及面广，影响和制约食品安全的因素很多，治理起来确实并非易事。此外，建立食品安全长效机制并非短期内能够完成的任务，需要政府部门、企业及消费者等的合力协作，形成行政监管、司法保护、社会监督的综合机制。

希望在代表委员的关注下，“食品安全”这个痼疾能早日彻底治愈。毕竟，人们不想整天生活在不安中，质疑身边的每一份包装食品、每一份青菜、每一块猪肉、每一家餐厅和超市。

2. 朗读以下的演讲稿，进行一定的修改，加入三个与观众互动的提问细节。

尊敬的各位评委、朋友们：

大家好！

在我的记忆中，总有人向我描绘着一幅美丽的画面。就是满眼的绿色，一浪接一浪的松涛，置身于五颜六色的野花的海洋里，可以一边吃野果一边听布谷鸟唱歌，小路上才用溪水洗去疲劳的村民，时不时和着鸟鸣声，说一句“老倌好过”。

这是多么美丽的世界呀，如今却只能在遥远的记忆里。如果要我们选择，我坚信，所有的人都向往这样的环境。然而，我们现在面对的却是一个缺少呵护，不适宜居住的环境；这是一个被严重透支，无法长久生存的环境。这是一个惨遭破坏，必须立即修复的环境。因为她能给予我们的，只有风沙、干旱、洪涝和泥石流。不是吗？你看，那掠过头顶，飞向一座座城市的沙尘；你看，那跳下山崖，冲向村庄的洪流；你看，那渐渐消融的冰川，带着大海死一样的蓝色的魔爪离我们越来越近了；你看，昔日美丽无私的母亲湖，已经把愤怒的鞭子挥向她的儿女。

我记得，有一首歌这样唱道：太湖美呀太湖美，美就美在太湖水，水上有白帆哪，水下有红菱，水边芦苇青哪，水底鱼虾肥，湖水织出灌溉网，稻香果香绕湖飞，太湖美呀太湖美。时至今日，太湖已经不再是昔日那位美丽慈祥的母亲了。就在2007年的初夏，因太湖水被污染，蓝藻暴发，自来水无法饮用，一时间市场上的矿泉水、饮料被抢购一空。几百万人的生活揪着各级领导和专家的心，如果在有限的时间内无法解决饮用水问题，炸开长江与太湖的通道，引江济湖就是必然的选择。这是一个何等浩大的工程呀！然而，这难道不是善良的太湖人民自己酿造的一坛苦酒吗？

让我们再来看看，昆明的母亲湖吧。孙髯翁笔下的五百里滇池，是白茫茫空阔无边，四周稻香，万顷沙鸥，九夏芙蓉，三春杨柳。马可·波罗也曾为这迷人的景色激动不已。如今，我们要重现昔日的壮美，每年必须投入100亿元人民币来治理。这个数额相当于昆明市一年工业总产值的百分之五十，相当于生产企业年利润的两倍。意思就是说，我们只不过做了一个花钱污染滇池，又花钱治理污染的荒诞的游戏。试想，如果我们不结束这个游戏，我们要面对的就不仅仅是蓝藻的问题。

朋友，如果没有了世外桃源一般的村庄，没有了美丽的母亲湖，还不足以激发你环保的激情，那么，如果某年某月的某一天，突然有二十亿人来争夺我们的家园，请问，你该怎么办？这不是危言耸听。据统计，世界上在海岸城市和岛国生活的人口有二十多亿。现在看来，这些海岸城市和国家都非常漂亮。伦敦就是其中之一。花园随处可见，空气里总含着花果的清香，池塘里时常有野鸭和天鹅飞来飞去。美呀！实在太美了。谁不想得到？谁又想失去呢？可是，如果温室效应得不到有效控制，再过四五十年，这些地方都将是一片汪洋，人类发展的所有宏伟蓝图都会从此消逝，无数的“环境难民”不断涌向内陆。这又是一个多么可怕的未来呀！

尊敬的各位领导，朋友们，环境保护与社会发展是相辅相成的，只开发不保护，或者过度开发都必将受到环境的惩罚。为了那幅美丽的画面，为了世代守候儿女的母亲，为了人类共同的未来，让我们一起行动起来，从我做起，从现在做起，保护环境吧！

3. 阅读以下的故事，谈谈演讲中的危机可能有哪些，如何处理。

1961年1月20日，美国第35任总统约翰·肯尼迪宣誓就职。由于他是首位当选总统的天主教徒，波士顿主教卡辛应邀担任仪式的监誓并首先致辞。卡辛介绍了肯尼迪的成长经历，对他所取得的成就大加褒奖。当人们以为这段开场白要结束时，卡辛却话锋一转，漫不经心地讲述起天主教的教义……似乎忘了这是总统的就职仪式。

原计划一个半小时的就职仪式，卡辛啰唆大半天还没停下来。肯尼迪只能临时决定，压缩演说稿。他把稿子一压再压，好不容易挨到卡辛说完，这才走上台，宣誓、就职、发表演说。整篇演说稿被压缩成52句，不到1 400字，却因肯尼迪的精彩演绎，赢得了阵阵掌声。

仪式结束后，肯尼迪打趣地对卡辛说："你得感谢我删减了多余的语句和华丽的辞藻，才弥补了听众对你长篇累牍的反感。当然，我也要感谢你把时间占用了8/9，这样才写成了一篇好演讲稿！"卡辛怔住了，隔了许久反问道："总统，难道您也以为我是兴致所至，才作了漫长的演讲吗?"肯尼迪笑了："事实也是如此呀！"卡辛摇了摇头："我上台后不久便发现讲台后冒出一缕轻烟，以为是炸弹的引信被点燃了。为了保护您的安全，我当下决定延长致辞，以延缓您上台。好不容易等到轻烟熄灭，我确定是电线走火了，才放心地换您上台。"肯尼迪随即来到讲台后面，果然看见一截已被烧焦的电线，这才明白卡辛的用意。

事后，肯尼迪常与家人讲起这段经历，他说："不论你为别人做了多少，永远不要以为自己做得足够多，或许你给予别人的仅是一杯水，而别人给予的却是一条江，只不过江水潜藏在地里而已。"

4. 演讲稿写作训练。

优秀的演讲总是围绕着观众的需要而来的，美国演讲家多丽茜·丽兹总结了当代美国社会普通人需要从演讲中获得的内容包括：

①赚钱；②省钱；③省时间；④少劳多得；⑤舒适；⑥健康；⑦逃离痛苦；⑧受人欢迎；⑨吸引异性；⑩赢得赞赏；⑪财产增值；⑫增加愉悦感；⑬满足好奇心；⑭保护家人；⑮有自己的风格；⑯满足个人欲望；⑰超越他人；⑱占有美好的事物；⑲避免受批评；⑳避免麻烦；㉑利用机会；㉒保持个性和独立；㉓出风头；㉔提高效益；㉕安全。

请从以上的大范围中，选取5个内容，拟5篇演讲稿，进行练习。

第七章　演讲实战的类型

CHAPTER

一、竞聘演讲

随着现代社会民主与公平的发展，竞聘演讲是一种很常见的选拔人才的形式。作为演讲者，竞聘演讲的目的性很强，是为了更好地推销自己，但同时要注意，在语言表达上既不能过高地“吹嘘”自己，又要表达出充分的自信。

竞聘演讲

（一）竞聘演讲的特点

1. 具有一定的气势

竞聘演讲是为了在众多的竞争者中脱颖而出，争取观众的响应和支持，要做到这一点的有效方法之一，就是要有气势，“气盛宜言”。这种气势不是霸气，不是傲气，而是浩然正气。自信而强大的气势，源于渊博的才识、积极的精神和对观众的友好感情。

2. 态度要真诚

一个人说话时的那种真诚的态度，会让他的声音焕发出真实的光彩。竞聘演讲其实就是“毛遂自荐”。自荐，当然应该将自己优良的方面展示出来，让他人了解自己。但要注意的是，在“展示”时，态度要诚实，有一分能耐就说一分能耐，不能为了自荐成功而说大话、说谎话。

3. 语言要简练有力

为了让观众更好地抓住自己竞聘的主要观点，观点一定要醒目而简练。比如，“我将吃苦在员工的前面”就比“我经过慎重考虑，我将会在未来的日子里，先吃苦，我吃苦在员工前面。”要简练得多，语言上简练，能让观众产生好感。

4. 内心要充满自信

著名演说家戴尔·卡耐基曾这样评说竞聘演讲：“不要怕推销自己。只要你认为自己有才华，你就应该认为自己有资格担任这个或那个职务。”站在演讲台上，面对众人，只有竞聘者充满自信时，才会从容不迫，才会以最好的心态来展示你自己。

（二）竞聘演讲稿的写作方法

常见的竞聘演讲稿写作方法与一般的主题演讲有一定的区别，竞聘演讲的内容与格式大致相同，其主要的板块包括开头、主体。

1. 竞聘演讲稿的开头方法

竞聘演讲的时间是有限制的。因此，精彩而有力的开头便显得非常重要。有经验的竞聘者常用下面的方法来开头：

（1）用诚挚的心情表达自己的谢意。这种方法能使竞聘者和观众产生心理相融的效果。例如，“我非常感谢各位领导、同志们给了我这次竞聘的机会。”

（2）简要地介绍自己的有关情况，如姓名、学历、职务、经历等。例如，“我叫李明新，1983 年毕业于北京大学哲学系，1985 年加入中国共产党，现任哲学教研室副主任。”

（3）概述竞聘演讲的主要内容。这种方法能使评选者一开始就能明了演讲者演讲的主旨。例如，“我今天的演讲内容主要分两部分：一部分是我竞聘人事局副局长的优势；另一部分是谈谈做好人事局副局长工作的思路。”

2. 竞聘演讲稿的主体内容

竞聘演讲的目的是要把自己介绍给评选者，让评选者了解你的基本情况，了解你对竞聘岗位的认识和当选后的打算。所以，竞聘演讲的主体内容应该包括以下几方面：

（1）介绍自己应聘的基本条件。这一部分实际上是要说明为什么要应聘、凭什么应聘的问题。竞聘者在介绍自己的情况时，一定要有针对性，即针对竞聘的岗位来介绍自己的学历、经历、政治素质、业务能力、已有的政绩等，并非要面面俱到，而应根据竞聘职务的职能情况有所取舍。

（2）介绍自己的观点或者优势。竞聘的主体是介绍自己的观点，或者是自己竞聘成功后的主要打算。竞聘者在介绍自己应聘的优势条件时，要尽可能展示自己的长处。但不是对自身的不足之处闭口不言，最好是巧妙地将劣势作为一定的长处来看。请看某竞聘者的表述：

我从没有担任过班干部，缺少经验。这是劣势，但正因为从未在“官场”混过，一身干净，没有“官相官态”“官腔官气”；少的是畏首畏尾的私虑，多的是敢作敢为的闯劲。正因为我一向生活在最底层，从未有过“高高在上”的体验，对摆“官架子”这种行为看不惯，弄不来，就特别具有民主作风。因此，我的口号是“做一个彻底的平民班长”。

在竞聘演讲中，如果想在一群竞聘者中脱颖而出，就要采用一定的方式打破平淡的叙述方式。

一位职员在竞聘公司经理时是这样介绍自己的：

“我叫 × ×，30 岁。首先，我要感谢公司领导给予我参与竞选的机会，同时感谢大家对我的信任。我 2009 年到公司工作，每一年我都完成了工作任务。我团结同事……”

以上这种语言表达没有什么大的错误，但是没能突出自己的特点与优势，过于平淡，在竞聘中很难获胜。

所以，竞聘演讲要记住一个关键：让自己与众不同，要么是自己的经验更丰富，要么是自己具有更多的奉献精神，要么是可以给员工更多的利益承诺，要么是自己有更好的未来计划。下面是一篇竞聘演讲例文：

尊敬的各位领导，各位评委，各位同事：

大家好！

我叫××，37岁，中共党员，大专文化，助理经济师，现任××县××农村信用社主任，今天我竞聘的岗位是××县农村合作联社副主任一职。我竞聘这一职位有以下优势。

一、本人具有丰富的基层管理经验

本人参加工作20年来，历任出纳员、会计员、网点负责人、大社信贷员、基层副主任等职务，自×年任××农村信用社负责人以来，在工作中，本人敢于创新，敢管善管，工作成效显著；自×年以来，本人连续12年考核均为“优秀”和被评为“先进个人”，本人和××农信社也连续3年被县、镇党委和县联社、市办评为“优秀党员”和“先进单位”。

二、本人具有较强的沟通能力和营销能力

任××农村信用社负责人期间，本人注重加强与当地党政，业务骨干区域客户的沟通和公关协调联系，积极拓展市场，促使各项业务迅猛发展。至×年9月底各项存款×余万元。本人任职一年来增加各项存款×万元。在××西部存款增量、增幅、存款市场占有率在辖区内各金融机构中排名第一。本人在办理贷款、风险控制、清收不良贷款和支农力度、财务收支的工作等方面受到××县联社和当地党政机关的肯定和支持。

三、本人具有较强的事业心和责任心

在上级党委联社的正确领导下，本人能充分发挥党员干部的先锋模范作用，身先士卒，工作勤勤恳恳、求真务实、爱岗敬业，带领全社员工与时俱进、开拓创新，努力完成各项工作任务。

本次竞聘如能成功，本人将重点做好以下几方面工作。

一、摆正位置，认清职责，当好领导的参谋和助手

首先，在工作中，应当摆正自己的位置，在自己的职责及领导授权范围内开展工作。同时，与分管领导在工作上保持高度一致，做到补台不拆台，听从不盲从，办事到位不越位，不争功、不诿过，当好联社领导的参谋和助手。其次，培养自己的全局观念，站在领导的角度、联社的角度看问题、想问题，从大处着眼。多方面地与其他职能部门进行沟通、协调，形成合力，共同做好上级分配的各项工作。

二、全力拓展金融业务市场份额，强管理，严内控

一是以优质服务为依托，金融创新为手段，全力拓展农信社金融产品的市场份额，不断扩大服务内涵、拓宽服务领域，把组织资金的重点放在加强优质服务和降低存款成本上，达到扩张总量和优化结构的目的，不断提高农信社的综合竞争力。二是以全力打造农信品牌为主线，大力拓展城区市场业务，通过城区业务的稳健扩张，实现新的效益增长点。三是以支农服务为主线，把握商机，增强科技兴社意识，加快新业务拓展步伐，实现多渠道获利。四是重视和做好农信社三防一保工作，强化内控制度的落实和执行，杜绝和防范案件的发生。

三、抓好线条管理，造就团结协作精神

在工作中，我将注意去发现、学习他人的优点，查找、纠正自己的缺点，识大体，顾大局，真正做到思想上同心，目标上同向，行动上同步，事业上同干，大事讲原则，小事讲风格，同心同德，携手共进，增强部门的凝聚力和战斗力。团结联社班子成员，深刻领会并认真执行省联社的发展规划和工作措施，并以创新的思路、创新的方法，抓好分管的各项工作，加速推进全市农村信用社向现代化金融企业迈进的步伐。

我的演讲完毕，谢谢大家！

二、学术演讲

学术交流是提高工作能力和水平的重要平台。在众多的学术交流中，学术演讲是应用最普遍、效果最直接的交流形式。各种学术会议的专题报告、课题汇报、结题鉴定，甚至课堂教学等，都是学术演讲的舞台。学术演讲也是一些有较优秀学术水平的人向普通观众或者同行进行理论宣传的舞台。为了让更多的人理解学术演讲的内容，要注意以下几点：

第一，学术演讲通俗化的转换。演讲者要从观众的知识层面出发，设定更接近生活化的学术层次。比如，对营养搭配学的讲解，就从生活中普通人容易犯的错误说起，而不是过多地谈分子结构的问题。学术演讲文体的转换是指在学术信息保真的前提下，把论文、专著、教科书、标书甚至学术思想等转换成与会者容易理解和接受、学术演讲媒介适合演示的文本形态。要对原作进行通俗化、口语化、图式化、视频化等处理，以通俗的形态解释高深的学术理论，以简明的语言表达繁杂的程序。

如果学术演讲过于学术与专业，会增加与会者的反感。据调查资料，97.1% 的与会者认为最难以忍受的是念稿、冗长等的演讲；而念稿式的演讲，有 35.4% 的与会者认为只听到演讲者的声音，45.8% 的观众认为什么也没听到，只有 10.4% 的与会者认为听到稿子的内容。在与会者看来，精彩的演讲应是有共鸣、真实、言之有物、幽默、有激情、精短、脱稿的演讲。

第二，学术演讲媒介的转换。当涉及一些科学性问题时，仅用语言来表达是不够的，往往需要一定的视频资料。比较实验过程、问卷调查等，以视频回录的形式，以证明其真实性。成功的学术演讲者，往往使用多媒体投影；如果采用视频，一定要做艺术化处理，符合与会者动态画面阅读的习惯。

在学术会议中，利用幻灯片或投影仪等设备进行学术讲演，其效果显著优于单纯的口述演讲，因为不同的学术演讲媒介，其效果差别明显，其中文字 7%、听觉 38%、视觉 55%；大部分人的语速是 120～200 字/分钟，但人们的听力速度是 600 字/分钟左右；与会者会在 24 小时之内忘记演讲者所讲内容的 75%；如果借助图片或有趣的学术演讲，与会者记住演讲内容的可能性会提高 6 倍；与会者一般能记住 10% 阅读的、20% 听到的、30% 看到的以及 50% 既听到又看到的。

第三，学术演讲情境的调控。理想的学术演讲情境应是既庄重又活跃、既紧凑又宽松的。学术演讲者必须恰如其分地驾驭演讲气氛，营造自己学术演讲的良好氛围。演讲者要善于同与会者互动，现场测试自己的观点的接受度，或者测试在场的人的生活习惯，学术演讲者应把自己的演讲能引起与会者的互动或共鸣视为幸事。

三、礼仪演讲

礼仪演讲包括在节日、纪念日、庆典（生日、结婚日、校庆、开业、落成）、聚会等场合中的演讲，以及迎来送往时的欢迎、欢送、答谢演讲。这类演讲的具体要求有以下几点：

礼仪演讲

（1）由于与礼仪相关，所以十分注重称呼语（尤其是各种尊称）的使用，各种层次的祝福语、各种感谢言辞的罗列，都是常用的方法。

（2）善于采用排比、对仗、反复的手法，选用美好的语言来营造吉祥、喜庆、和谐、快乐的氛围；语言充满热情和感染力。

（3）生活礼仪类的演讲常常要借题发挥，拓展现实意义。以精炼的文字简要地概述节日或庆典活动所含的意义，以及与现实的联系等，对演讲主题做延伸性的阐发和拓展。

此外，生日演讲可以引申出对人生的思考，婚庆演讲可拓展出对未来生活的向往，聚会演讲可回顾过去、展望前程等。

（4）不论是哪种礼仪演讲风格，或轻松、活泼、幽默，或庄重、深刻、富有哲理，在用词用句上都应该色彩明亮鲜活，忌沉闷灰暗，格调要昂扬向上、热烈奔放。我们来看一段婚礼主持的借题发挥：

朋友们，新郎的名字叫海泉，新娘的名字叫涛。“海”“泉”“涛”三个字都与水有关，所以我们可以说，两位新人的名字就蕴含着一种缘分。此外，水还孕育了生命，蕴含着生机，凡是有水的地方都会呈现出一派蓬勃的景象。这两个名字的结合，预示着他们的爱情，会像大海一样的深厚与深沉；预示着他们的婚姻，会像泉水一样的清澈与甘甜；预示着他们的家庭，会永远充满着生机与欢乐！

另外一则《在大学毕业二十年聚会上的演讲》的片段：

二十年，这个约定又是如此的潇洒！毕竟你已经成为一名高级干部，国家的栋梁；你已成为知名的学者教授，中外学术讲坛上有你的一席之地；你已成为成就卓著的民办教育家；你已成为一名勤奋耕耘的名师，收获了满园桃李……总之，不论你的成绩是大是小，你的职位是高是低，毕竟我们都为祖国为人民出过力、流过汗，当我们再次相聚回首往事时，我们可以大声地说：“我们心中无愧！”

四、时政演讲

时政演讲

时政演讲是针对某个时间的特定事件所做的演讲，一般说的是人们都熟悉与热议的社会事件，如政治、经济、房价、污染、道德等都可以成为主题。

要做好时政演讲，有以下几个要点：

第一，开场对事件的叙述不能过于平淡，而要有一定的生动性、细节性或者是渲染的感情，这样在开场白就引起观众的兴趣，使其对事件加以关注。如果观众对事件的关注度不高，后面的演讲就基本上是失败的了。

第二，事件的细节要真实，对事件的把握不能道听途说，不能加油添醋，尊重事实，谨慎发表言论。

第三，说理阶段要以理、以情服人。时政演讲的目的不光是说明一个事件，而是要引起人们对事件意义的关注，常常具有鼓动性。所以，在事件的陈述过后，演讲者可以发挥自己的语气、语调以及一定的姿态语，投入感情，明确地表达自己的观点，并让观众接受自己的观点。下面是一则时政演讲例文：

敬爱的老师，亲爱的同学：

大家好！今天由我为大家做一次时政演讲。在演讲之前，我们先来看一组图片。我今天的演讲主题就是“欧洲寒流”事件。我来给大家介绍一下。保加利亚境内河水水位暴涨，冲垮大坝，目前已造成至少8人死亡。保加利亚相关部门表示，一个村庄已经被2.5米高的河水淹没，4名老人因此死亡。

英国希思罗机场是世界上最繁忙的航空枢纽，5日，其发言人表示，取消了其一天30%的航班（约650个），估计约1.8万名乘客受影响。

欧洲大陆官方数据显示，受寒流影响，至少有297人死亡。目前欧洲大部分地区气温创下历史新低。瑞士夜间温度已降至－35°C，捷克部分地区温度则降至－39.4°C。

匈牙利中央银行的办法是——“烧钱”！为了给穷人供暖，他们焚烧由旧钞票做成的“钱砖”，足足烧了2 000亿福林（约合57亿元人民币）。受欧洲寒流影响，今年日本部分地区遭强降雪，气温降至－20°C，造成50多人死亡。2012年1月18日，美国西北部各州迎来最为恶劣的暴风雪。1月31日，韩国迎来降雪天气。

为什么今年这么冷呢？原来，西伯利亚高压气团阻碍了暖空气西进，导致欧洲地区温度骤降。而过去数日，来自北方的冷空气与来自地中海的暖湿气流在东南欧上空交汇，给该地区带来大量降雪。严寒与全球变暖，二者并不矛盾。因为全球变暖在时间上是不均匀的，有相对的冷期，也有相对的暖期，但总体呈上升趋势。现在的天气要不就很热，要不就很冷，温差大起大落，春天和秋天越来越短，这都是“全球变暖”惹的祸！

我很同情死去的人们，也希望欧洲寒流早点离开人类，让亚欧地区迎来春天。大自然对人类是多么无情啊！人类毫无办法，只能屈服。当然，人类也有不可推卸的责任，他们自作自受。地球一旦毁灭，人们也没有办法。最好的办法就是从我做起，从现在做起。人们释放二氧化碳，就是为了赚一点小钱，而破坏了大自然，忽略了大自然的重要性。大地不属于人类，人类是属于大地的。再这样下去，地球上的资源总有一天会枯竭。我们要维护生态平衡，不能乱砍滥伐、乱杀乱猎，要为我们的子孙后代考虑，节约资源，控制有害气体、污水的排放，如水循环使用、多种树木、垃圾分类等。我们不能只图眼前利益，要做长远打算。让我们一起保护环境，保护大自然，不让地球继续哭泣！

谢谢大家！

五、自我介绍演讲

在公开聚会或者人际交往中，公开的自我介绍演讲常被使用。它是自己主动与人沟通，与对方认识、增进了解、建立联系的一种最基本、最常用的方式。自我介绍的目的，就是让对方记住自己，对自己留下良好的、深刻的印象。它就是人际交往的第一张有声名片。除了讲清自己的姓名、单位、身份外，还要根据不同的场合，给人留下较深的印象，要注意以下几个要点。

自我介绍演讲

（一）注重礼仪，表情生动

首先，用点头礼、注目礼向对方表示尊重；其次，面带微笑，平静温和，落落大方地表现自己的真诚和热情。在自我介绍的场合上，最先给人印象的，不是言辞，而是礼仪和面孔、态度、服饰等。

（二）自信的言辞，明朗的语调

精神饱满、充满自信能给人留下良好的印象。肯定自我的成绩和优势并不是夸耀。我们看到中央电视台《挑战主持人》和《绝对挑战》节目，以及其他节目中的自我介绍都是对自我的充分肯定、对个性的适当张扬。在人才招聘和面试中，自我介绍更需要把自己的能力、干劲、志向、愿望展现出来。例如：

“您好，我是某大学经济系四年级的学生王浩，请多多指教。我所研究的课题是国际经济。此外，也在一个税务研究会里学习税金问题，并且取得了税务师的资格。我的专长是书法，获得过各种书法奖励。人生需要磨炼，有才干才有用武之地，希望能在贵公司做点事情得到更好的锻炼。”

（三）生动幽默，个性突出

自我介绍要求简洁而有新意，有的人从自己的穿着、自己的身材或者是个人的独特爱好出发，进行自我解嘲，生动有趣；有的人从名字、籍贯和个人特点出发，采用自嘲的方法，增强幽默感和趣味性。例如：

各位好！我叫谢石。谢谢的“谢”，石头的“石”，别以为我是从石头里蹦出来的哟。本人个性很强，做什么事都很执着，像块顽石。

大家好！我叫邓鹏。我最大的特点是乐观，我的座右铭是：天塌下来当床被子，地陷下去当坐回电梯。我希望大家都以灿烂的笑脸对待每一天，把阳光踩在脚底下。“笑”无忌惮，“笑”吞山河，“笑”遨学海！

四川才子魏明伦干脆如此自报家门：“三尺童子，一介书生，忽智忽愚，且贫且病，屠龙有术，缚鸡无力，或钩或剑，可屈可伸。我比拿破仑个子矮，同鲁迅、曹禺相当，反复衡量，没力气玩枪，有条件摸笔，于是操起了文字。”

六、即兴演讲

在演讲比赛中，即兴演讲是非常考验演讲者的。即兴演讲需要充分的知识储备、强大的语言组织能力以及灵活的临场应变能力。

即兴演讲

即兴演讲比赛大体可以分为两种：一种是在比赛之前，给演讲者一个较大的内容范围和一段准备时间，在比赛中抽题演讲；另一种则是没有内容范围，只是在演讲开始后抽题，做短暂准备后即开始演讲。前者表现出模糊性的特点，后者表现出临场性的特点。

如果演讲者在一个较大的范围里得知了演讲内容，但并不了解具体题目，演讲者就需要再多多思考自己的观点。一旦拿到具体题目，就把题目与自己的观点结合起来，模糊的目标就会迅速变得清晰起来。在准备中还要求演讲者纵向、横向地比较、结合，丰富资料，充实内容。考虑的范围要大，挖掘要深。观点需要用人物事例来具体说明；人物事例丰富了，也就容易归纳总结出新的观点。

材料的快速组合是体现即兴演讲能力的主要因素之一。它要求演讲者在极短的时间内解决好“说什么”和“怎样说”这两个问题。即兴演讲中材料的组合有并列式，正反式，递进式，过去、现在、未来式四种形式。它们有时可以互相结合、互相套用。

（一）并列式

并列式是将总观点分解成若干个分观点，以并列的结构层次进行分析。例如，在《你的时间哪儿去了?》的即兴演讲中，谈了三个问题：一是我们的时间不知道哪儿去了；二是我们应该把握住自己的时间；三是我们如何把握住自己的时间。这三个问题各自独立又互相联系，共同阐明同一主题。这种材料的组合方式可使演讲条理井然，而且极有力量和气势。

（二）正反式

正反式是围绕题目要求，一方面从正面说明，另一方面从反面说明。例如，在《近朱者赤，近墨者黑》的演讲中，围绕着“我们的学习、生活环境”这一主题，既列举了一些失败的人受生活在其周围的人的错误观点的影响，又列举了一些成功的人受生活在其周围的人的正确观点的影响。正反对比，效果明显突出，引人深思。

（三）递进式

递进式是围绕所要说明或论述的问题，先说明“为什么”，继而谈“怎么样”。例如，在《在失败面前挺起胸膛》的演讲中，围绕中心谈了两个问题：一是自己为什么能在失败中崛起；二是自己怎么样从失败中崛起。

（四）过去、现在、未来式

特别是在临时被要求为公司年会、新人婚礼或者人生经历做演说时，“过去＋现在＋未来”是很好的表述方式。这种组合方式要注意时间的顺序，过去、现在、未来的逻辑顺序最好不变。例如：

一位父亲为女儿的婚礼致辞，他是这样说的：“今天，我的宝贝女儿要出嫁了，这是她人生最重要的一件大事，也是令我非常开心的事，因为她找到了她心爱的人。回想过去，我的孩子还是一个可爱的小女孩，但是突然之间好像现在她就长大了，知道爱护别人、照顾别人了。当然，我相信，以后她会是一个好妻子、好母亲。我希望女儿与女婿相亲相爱、白头到老！”

思考与练习

1. 请分析下面这篇竞聘演讲，在写作内容与语言表达上存在什么问题。

各位领导、各位同仁：

大家好！

时值数九严寒，随着全市地税机构和干部人事制度改革的全面推进，我们全局干部正呼吸着春的气息，沐浴着春的洗礼，迎来了崭新的机遇和挑战。今天，我走上竞职演讲台，心中百感交集，一是荣幸自己赶上了挑战自我、展示自我的大好时机；二是感谢各位领导多年来对我的教育和培养，感谢与我同舟共济、朝夕相处的全体同志对我的帮助和信任。

我叫肖晔，1968 年出生。1991 年毕业于山西省计划统计学校，同年 7 月被分配到朔城区税务局工作。1994 年机构分设，到朔城区地税局工作。12 年来，搞过税收会计，当过税收专管员，从繁华的集贸市场到宁静的偏远山村，面对形形色色的纳税人，我有过惊喜，有过恐惧，也有过无奈，但我坚信：为国聚财是我生命的全部，是党和人民赋予我光荣而神圣的使命。风霜雪雨，几度春秋，铸就了我坚强的意志。为了自己钟爱的税收事业，充分实现人生的自我价值，我义无反顾地走上竞职演讲台，借此机会，谈谈假如我能当上所长后的工作思路，希望能与大家共勉。

第一，加强自身道德修养。依法治税是税收工作的基本原则和灵魂，以德治税是以德治国方略提出之后对税收工作的新要求，也是新时期税收工作的重大创新。作为税收执法者，在工作中，首先要把税德规范作为内心信念，化为行为品质，以此来支配自己的行为；其次，要在“稳”和“微”处着手，俗话说：“积小善而成大德”“千里之堤溃于蚁穴”，要时刻从细微小事上锻炼自己廉洁奉公的品德，设起坚固的人格防线。只有自觉地加强锻炼，努力自省，闻过即改，始终品行如一，善于养浩然正气，才能一心为公，敢于较真碰硬，为税收事业奋斗不息。

第二，锐意进取，不断创新。时代一日千里地飞速前进，唯知识是立足之本。宋代朱熹语：“无一事而不学，无一时而不学，成功之路也。”加入WTO后我国税收制度和税收征管必须进行适应性变革与调整，才能顺应并融入全球化经济的大环境。你我犹如一艘小船，在茫茫税海中行驶，而大海波涛汹涌，永远那样宽广无边，只要敢于搏击风浪，又何愁难以展现自我的风采。我们要干工作，就要大胆探索。要成事业，就要勇于开拓，敢于超越自我，打破固有的模式，走出一条新路。困难虽多，但快乐更多。

第三，爱岗敬业，无私奉献。人们常把生命比作蜡烛，每个人燃出的光亮是不同的。有的“春蚕到死丝方尽”，有的“流星一闪忽暗去”，作为21世纪的税务女性，时代赋予我光荣而神圣的职责，从家庭中“解放”了自己，耗损了女儿、妻子、母亲的角色功能，尽其所能，无私地倾心于税收事业。有人说，女人是水，因为她柔弱，同时女人又是伟大的，因为她能包容一切。我愿做一滴让阳光折射的雨滴，汇入大海；做一滴大地返青的甘露，融入山川。将目光投向女性，历史、现实和未来都会生动与丰富起来。我深信税务系统的男女同志一定能为税收事业携手合作，应对21世纪税收工作提出的新挑战。

谢谢大家！

2. 请以下面内容为背景，补充一定的内容，完成一篇礼仪类演讲稿。

时间：2014年1月1日

地点：金海岸酒店

背景：重庆海岸线旅游公司十周年庆典。市旅游局王局长莅临参加，本公司的中层干部参加。

3. 读以下两则新闻时事，完成两篇时政演讲稿。

(1) 2014年3月3日，潼南区创新开展了“文明游客奖游客”活动。游客在护花志愿者设点摊位购买商品时，听护花志愿者讲明活动内容与意义后，可捐赠两元人民币，将爱心转为一瓶矿泉水或一包餐巾纸，与其留下的美好祝愿一起奖给关爱环境、文明赏花的游客，让文明不停传递。昨天，树人小学的陈柏羽同学就花了钱购买了2瓶矿泉水，把自己的名字写在矿泉水瓶上，让自觉捡拾垃圾的游客获得矿泉水的奖励。

(2) 2014年3月1日，志愿者韩女士按照计划，在万达广场突然“摔倒”在地，手捂额头，表情十分痛苦。此时万达广场人来人往，许多人都看到了这一幕，然而有的人只是看了一眼，立即若无其事地走过；有的人则是远远地站住，观察情况；两位年轻女士经过韩女士身旁时，发现情况似乎很“严重”，驻足许久……这种状况僵持了一分钟后，一位身穿灰白色外套的女孩上前询问韩女士的身体状况，紧接着她的同伴也走了过来。

4. 请按每小题 5 分钟的时间，完成以下即兴演讲的提纲。

（1）曾经有这样一首小诗，饶有趣味：

你不可以左右天气，但你可以改变心情；

你不可以事事顺利，但你可以事事尽力；

你不可以改变不公，但你可以展现笑容；

你不可以预知明天，但你可以把握今天。

细细品味这首诗，然后针对此诗，自定主题，即兴演讲。

（2）请根据“没有比人更高的山”这句话，自定主题，即兴演讲。

（3）你心中对“朋友”的定义是什么？请围绕“朋友”这一主题即兴演讲。

（4）有人认为：青春像一座山背负一路感伤；郭敬明也曾说：青春是道明媚的忧伤。请围绕“青春”这一主题，即兴演讲。

（5）寻找幸福的人，有两类：一类像在登山，他们以为人生最大的幸福在山顶，于是气喘吁吁、穷尽一生去攀登。另一类也像在登山，但他们并不刻意攀登到哪里。一路上走走停停，看看山岚、赏赏虹霓、吹吹清风，心灵在放松中得到某种满足。尽管不得大愉悦，然而，这些琐碎而细微的小自在萦绕于心扉，一样芬芳身心、恬静自我。

请以“站在烦恼里仰望幸福”为题演讲。

（6）张爱玲女士说过这样一句话：“对于三十岁以后的人来说，十年八年不过是指缝间的事；而对于年轻人而言，三年五年就可以是一生一世。”（选自《十八春》）

请围绕此话题进行演讲。

（7）《和平年代》里有这么一句话：当幻想和现实面对的时候，总是很痛苦。要么你被痛苦击倒；要么你把痛苦踩在脚下。说说你的看法。

（8）人生应该守望执着还是随机应变？谈谈你的看法。

（9）无数人看见苹果掉下来，但只有牛顿问了个为什么。请试着谈谈你对这句话的理解。

（10）“厄运——如果你总是期待最坏的，你永远不会失望。”生活中，很多时候，我们都要“做最好的准备，并做最坏的打算。”谈谈你的观点。

5. 假设你要参加一个公司的例会，你是初到公司的新人，如何用 5 分钟的时间向大家做一个自我介绍？

6. 朗读下面这篇演讲稿，这篇演讲稿是如何对时政加以抨击的？为什么能够感染观众？

最后一次演讲

闻一多

这几天，大家晓得，在昆明出现了历史上最卑劣最无耻的事情！李先生究竟犯了什么罪，竟遭此毒手？他只不过用笔写写文章，用嘴说说话，而他所写的，所说的，都无非是一个没有失掉良心的中国人的话！大家都有一支笔，有一张嘴，有什么理由拿出来讲啊！有事实拿出来说啊！为什么要打要杀，而且又不敢光明正大地来打来杀，而偷偷摸摸地来暗杀！这成什么话？

今天，这里有没有特务？你站出来！是好汉的站出来！你出来讲！凭什么要杀死李先生？杀死了人，又不敢承认，还要诬蔑人，说什么“桃色事件”，说什么共产党杀共产党，无耻啊！无耻啊！这是某集团的无耻，恰是李先生的光荣！李先生在昆明被暗杀是李先生留给昆明的光荣！也是昆明人的光荣！

去年“一二·一”昆明青年学生为了反对内战，遭受屠杀，那算是青年的一代献出了他们最宝贵的生命！现在李先生为了争取民主和平而遭受了反动派的暗杀，我们骄傲一点说，这算是像我这样大年纪的一代，我们的老战友，献出了最宝贵的生命！这两桩事发生在昆明，这算是昆明无限的光荣！

反动派暗杀李先生的消息传出以后，大家听了都悲愤痛恨。我心里想，这些无耻的东西，不知他们是怎么想法，他们的心理是什么状态，他们的心怎样长的！其实简单，他们这样疯狂地来制造恐怖，正是他们自己在慌啊！在害怕啊！所以他们制造恐怖，其实是他们自己在恐怖啊！特务们，你们想想，你们还有几天？你们完了，快完了！你们以为打伤几个，杀死几个，就可以了事，就可以把人民吓倒了吗？其实广大的人民是打不尽的，杀不完的！要是这样可以的话，世界上早没有人了。

你们杀死一个李公朴，会有千百万个李公朴站起来！你们将失去千百万的人民！你们看着我们人少，没有力量？告诉你们，我们的力量大得很，强得很！看今天来的这些人，都是我们的人，都是我们的力量！此外还有广大的市民！我们有这个信心：人民的力量是要胜利的，真理是永远是要胜利的，真理是永远存在的。历史上没有一个反人民的势力不被人民毁灭的！希特勒、墨索里尼，不都在人民之前倒下去了吗？翻开历史看看，你们还站得住几天！你们完了，快完了！我们的光明就要出现了。我们看，光明就在我们眼前，而现在正是黎明之前那个最黑暗的时候。我们有力量打破这个黑暗，争到光明！我们的光明，恰是反动派的末日！

李先生的血不会白流的！李先生赔上了这条性命，我们要换来一个代价。“一二·一”四烈士倒下了，年青的战士们的血换来了政治协商会议的召开；现在李先生倒下了，他的血要换取政协会议的重开！我们有这个信心！

“一二·一”是昆明的光荣，是云南人民的光荣。云南有光荣的历史，远的如护国，这不用说了，近的如“一二·一”，都属于云南人民的。我们要发扬云南光荣的历史！

反动派挑拨离间，卑鄙无耻，你们看见联大走了，学生放暑假了，便以为我们没有力量了吗？特务们！你们错了！你们看见今天到会的一千多青年，又握起手来了，我们昆明的青年决不会让你们这样蛮横下去的！

反动派，你看见一个倒下去，可也看得见千百个继起的！

正义是杀不完的，因为真理永远存在！

历史赋予昆明的任务是争取民主和平，我们昆明的青年必须完成这任务！

我们不怕死，我们有牺牲的精神！我们随时像李先生一样，前脚跨出大门，后脚就不准备再跨进大门！

下编　良好的口才

第八章　谈话口才

CHAPTER

一、交际型谈话

好的口才，是现代社会每个人都需要的，是人与人之间沟通最直接的方式。会说话的人侃侃而谈，让对方领会自己的想法与感情，让对方更容易接受自己的观点。在现代社会，好的口才是一个人的基本能力，已成为一个人安身立命的一种资本，如办事、商谈、交际等。说话时体现出的智慧，给人以精辟、睿智、风趣之感，更容易获得他人的尊重与支持，更容易成功。有时候，决定成败的可能只是一次谈话而已。

交际型谈话

小吴在办公室工作快3年了，其实她是一位小有才华的人物，办事能力并不差，但是，和她一起进公司的人都升迁了，她却还在原地踏步。小吴总是看不起那些在领导面前汇报工作的人："有什么了不起的嘛，一天都围着领导转。"当领导要求小吴讲讲自己的工作计划时，她平常清晰的脑筋好像突然不管用，总是东拉西扯地说不到重点。"唉，算了，我还是当个平凡的人算了。"但是，看着一个个新来的同事渐渐都成为自己的上司，小吴也成了老吴，以后怎么办呀？

我们可以把口才分为交际型谈话、家庭成员之间谈话、办公室商务谈话三个类型。日常生活中，与亲朋好友之间，常见的口才类型是交际型谈话。

（一）认识的人见面寒暄

认识的人之间突然偶遇，寒暄是感情交流的最简单的方式，其基本功能是联络感情。寒暄在向人致意时注入了关怀，能给对方带来温暖。寒暄在交谈中能打开局面，具有抛砖引玉的作用，是人际交往中不可缺少的重要一环。

有礼貌的人会采取主动的寒暄，一般来说，主动、友好地打招呼，能表现出对他人的热情关怀，也是自己优良作风的表现。打招呼的方式，包括问候式（如"你好！""早上好！""吃了吗？""春节过得好吧？""节日去哪里玩儿呀？"）、夸赞式（如"这件衣服挺漂亮的！""新做的发型真好看呀！"）以及其他的方式（如谈论天气、新闻、趣事等）。此外，在什么地方遇到也可以以此作为话题，如在菜市场遇到、图书馆遇到，可以问"买菜呀？""借书呢。"等。只要是主动、热情的，并不在乎寒暄的内容多么新颖，对方能感受到热情就行。

遇到多人一起寒暄时，不能只顾及其中一两个人，而把其他人撇在一边。例如，对面走来一群人，其中你最熟悉某人，其他人只是认识，但是不能只与那一个人打招呼，而是把所有人都要照顾到，简单的方法是把“你好！”改为“你们好！”；如果停下来攀谈几句，也要热情问候，如“你们准备到哪里去呀？”之类的话；如果有人带着孩子，可以问问孩子的年龄或夸上几句。

寒暄的话题应该是既表现对于他人及其亲人的关心，又能使对方乐于交谈又较易回答的问题，如“工作忙吧？”“老人家身体可好？”“孩子学习还可以吧？”“最近忙些什么？”等。避免涉及说不完的问题，绝对不能触及对方的隐痛。

一男子到一朋友家拜访，这家有一个两个多月的胖儿子。这位先生热情地对孩子的父母赞美道：“好健康的小家伙，将来肯定有出息，恭喜你们！”可是主人未露出高兴的表情，反而显得失望：“其实，我一直是想要个女孩儿的。”听了这话，客人知道自己的称赞没有说到主人的心坎上。不过他马上又对主人说：“没关系，等小孩儿长大了，娶个漂亮孝顺的媳妇，你们不就等于有了一个可爱的女儿了吗？”主人脸上顿时有了笑意。

（二）陌生人见面打招呼

一见如故，相见恨晚，经人介绍或者通过其他的方法认识一个新人，与素昧平生者打交道，心要诚，话要巧，让人觉得彼此投缘，所以陌生人之间的第一次谈话很重要。好的开始是成功的一半，走好了第一步，对于未来的交往会有莫大的帮助。

初次见面的第一句话，是留给对方的第一印象。说好说坏，关系重大。说第一句话的原则是：亲热、贴心、消除陌生感。常见的有问候式、敬慕式和攀认式三种方式。

1. 问候式

“您好！”是向对方问候致意的常用语，如能因对象、时间的不同而使用不同的问候语，效果则可能会更好。对德高望重的长者，宜说“您老人家好！”，以示敬意；对年龄跟自己相仿者，称“老×（姓），你好！”，显得亲切；对方是医生、教师，说“李医生，您好！”“王老师，您好！”，有尊重的意味。节日期间，说“节日好！”“新年好！”，给人以祝贺节日之感；早晨说“您早！”“早上好！”则比“您好！”更得体。

2. 敬慕式

人们初次见面时常说：“久仰！久仰！”，这是对初次见面者的敬重、仰慕，是热情有礼的表现。用这种方式要注意掌握分寸，恰到好处，不能乱吹捧，不说“久闻大名，如雷贯耳”一类的过头话。表示敬慕的内容应因人、因时、因地而异。有一位同学在跟一个高年级学生接触时的头一句话就是：“开学时迎新活动，学生代表发言是您吧？”“是的。”那个高年级同学惊喜地说。接着两人的话题就打开了，气氛顿时也热切了许多。这个新来的同学恰到好处地点出了这件事，给对方很大的惊喜，也使两人的关系拉近了一些。

很多初次见面的人，对别人的名字加以分析，也是一种敬慕。譬如一个叫“建领”的朋友，你可以谐音地称道：“高屋建瓴，顺江而下，攻无不克，战无不胜，可谓意味深远呀!”对一位叫“细生”的朋友，可随口吟出“随风潜入夜，润物细无声”，或者用一种算命者的口吻剖析其姓名，开玩笑似地引出其大富大贵、前途无量之类的话，这也未尝不可。总之，适当地围绕对方的姓名来称道对方，不失为一种好方法。

3. 攀认式

很多大学朋友的初次会面，都有这样的谈话：“啊，你是湖南长沙的啊，我是湖南湘潭的，我们也是老乡呀!”短短的一句话就定下了彼此之间的交情。其实，任何两个人，只要彼此留意，就不难发现双方有着这样或那样的“亲”“友”关系。毛泽东同志就常用这种“拉关系”的技巧。在接见民主人士时，凡是与他有点亲戚关系的，以及通过师生、故友的关系有些瓜葛的，往往是刚一见面，没出两三句话，他就爽直地和盘托出其间丝丝缕缕的关系，在“我们是一家子”的爽朗笑声中，气氛亲热了许多，使被接见者备感亲切。

（三）交际型谈话的主题

说好第一句话，仅仅是良好的开始。要谈得有味，谈得投机，谈得其乐融融，双方必须确立共同感兴趣的话题。否则，就会出现“话不投机半句多”的情况，从而分道扬镳。有人认为，素昧平生，初次见面，何来共同感兴趣的话题？其实不然。例如，一位小学教师和一名泥瓦匠，两者似乎没有共同的话题。但是，如果这个泥瓦匠是一位小学生的家长，那么，二者可就如何教育孩子各抒己见，交流看法；如果这个小学教师正要盖房或修房，那么，两者可就如何购买建筑材料、选择修造方案沟通信息、切磋探讨。只要双方留意，就不难发现彼此有对某一问题的相同观点、某一方面共同的兴趣爱好、某一类大家关心的事情。

耶鲁大学文学教授威廉·惠勒普斯在《人性》这篇文章中，曾有过这样的叙述：

我在8岁那年的一个星期六，去斯托拉多姨妈家度周末。记得傍晚时分，来了一位中年男子。他先和姨妈嘻嘻哈哈谈了好一会儿，然后便走近我和我说话。当时我正迷上了小船，整天抱着小船爱不释手地玩。我以为他只是随便和我聊几句，没想到他对我说的全是有关小船的事。等他走了以后，我还念念不忘，对姨妈说：“那位先生真了不起，他懂得许多关于小船的事，很少会有人那么喜欢小船。”

可是姨妈笑着告诉我，那位客人是纽约的一位律师，他对小船根本没有研究。我不解地问：“为什么他的话都和小船有关呢?”“那是因为他是位有礼貌的绅士，他想和你交朋友，知道你喜欢小船所以专门挑你喜欢的话题和你说。”姨妈笑着告诉我其中的道理。

交际型谈话常常是没有目的的闲谈，与同事、朋友相遇，闲谈能更广阔地展示一个人个性。虽然闲谈看似内容比较散，但是却往往比商业性谈话更容易解决问题。

有一位推销员到某厂联系业务。一进厂长办公室，只见墙上挂了几幅装裱精致的书法长幅，仔细一看，是篆书，便同厂长闲谈起来：“厂长，看来您对书法一定很有研究。唔，这幅篆书写得好！真称得上‘送脚，如游鱼得水；舞笔，如景山兴云’。妙！看这里悬针垂露之法的用笔，就具有多样的变化美。好，好极了!”

厂长一听，此人谈吐不俗，还懂汉代曹喜的悬针垂露之法，一定是书法同行，连忙热情地招呼说："请坐，请坐下细谈。"这样，厂长无意中已把这位"书法同行"视为"知音"了，当后来推销员引入业务之事时，自然就轻而易举地谈成了。

有的人在闲谈时比较紧张，因为闲谈要现场寻找话题。其实，闲谈的话题都是平常司空见惯的，是每个人都可以说上一通的，没有人在闲谈时谈论量子力学或者人生的目的是什么这类高深的问题。天气、新闻、单位上的事、服装、育儿、电影等都是常见的、人人可以谈的话题。所以，闲谈时放轻松，可以等别人开始一个话题，想到什么，接过来说就可以了。

1943 年日本突袭美国珍珠港事件后，有一天一位美籍日本老教授在一个火车站等车，火车一直不来，他忽然发现身边有很多美国人怀疑地盯着他。因为美日开战的缘故，人们总是担心身边的日本人是间谍。一对领着小孩的夫妇特别紧张地盯着他看，而且一边还窃窃私语。

老教授怎样破解当时的尴尬气氛呢？他首先微笑着对那个丈夫说："今天晚上这么冷，火车还晚点，实在太糟糕了。"

丈夫冷淡地应了声"是"。

老教授继续关切地说道："这么个冬天，火车老晚点，带着一个小孩出门就更不容易了。"接着，他又跟夫妇俩打听小孩的年纪，夸他们的小孩比实际年龄长得高大。丈夫又一次表示同意，不过这次脸上就有了点笑模样，紧张的气氛被化解了。

又谈了两三句话，丈夫问老教授说："希望你不会介意我的问题，不过我很想知道，你是日本人吧？作为日本人，你认为日本能赢得这场战争吗?"

"噢，"老教授认真地回答说。"我也有同样的疑问。不过我知道的情况仅限于报纸上的信息。从我的角度，我实在不知道日本人在缺乏煤、铁和石油的情况下，怎样才能击败一个像美国这样强大的工业国家。"

老教授的观点其实都是老生常谈，而且含糊其词。那些日子，美国电台上反复宣传的都是这套理论，正因为如此，他的观点听起来很中听。

高明的谈话者知道在和关系一般的人谈话时，最好不要有自己的新观点，最好是老生常谈。重要的是一定要态度真诚、情感丰富。真诚的态度和丰富的情感表达方式，让听者感到兴奋。

如果观察一下，如火车上不认识的人之间闲谈，内容是非常无聊的，大多是你从哪儿来、到哪儿去，你家乡有什么之类的，但是人们在火车上的闲聊却很容易拉近彼此的信任。与人闲谈，重要的不是内容，而是交流情感的形式。最忌讳一上来就满口"之乎者也"地讲大道理、说正经事。与人闲谈，尤其是和关系还不太熟悉的人闲谈，最好是老生常谈，记住，人们在乎的不是你说什么，而是你说话的方式和态度。

在闲谈中要注意控制自己的情感，不要发牢骚、愤世嫉俗，甚至爆粗口、说脏话，这样会让人怀疑你的修养水平，把你当成一个没有文化、缺乏自制力的人。同时，闲谈中若是喜欢抬杠、顶牛，一说话就和人家对着干，这样只会招人讨厌，孤立自己。

（四）交际型谈话的逻辑

说话时，要有逻辑性，上下协调、前后对照，不能前后不一。我们表达思想从始至终要一样，不能一味地随心所欲，说变就变，想怎么讲就怎么讲，要符合逻辑。

说话要有条理，不要东拉西扯。如果觉得“出口成章”比较困难，可以稍停半秒想一想，不要开口就说，最后发现自己圆不了自己的话，这样就很麻烦。所以，开始说之前，头脑里要有一个基本思路：自己的逻辑是按时间的顺序，还是按事件轻重的顺序，或者按总分总的顺序等。一般来说，叙述一个事件，是按时间的先后；对领导做一个工作汇报，是按总分总的顺序；对别人说明自己的观点，要按先重点后次要的逻辑来。

谈话时如果主旨明确、内容相关、有条不紊，这样就能使人很容易领会，感觉就会有一种语言艺术的美感；相反，谈话时主旨不明、杂乱无章、前后不一，这样使人很难领会其中的道理，增加人的厌烦。例如，两个青年看完电影互相交流观后感，甲问：“你觉得这部电影怎样?”乙说：“咳，不怎么样！这个电影太不现实了。开始的时候，我还以为张某人是坏蛋，后来发现他是被人冤枉的，但是那些现代科技手段到底是不是真的哦。唉，上个月，有人给我说了一种新颖的机器人清扫房间，你知道不?”乙的谈话东拉西扯，没有一个明确的中心，一个意思还没表达完，就跳跃到下一个主题了，说话主题不集中。无论简单的话，还是复杂的话，都应该有条理，要言不烦。

（五）交际型谈话中的倾听

著名的社会学家兰金曾总结说：“人们日常的语言交往活动（听、说、读、写）中，听的时间占45%，说的时间占30%，读的时间占16%，写的时间占9%。”这说明，听在人们交往中居于非常重要的地位。善于倾听在人际交往中是非常重要的。

在谈话中，不能“只为自己着想”，要使别人对自己感兴趣，首先自己要对别人感兴趣。对话中，尊敬他人，请别人先谈别人喜欢说的话题，常常会受到欢迎。倾听，是一种无声的语言，用眼神或者是点头示意，来表示对对方的认可，会让滔滔不绝的发言者一吐为快。任何对话的成功，都以有效的倾听为基础，有效的倾听后，才可能进一步开展对话。

在美国内战最激烈的时候，林肯写信给在伊利诺伊普林菲尔德镇的一位朋友，请他来华盛顿。林肯说他想和他探讨一些问题。这位老朋友到了白宫，于是林肯就关于解放黑奴是否适合这个问题，和他长谈达几个小时。林肯详细地分析和研究了赞成或反对这项措施的各种观点，又认真地读了一些谴责他的信件以及报纸上的文章，有的人怕他不解放黑奴，但也有的人怕解放黑奴后会引起国内的混乱。

在他们谈论了几个小时之后，林肯与他的这位老朋友握手道晚安，然后就派人将他送回了伊利诺伊州，谈话中竟然没有征求他的意见。在这次会谈中，所有的话都是林肯一个人说的，似乎这样才能使他平静下来。“谈话之后，他似乎稍稍感到舒适些。”这位老朋友说。

林肯并没有征询他的意见。林肯所需要的只是一位友善的、同情的倾听者，使他可以宣泄内心当中的苦闷。

倾听时，要打起精神，必须做到耳到、眼到、心到，包括：注视说话者，保持目光接触，不要东张西望；单独听对方讲话，身子稍稍前倾；面部保持自然的微笑，表情随对方谈话内容有相应的变化，恰如其分地频频点头。

倾听的技巧包括以下几点。

1. 鼓励对方先开口

倾听别人说话是一种礼貌，我们愿意首先尊敬别人的看法，这会让说话的人觉得愉快，有助于建立融洽的关系。鼓励对方先开口可以降低谈话中的竞争意味。我们的倾听可以培养开放的气氛，有助于彼此交换意见。说话的人由于不必担心竞争的压力，也可以专心掌握重点，不必忙着为自己的矛盾之处寻找遁词。此外，对方先提出他的看法，你就有机会在表达自己的意见之前，掌握双方意见一致之处。倾听可以使对方更加愿意接纳你的意见，让你在说话的时候，更容易说服对方。

2. 注意观察肢体语言

倾听，首先观察对方的表情与肢体语言，明白说话者处于一种什么样的情绪状态中，有助于我们更好地理解说话人的内容。眼睛是心灵的窗户，如果体会到对方处于一种情绪的焦虑中，倾听者报之以同情、安静的目光，会让说话的人感到安心。所以，倾听者要首先关注说话人的肢体语言，并以自己的肢体语言加以回应。一般来说，对别人表示友好、关心的肢体语言包括：自然的微笑，不要交叉双臂，手不要放在脸上，身体稍微前倾，常常看对方的眼睛，点头。

3. 避免打断他人的谈话

有良好倾听习惯的人，不会因为自己突然理解到了什么，或者是想加入自己的观点，就马上打断别人的谈话。经常打断别人说话就表示我们不善于听人说话，个性激进，礼貌不周，很难和人沟通。一旦有听漏的地方，或者是不懂的时候，要在对方的话暂时告一段落时，迅速地提出疑问之处。

4. 反应式倾听

反应式倾听指的是对说话者的内容加以重复，这是一种很重要的沟通技巧。我们的反应可以让对方知道我们一直在听他说话，而且也听懂了他所说的话。但是反应式倾听不是像鹦鹉一样，对方说什么你就说什么，而是应该用自己的话简要地述说对方的重点。

反应式倾听重复对方的观点时，最好是在对方说话休息的空隙，如喝水的时候等，适时地提出某些切中要点的问题或发表一些意见、感想，来响应对方的说法，这是有效地促进对方说下去的动力。

5. 弄清楚各种暗示

一些表达不是很清楚的人，不敢直接说出自己真正的想法和感觉，他们往往会运用一些叙述或疑问百般暗示，来表达自己内心的看法和感受。但是这种暗示性的说法有碍沟通，他们话中的用意和内容往往被人所误解，一旦遇到暗示性强烈的话，就应该鼓励说话的人再把话说得清楚一点。

6. 注意关键词

倾听者要善于把握对方说话的关键词或句子，关键词指的是描绘具体事实的字眼，这些字眼透露出某些信息，同时也显示出对方的兴趣和情绪。一般来说，对方在叙述事件时，听者注意听时间、地点、人物、起因、经过、结局的要素，并把握说话人的情感状态。

当我们和人谈话的时候，我们通常都会有几秒钟的时间，可以在心里回顾一下对方的话，整理出关键词。我们必须删去无关紧要的细节，把注意力集中在对方想说的重点和对方主要的想法上，并且在心中熟记这些重点和想法。暗中回顾并整理出重点，也可以帮助我们继续倾听下去。

（六）交际型谈话中的提问

在倾听了对方说话之后，需要与对方交流，这时经常会使用提问，提问的方式是非常讲究的，提问以不同的形式说出来，其效果也不一样。比方说，问“你很讨厌他吗”或“你很喜欢他吗”就不如问“你对他的印象怎么样”好；对一个看起来超过40岁的人，与其问“你今年贵庚”，倒不如问“你今年可能有三十多岁了吧”；问“替我把信寄了吧”，就不如问“能否帮我寄了那封信”听起来更舒服。

一家餐厅里曾发生过一件饶有兴趣的事。有两位顾客同时到这家餐厅吃饭。在点菜时，一位顾客问服务员：“今天的石斑鱼好不好?”服务员答应说：“好。”结果这位顾客只吃到了前一天剩下的石斑鱼。另一位顾客则问服务员说：“今天有没有什么好海鲜?”服务员也满口应承：“有。”这位顾客最后真正吃到了好海鲜。

为什么这两位顾客的境遇不一样呢？这就要从他们的问话上找原因。“今天的石斑鱼好不好”和“今天有没有什么好海鲜”两种问法，在对方心理上引起的反应是不一样的，虽然它们在字面上有些相似之处。前者只是在问一样东西，只有好或不好两个答案，为了顾全餐厅的声誉，服务员不能说“不好”。而且，一种东西的好与不好的标准是很难说得清的。标准既不易界定，那么即使今天的石斑鱼并不好，服务员说了个“好”字，也不能说是欺骗了你。另外，前者所问的只是石斑鱼，似乎除了石斑鱼外，其他的都不爱吃。为了讨好你，服务员也觉得说“好”是他的责任。这种问话产生的效果，只能是问话者吃亏。

对话中的提问方式包括封闭式提问、开放式提问、探索式提问和偏向式提问。

1. 封闭式提问

封闭式提问的问题比较具体，对方用简短、确切的语言即可做出回答，如“是”或“不是”，“好”或“不好”，“5年”“40岁”等。封闭式提问适用于收集简明的事实性资料。

2. 开放式提问

开放式提问的问题比较笼统，旨在诱发对方说出自己的感觉、认识、态度和想法。开放式提问适用于了解对方真实的情况。

3. 探索式提问

探索式提问，又称探究式提问。探索式提问的问题为探索究竟、追究原因的问题（如“为什么”），以了解对方某一问题、认识或行为产生的原因。探索式提问适用于对某一问题的深入了解。

4. 偏向式提问

偏向式提问，又称诱导式提问。偏向式提问的问题中包含提问者的观点，以暗示对方给出提问者想要得到的答案，如“你今天感觉好多了吧？”偏向式提问适用于提示对方注意某事的场合。

对话中提问的注意事项：

（1）根据对方的年龄与心理特点，有针对性地提问。

我们可以问小朋友“你几岁啦？”但对老年人就不合适这样提问。我们可以问一个中国人：“你在哪儿工作？”“收入不错吧？”“家里有几口人？”这是关心尊重对方的表示；但如果这样问一个美国人，就是打听别人隐私的不礼貌行为。被问人有的热情直爽，有的沉默寡言；有的文静安详，有的多愁善感；有的高傲，有的谦虚；性格不同，气质各异，提问的方式也应当有相应的变化：或单刀直入，或迂回进攻，或敞开发问，或试探而进。只有这样，才能达到目的。

在问答过程中，提问的人、提问的内容、提问的方式，甚至提问行为的本身都会对被问人的心理产生一定的影响。提问人必须根据被问人的心理特点进行提问。例如，我们去探望病人，人家正在为病情焦灼不安，我们就不应问：“病情会不会恶化呀？”

（2）多采用开放式的提问，少采用封闭式的提问。

提问时为了营造更生动、融洽的氛围，应多采用开放式的提问。封闭式的提问问答，气氛冷淡、紧张，被提问的人易产生心理压力。例如，一位外祖母同她的小外孙久别后，见面时的一次对话：

“夏天过得好吗？”

“好。”

“游泳了吗？”

“没有游。”

“你见到了许多小朋友吧？”

“嗯。”

“你爱吃冰激凌吗？”

“爱吃。”

这样的谈话气氛沉闷，双方都像例行公务似的。其实，外祖母只是想和小外孙亲近亲近，可不知怎样才能让他说话，只好接二连三地采取是非问和事件信息问，这种封闭式提问，当然不会打开对方的话头了。如果外祖母从一张照片开始，请小外孙讲讲与照片有关的故事，那么他就会有话可说了。

(3）提问时话题的选择。

提问的话题应该是对方擅长的，才能继续打开他的话匣子。例如，一个人乒乓球打得好，就可先问："听说你乒乓球打得很好，是吗？我总是掌握不好旋球，你是怎么掌握的？"他当然乐意回答，一来一往，畅谈不休。有人把提问称为"谈话的发球"，这一比喻是很恰当的。

（七）交际型谈话的礼仪

谈话时，眼睛要时不时地扫过对方的眼神，有时点头示意，如果望着地下，或嘴巴微张，呆呆地听是非常失礼的。在谈话交际中，自己讲话要给别人发表意见的机会，别人说话，也应适时发表个人看法。要善于聆听对方谈话，不轻易打断别人的发言，如果中途打断对方，是有失礼貌的。当然，在别人说话时一言不发也不好。对方说到关键的时刻，你只看着对方，而不说话，对方会感到很尴尬，他会以为没有说清楚而继续说下去。

如果对方谈到一些不便谈论的话题，不要对此轻易表态，这时可转移话题。在相互交谈时，保持一定的微笑，目光注视对方，以示专心。对方发言时，不左顾右盼、心不在焉，或注视别处，显出不耐烦的样子，也不要总看手机，或做出伸懒腰、玩东西等漫不经心的动作。

如果自己的意见与别人不同，可以适当地发表自己的观点，但是不能过多地纠结，不要高声辩论，更不能恶语伤人、出言不逊。如果面对别人的无礼，一笑而过，是显得更加大度的行为。男子一般不参与女性圈内的议论，与女性谈话更要谦让、谨慎，也不要与女性无休止地攀谈而引起旁人的反感侧目。

下面是一篇只有12句话的小文章——《说话的温度》，值得借鉴：

急事，慢慢地说；小事，幽默地说；没把握的事，谨慎地说；没发生的事，不要胡说；做不到的事，别乱说；伤害人的事，不能说；伤心的事，不要见人就说；别人的事，小心地说；自己的事，听别人怎么说；尊长的事，多听少说；夫妻的事，商量着说；孩子们的事，开导着说。

二、家庭成员之间的谈话

一般来说，朋友之间基本可以无话不谈，比较轻松、自由，而职场之间的谈话需要注重礼仪、目的性强，这两种谈话风格是比较好把握的。但在家庭成员之间，由于希望对方更多地包容自己，彼此不能为对方着想，反而更容易产生谈话的"问题"。

（一）夫妻之间谈话

夫妻之间的谈话，内容主题大多是“柴米油盐”等生活中的小事。家庭生活中，女性更倾向于讲述问题，男性更习惯于解决问题，可以把家庭或者是看到的很多事情作为谈话的主题，要不断地为沟通创造环境。即使每天都聊一些家长里短的事情，也要不断地创造谈话的氛围，不能因为工作忙或者劳累，而放弃谈话。

“啊，亲爱的，你回来了，今天工作忙吗？”（表示关心，并询问对方的情况）

“没什么。”（不予明确回答）

“好啊，那么你帮我洗菜好吗？”（提出要求）

“我今天累极了。”（不明确予以答复，给出一个模糊的理由）

“亲爱的，今天有什么事，工作不顺利？给我讲讲好吗？”（又提出询问）

“没什么，告诉你也帮不了什么忙。”对方小声咕哝一句。（又不给予明确答复）

“待会儿有几个客人要来，我累了半天了，你帮我……”（又提出要求）

“好吧，好吧。”对方不耐烦地打断爱人的话。（不想听爱人的陈述）

双方闷闷不乐地干起了活儿。客人来了，夫妻俩殷勤招待。客人走后，杯盘狼藉，又要收拾停当，两人都累得够呛。

“亲爱的，帮我……”

这时对方终于忍不住了，火山喷发了“帮你，帮你，你当我是机器人呀！我天天上班累得要死，今天我还得加班干……你把我当什么了。”

这时另一方也火了：“我早就问你有什么事，你不说，现在你发什么脾气。这家务活儿就该我一个人干？这个家就是我一个人的吗？你真没良心……”

于是双方怒气冲天地抱怨起来。

上面的案例中，妻子的询问始终没有得到丈夫的答复。如果丈夫及时反馈，就会使妻子产生被重视的感觉。得不到反馈的行动，会产生很不愉快的结果。夫妻之间的谈话来自两个平等的个体，双方相互尊重、相互独立，这是良好沟通的基本条件。如果认为爱人从属于家庭，自己的其他事情他（或她）帮不上忙，自然也不会有良好的沟通。

如果夫妻双方在每次谈话中都致力于使每一信息清晰而完整，经过一段时间，双方的沟通方式就会改进很多，感情也会增进许多。即使有认识不一致的时候，即使是拒绝性的答复或是否定的意见，只要是完整的，就可以达到沟通。例如：

妻子：“亲爱的，你回来了，今天工作忙吗？”

丈夫：“啊，今天忙极了，我上午在公司开了两小时的会，下午见了客户，客户对产品提出很多要求。明天要完成一份工作报告，晚上还得加班。”

妻子：“好的，注意休息哦，晚上开车回来小心点。”

丈夫：“亲爱的，你今天怎么样？”

妻子："我今天下午也忙了半天，菜还没有洗，客人待会儿要来。你能抽出时间帮我干点儿吗？"

丈夫："当然可以。"

妻子："太好了。待会儿客人走了，你就忙你的吧，由我来收拾。"

丈夫："好的，你太好了。"

（二）家长与孩子的谈话

家长与孩子之间的谈话，要注意谈话的地位，不要高高在上地指导，而应该平等地交流与对待，即使是一个孩子，他的心智也是需要平等关爱的。

1. 与孩子谈话的原则

孩子如果处于幼儿阶段，家长不要用成人的思维与其谈话，而是要多考虑其情感需要，即使孩子犯了错误，也要多鼓励，多培养孩子正向的心态。清代教育家颜元说过："数子十过，不如奖子一长。"鼓励是家庭教育中比较重要的方法之一，每个孩子都需要不断的鼓励才能获得自信、勇气和上进心，这就像植物必须每天浇水才能生存一样。所以，在谈话中，赞赏和激励是沐浴孩子成长的雨露阳光。例如，"别怕，你肯定能行！""只要今天比昨天强就好！"

在培养孩子的习惯方面，家长要有耐心，不断地重复自己的提醒。孩子的记忆力有限，因此家长要不断地对其进行积极的引导、强化和提醒。例如，"凡事都要有个计划，学习也一样""东西都要放回原处哟""你独立思考思考吧"。

不管是多大的孩子，家长都要尊重孩子本来的想法，所以商谈式的谈话是很好的方式，即家长与孩子在谈话时应该是平等的。平等的谈话包括表情、谈话姿势、说话语气、发表自己的意见等。这样的谈话常会使孩子从内心深处愿意接受你的想法。商讨式谈话使家长和孩子都处在一种愉快的谈话氛围中，而且在与孩子多次进行商讨式的谈话中，让孩子懂得了使用礼貌用语，逐步学会关心、尊重他人。

孩子四岁，家长带儿子去公园玩。孩子对荡秋千情有独钟，坐上去后再也不肯下来。没过多久，想玩荡秋千的小朋友排起了长长的队伍。

妈妈："宝贝，下来给其他小朋友玩好吗？"

儿子："不！"

看着其他小朋友焦急等待的样子，听着儿子坚决的回答声，家长俯下身，面带微笑，轻声地与儿子进行了一场对话：

妈妈："荡秋千很好玩吧！"

儿子："是的，真有趣！"

妈妈："那些小朋友排着队想干什么？"

儿子："荡秋千。"

妈妈："真聪明！那你什么时候给他们玩？我去告诉他们，这些小朋友肯定等急了，因为你已经玩了很长时间了。”

儿子（想了一会儿）：“妈妈，我想下来了。”

妈妈：“儿子真懂事，学会照顾别人了，现在这些小朋友心里肯定在想：这个小弟弟真可爱。”

儿子没说话，蹦蹦跳跳地玩其他玩具去了。

2. 与孩子谈话的方法

很多大人不太会跟小孩子谈话，他们觉得成人的话题孩子不懂，但是孩子的话题成人又不感兴趣，于是就成了师生之间的指导性问答。“你今天在学校做了什么啊？”“你在学校乖不乖？”这两个问题通常小朋友的答案都是：“没什么啊！就跟平常一样啊！”“乖啊！”有很多大人，根本不懂怎么跟小朋友聊天。他跟小孩之间的对话永远都是：“作业写完了没？”“琴练了没？”“今天考了多少分？”这种谈话，通常都是以指导、教训为内容，“你应该如何如何”这种话根本无法进入孩子的内心。与孩子谈话，可以考虑以下的方法：

（1）问具体，不问抽象。尽量不问很难理解的抽象的问题，如“你今天在学校过得如何？”这种问题，孩子很难回答，或是只会简单回答：“还好啦。”

应该采用一些很简单、一定有答案的问题，多从细节开始，如“你今天在学校上了哪些课？”当孩子说出语文、数学的时候，你就有机会接着问“今天语文课教什么了？”孩子就会接着回答你的问题：“教声母啊！好多的哦”“喔！那你喜欢上什么课……”你就可以和孩子持续地交谈下去了。

类似的问题还可以是：“今天的午餐有些什么呀？”“你们班上谁吃得最多？谁吃得最慢？”“你今天早上去学校跟谁玩？”“你们班大多数人喜欢的男生是谁啊？你喜欢谁呢？”这些问题简单易懂，孩子通常都会争先恐后地回答，不会感觉到压力。

（2）评论别人，不评论自己。从“别人谈起”是一个很好的聊天方法，比方说，“谁吃饭吃得最慢”“谁最常被罚”“谁功课最棒”“谁今天又打了谁”，等等。在聊天过程中，父母就能知道孩子的真实人生观点，他欣赏什么，他认为什么是正确与错误，父母在评论那个孩子的时候，也就评论了自己孩子的观点，这种间接评论能起到更好的作用。

妈妈问孩子：“你们班上谁最调皮？”

孩子回答：“××。”

妈妈：“他怎么调皮呢？”

孩子：“上课讲话啊！还有昨天用东西砸同学的头！”

妈妈：“那老师怎么办？”

孩子：“老师罚他站啊！”

妈妈：“站多久？”

孩子：“站到下课啊！”

妈妈：“啊！真的啊！好可怜喔。都不能坐下，脚一定很酸。”

孩子：“对啊，下课也不能出去玩！”

妈妈：“哇！你们老师这么凶啊？”

孩子：“还好啦！有一点凶。”

妈妈：“那小朋友还是有点怕这个老师的哦？”

孩子：“就是，其实上课说一点点话，老师也不会罚，就是打人是肯定要罚的。”

妈妈：“哦，那最好还是不打人。”

孩子：“嗯，我就不打人。”

(3) 不要“否定”，只要“同理”。大人跟孩子聊天，很容易发生的一个状况，就是大人常常喜欢否定孩子的感受。比方说，当孩子说“语文课无聊死了”的时候，家长如果一味地否定他的说法，接着说：“语文课不无聊啊！认字是一件有趣的事情……”这个话题就聊不下去了！因为当孩子觉得你并不认同他说的话时，他就很难有继续说话的想法。

比较好的方式是回答：“喔，语文课很无聊啊，是什么让你觉得很无聊吗？”“如果是讲故事的话也挺好的，我们就是重复地认字，好无聊吧？”家长不急于对孩子进行判断，保持中立的语调，有助于交流。

(4) 只要“倾听”，不要“说教”。听孩子讲学校里发生的事，其实他们不一定要家长帮助解决问题，只是纯粹地聊天而已。想要孩子诚实地说出感受，很重要的一个步骤，就是只要“倾听”，不要“说教”。

孩子：“妈妈，今天小红打我。”

妈妈：“喔，为什么？”

孩子：“因为我要玩恐龙，他不准我拿。”

妈妈：“你怎么不告诉老师呢？我不是教过你，人家欺负你就去告诉老师吗？你也可以跟他说，公用的东西大家都可以玩啊！妈妈不是跟你说过吗？”

如果采取这样的聊天方式，那么肯定孩子一定是紧闭双唇，不再多说一句。此时家长不妨换一种方式进行对话。

妈妈：“喔，那你心里有没有觉得很不舒服？”

孩子：“还好啦！我想他先玩也没关系，等他玩完了，我再玩。”

这样孩子放心地说出了心里话，轻松地聊天，家长一定要练习“不评价，不说教”。

一些父母的不恰当言语表达方式对孩子的成长极为不利，常见的父母对孩子不恰当的言语表达方式及其消极影响主要有：

(1) 贿赂式。比如“你写完作业带你去公园”“吃完这碗饭给你买个冰激凌”。把孩子应该完成的事情作为一种交易，这样是非常消极的。孩子会对应该完成的事情产生一种厌烦情绪，在日后没有可以交易的对象，或者是交易的对象不感兴趣时，就会拒绝完成本应做的事情。

（2）威胁式。有的父母认为孩子是自己的，自己可以随意地教训他，说话的口气、态度简单生硬，孩子稍有怠慢就加以威胁："你必须……否则我就……""不许……"。父母越凶，孩子只好暂时服从，按兵不动，威胁一过，马上反抗。威胁小了，孩子自觉无所谓；威胁大了，父母无法实施，结果孩子越来越"不听话"。例如，一位母亲让孩子刷牙，孩子不听，母亲气愤地说"你不刷，我打死你"，而孩子却平静地答："打死我你就没儿子了。"

（3）榜样式。常常用别人孩子的优势来比较自己孩子的劣势，例如"人家的孩子都会自己做，你怎么就不会？"这种以人家孩子好、自己孩子差为前提的话语，最易伤孩子的自尊心，孩子总会找些理由来反驳，因而与父母顶嘴，不听话。久而久之，孩子与父母产生很远的距离。

三、赞美与批评的口才

赞美和批评

在谈话中，我们常常当面对别人进行赞美，但这要讲究一定的方法，否则会显得太肤浅与做作。

（一）赞美的方法

1. 赞美要大方、得体、适度

赞美要适度而得体，根据不同的对象，采取不同的赞美方式和口吻去适应对方。如对年轻人，语气上可稍带夸张；对德高望重的长者，语气上应带有尊重，主动地向对方请教其实也是一种赞美的方法。例如，"张老师，您这个字写的是什么体的呀？要练习大字，需要怎么着手呢？"越是发自真心的赞美，把重点放在他人而不是自己的身上，才能把赞美的效果发挥到极致。

2. 借用第三者的口吻来赞美

比如说："听他们说你买了个高档相机，刚开始还不相信，这回我是第一次看到有这么多按键的相机，一见可真让我信服了。"比"您的相机真好"这句话更有说服力，而且可避免有轻浮、恭维、奉承之嫌。

如果你对 A 先生的工作表现极为佩服，可以在见到他的同事时表示，"A 先生的确很努力工作呀！"如此一来，这种评语便会以另一种方式传回 A 先生耳中，"××先生对你的工作表现赞不绝口呢！"虽然当面被人夸奖也是一件愉快的事情，但通常只能视作社交辞令而已。然而，别人在自己背后没有必要说奉承话。因此，从他人口中获悉自己受到夸奖时会感到非常高兴。间接听来的赞美，意味着自己以外的人也同样听见了。单就此点而言，即可让人觉得自己的能力受到极高的评价。

在上班族中，如能向对方的上司赞美其部下，效果势必更佳。虽说赞美的话从谁那儿听来都令人感到高兴，但是从自己上司口中听到更令人心情愉快。

3. 赞美要热情具体

赞美时最好能与当前的事情密切相关，如前面提到的情境，赞美别人时千万不能漫不经心。比如，"李姨您今天穿的这个裙子真好看，好有范儿哦"比"李姨大家都说您是个好人”这样说更具体。

如想提出具体性的赞美，你就必须具备必要的观察力，在观察人们时，更应该从对方身上找出连他们自己也未注意到的魅力，如果能以这个方式掌握对方的优点与缺点，你所提出的赞美必将充满说服力，并且可以知道对方只要从事哪些工作，便能更有效地发挥能力。利用这种方法去了解对方，你的人际关系也一定能变得更好。

（二）批评的艺术

赞美需要艺术，批评也是一样。批评是使人们正视自己缺点、错误以求不断进步的锐利武器，但有些人的批评使人无法接受，尽管他的批评可能是对的；有些人的批评使人感到委屈，感到不满，甚至感到气愤。批评的目的没有达到，反而搞僵了关系，疏远了感情。

1831 年，歌德在批评雨果的剧本《玛利安·德洛姆》时说：“……在这种情况下，我们只能看出一个优点，就是作者对描绘细节很擅长，这当然还是一种不应小看的成就。”看上去这似乎是一种称赞，其实是批评了雨果在描绘细节上花了太多的工夫，而行文不够简练的毛病。

学会委婉地批评，要把握以下原则：

1. 对被批评者报以尊重与同情

批评别人时，要注意到别人的感受，在情感上要注意对被批评者的同情。只要对方不是故意犯错，就要对被批评者采取同情的心理。只有当被批评者认识到你是同他站在一起而不是同他敌对时，他才可能接受你的批评。

首先，注意措辞，切忌说出带有侮辱性的词句。若是上司随随便便就指责下属是“垃圾”“废物”“很没用”，会让被批评者丧失对工作的热情，而且会让被批评者失去对公司的归属感，彻底打击被批评者的自信心，造成被批评者的逆反心理。所以对事不对人，客观冷静地提出批评意见非常关键。

其次，注意采用客观、平静的语气。高声呵斥的语气会让人感到在人格上矮了一截，轻描淡写的语气会让被批评人感到自己并不受重视，讥讽嘲笑的语气会让人感到没有被尊重。受批评的人因为心里本已紧张万分，其敏感程度较一般人更高，所以在批评过程中言者无心的语气态度，听者也许就很在意了。

最后，注意场合。谁都不愿意自己被公开地批评、曝光。考虑到这种人之常情，在私密的办公室进行一对一的谈话或许是最好的选择。最忌在众人参与的会议上、开放式员工办公室、茶水间、休息室等场合当众批评。

2. 根据对方的性格采用适当的批评方法

批评者必须充分尊重被批评者的人格。直接式批评适用于那种坦率直爽、性格开朗、心理承受能力强的人；旁敲侧击式批评适用于那些头脑聪明、反应敏捷、接受能力强，而自尊心又很强的人；渐进式批评适用于错误较多而又敏感、脸皮薄、爱面子的人。

一个人即使在犯了错误受到批评时，他的自尊心也不会消失，而这往往会妨碍他去接受批评。“你怎么还好意思来见我?”“真没见过你这样的糊涂虫!”这类批评的话语之所以不可取，正是因为它只能刺伤对方，使对方难以忍受。与此相反，“你怎么能这么沮丧？”“我相信你已经为这事后悔了。”这样的话语能使被批评者觉得你并没有把批评的意见强加于他，他对自己错误的修正，不是由于你的批评，而是由于他的自我认识。

3. 批评时要简短

批评任何人的话语都要力求简短。最好一两句话就能使对方明白，然后十分自然地转到别的话题上。切不可多次重复同样批评的话语或过了一段时间你又提到他所犯的错误，这容易使人觉得你对他的缺点错误抓住不放，纠缠不休，这就最容易使对方陷入窘境而产生抵触情绪。

四、道歉与拒绝的口才

在工作与生活中，人人都会犯错，学会有效地道歉是毋庸置疑的。有的人以为很容易，一句“对不起”就能够全部搞定了。虽然“对不起”是我们最常用的道歉，当你的购物车不小心撞到了别人，或者你忘记了别人的名字的时候，这种道歉是很合适的。但面对更多、更复杂的情况时，怎样能够有效地道歉，使自己脱离困窘，让他人真正感受到你的歉意并能够和好如初，是考察一个人口才的时候。

道歉与拒绝

托尔斯泰和屠格涅夫都是俄国大文豪，而且是好朋友。1861 年，屠格涅夫的《父与子》脱稿，邀请托尔斯泰到自己家，请他先看手稿并提意见。午饭后，托尔斯泰因困倦，读着书稿渐入梦乡，屠格涅夫十分不悦。席中，屠格涅夫对其女儿的家庭教师大加称赞，因为她教导女儿为穷人缝补衣服，在慈善事业上捐款，为穷人做好事。不料托尔斯泰对此很不以为然，并加以讽刺，顿时惹得屠格涅夫怒不可遏，大声咆哮：“这么说，是我把女儿教坏了？”托尔斯泰也不示弱，两人大吵了一场，从此不再交往。

应该说，这两位大文豪的断交，托尔斯泰是有过错的，他比屠格涅夫年纪小 10 岁，却对屠格涅夫不够尊重。可惜，托尔斯泰一直没有勇气认错，因此两人的关系一直没有修复。过了 17 年，托尔斯泰终于主动写信向屠格涅夫道歉：“伊凡·谢尔盖耶维奇！近日想起了我同您的关系，我又惊又喜。我对于您没有任何敌意，谢谢上帝，但愿您也这样，我知道您是善良的，我确信，您对我的敌对感情已经在我之前早就抛掉了——请您永远原谅我的一切，在您面前，我是有罪的。”屠格涅夫立即写回信：“收到您的信我深受感动，我对您没有敌对情感，假如说过去有过，那么早已消除——只剩下对于您的一片怀念。”真诚的道歉，换来了真正的谅解，他们的矛盾很快消除了，又恢复了旧日的友谊。

（一）道歉的方式、方法

1. 先道歉后解释

有错就应先认错，以诚恳的态度取得对方的谅解。例如，“对不起，这事我做得真不对。事情是这样的……”。千万不要一开口就找客观原因为自己辩解、开脱，使对方怀疑你的诚意，从而扩大裂痕，加深隔阂，如“你误会我了，本来呀，我是……”。如确有非解释不可的地方，应在道歉之后再作解释，才能表示自己的诚意。

2. 利用第三者转致歉意

当双方成见很深或都处在气头上时，最好先请第三者转致歉意，待双方都冷静后，再当面道歉。

3. 用交流工具道歉

假如你觉得道歉的话说不出口，可用其他方法代替，如电话短信、QQ 留言、微信等。

4. 道歉时的语气和态度

当意识到自己应该道歉时，应该马上道歉，耽搁时间越久越难启齿，有的甚至追悔莫及。只要表明了自己的态度，对方也表示谅解就行了，切忌重复、啰唆。诚心诚意地道歉，要语气温和、坦诚直率、堂堂正正，而不要躲躲闪闪、羞羞答答，更不要夸大其词、奴颜婢膝，一味地往自己脸上抹黑。那样，别人不仅不会接受你的道歉，甚至会觉得你很虚伪。

5. 没有错，有时也需要道歉

由于客观原因，如变幻无常的天气情况或者出乎意料的交通事故等，你没有准时赴约或耽误了事情，给对方带来了损失或麻烦。如果你一味地找客观原因，尽管对方表面上不会责怪你，但内心还是会有所抱怨的，这也需要道歉。此外，比如管理者的下属在工作中未能恪尽职守造成了不好影响，管理者为了挽回单位的信誉，也应诚恳地向对方或公众表达歉意，以求得谅解。

（二）拒绝的方式、方法

除了道歉以外，拒绝也是一种“难以开口”的语言表达，对于口才要求较高。当你学会拒绝之后，虽然你可能会感觉有点伤害或者冒犯别人（这也确实有可能），但是与此同时你也传达给他们这样一个清晰的信息：你有选择的权利，而且你也尊重那些你拒绝的人，你之所以拒绝正是因为你不想草率地做个承诺，你不会在履行的时候马马虎虎或者懒得去做。拒绝他人通常有下面三种方法。

1. 表面上同意的推脱方式

例如，你的情况是你想接下这个活，但是手头没有足够的时间，你可以说：“没问题，但是我现在的任务多得像山一样。你能不能过段时间再来找我？除非你能帮我三天内把手里的活儿干完。”三天内是不可能干完这些工作的，所以这种说法是以客观事实来果断拒绝。

2. 礼貌，但要坚决

“不好意思，但是我的确没有时间。”很多人容易犯的一个毛病就是太好了，或者太优柔寡断了，他们可能说“我考虑一下，如果我手里这个事儿干完了，我可以帮助你”。他们虽然拒绝了别人，但是他们的拒绝听上去有些动摇，如果这样回应别人的话，会有更强的人来施压，直到说话人点头答应为止，这是因为他们觉得事情还有商量的余地。因此如果要拒绝的话，就得让别人清楚地知道你不会再改变主意了。

3. 不用说抱歉

如果道歉的话，就好像是在为做错一件事而道歉，这样一来拒绝的理由也就显得不甚充分了。在这种场合下，说“对不起”这三个字是很有诱惑力的，我们常常说“对不起，但是……”或者“我多希望能帮你，但是很对不起，我没办法帮你。”这类的话，这是因为我们拒绝别人的事后会觉得很不舒服。但是，这样一来，就可能会向别人传达错误的信息。

五、求人办事的口才

现实生活中我们有太多无奈，不得不去求人，如希望能找到一份如意的工作，或者希望升职，或者找一个名医，或者急于筹借到一笔款子……这许许多多、大大小小的希望便构成了生活。生活会迫使人不得不去求助于他人，能否得到他人的帮助，在很大程度上取决于求人的技巧和口才。既然不能不求人，倒不如理直气壮地去求人，不必虚张声势、空话连篇，但是也不必灰溜溜、乞哀告怜、任人奚落。

同样的请求内容，不同的人用不同的方法和语言表达出来，得到的结果常常是不一样的。那么，怎样才能使被求者乐于答应自己的请求呢？

求人的语言要做到诚恳、礼貌，不强加于人（有时还需要委婉）。所谓诚恳是指要让被请求者感到你是发自内心地求助于他，从而重视你的请求，这是求人成功的先决条件。所谓礼貌是指应该尽量选用被请求者乐意接受的称呼。不强加于人是指不用命令、祈使的语气，而多用委婉、征询的口气。例如，尽可能地使用“麻烦……”“劳驾……”“可以……吗”这类句式，即使对相识者也不妨这样。

求人办事时，语言表述上有以下技巧。

（一）在叙述中，以情动人

在向他人说明有何事求助时，叙述时要注意情感的投入，如父女之情、夫妻之情等，人人都是有感情的，在感情的触动下，可能更愿意帮助你。在叙述中讲述自己的处境，以表示求助于人是不得已之举；或阐明自己所请求之事并非与被请求者无关，以使对方不忍无动于衷、袖手旁观。

（二）先“捧”后求

所谓“捧”在这里是指对所求的人的恰到好处、实事求是的称赞，如“老张，你看你们家小丽多有出息，到美国留学，你培养出了人才啊！但是你看我们家王军，年纪轻轻无所事事……”求人时先谈到别人的优势，再谈到自己的劣势，然后寻找帮助，是一件比较自然的事。

（三）感恩承诺

求人时表示会把此事作为一件非常重要的事情，对对方表示感恩。即使不能马上回报对方，也一定会在对方用得着自己的时候鼎力相助。配以“互利”的承诺，让对方觉得他的付出值得，同时也会对求助者多一份好感。

（四）对别人的要求不要过高

每个人都有自己的难处，求人办事时千万不要穷追猛打，一定要别人做到什么程度。求人办事要知足，别人能办多少就办多少，不要勉强别人办很难办的事。

六、说服他人的口才

在生活中需要说服的对象有很多，他可能是你的父母、你的上司、你的顾客、你的朋友、你应聘的主考官……为了让他人放弃自己的想法，认可你的想法；或者是在他人犹豫不决的时候听从你的想法，是一件困难的事情，需要良好的口才。

（一）调节气氛，以退为进

从谈话一开始，就要创造一个说“是”的气氛，而不要形成一个“否”的气氛。比如，劝人戒烟，如果说“抽烟有什么好的？”就形成了一个相互对峙的局面。相反，如果说：“昨天我体检了，说是不太好，你呢，说是你呼吸系统也有问题？”这样来引入，会使对方自然地觉得是在关心自己，更好交流。

采用和颜悦色的提问方式代替命令，并给人以维护自尊和荣誉的机会，气氛就是友好而和谐的，说服也就容易成功；反之，在说服时不尊重他人，拿出盛气凌人的架势，那么说服多半是失败的。

西蒙·福格来到英国著名的《泰晤士报》总经理办公室求职。

他问：“你们需要一位好编辑吗？”言下之意自己就是好编辑。

“不需要。”拒绝得很干脆。

“那么，好记者呢？”

“不需要。”拒绝得同样干脆。

“那么，排字工、校对员呢？”西蒙坚持不懈。

“都不需要。很抱歉，我们现在没有空缺。”明摆着事情要没戏了。

“那么，你们一定需要这个。”说着，西蒙从包里拿出一块很精致的牌子，上面写着“额满，暂不雇用”。

总经理被西蒙新颖、独特的求职方式所打动，破格给他安排了一个职位。25 年后，西蒙·福格成为这家报社的总编辑，名扬世界。

（二）据理力争，以刚制刚

对于一些性格上懒散或者有拖延症的人，偶尔可以采用比较严厉的威胁，但这样要尽量少用，避免对方当时认可，转而反悔。而且要在劝说的同时，对对方不接受的后果进行一定的联想与威胁，注意用一种善意的态度据理力争，否则可能激化矛盾。

在一次集体活动中，当大家风尘仆仆地赶到事先预订的旅馆时，却被告知当晚因工作失误，原先订好的套房（有单独浴室）中竟然没有热水。为了此事，领队约见了旅馆经理。

领队：“对不起，这么晚还把您从家里请来。但大家满身是汗，不洗洗澡怎么行呢？何况我们预订时说好供应热水的呀！这事只有请您来解决了。”

经理：“这事我也没有办法。锅炉工回家去了，他忘了放水，我已叫他们开了集体浴室，你们可以去洗。”

领队：“是的，我们大家可以到集体浴室去洗澡，不过话要讲清，套房一人50元一晚是有单独浴室的。现在到集体浴室洗澡，那就等于降低到通铺水平，我们只能照通铺标准，一人降到15元付费了。”

经理：“那不行，那不行的！”

领队：“那只有供应套房浴室热水。”

经理：“我没有办法。”

领队：“您有办法！”

经理：“你说有什么办法？”

领队：“您有两个办法：一是把失职的锅炉工召回来；二是您可以给每个房间拎两桶热水。当然我会配合您劝大家耐心等待。”

这次交涉的结果是经理派人找回了锅炉工，40分钟后每间套房的浴室都有了热水。

（三）运用事例，而非道理

在说服他人时，注意自己的例证，运用真实的事例，而不是空洞的理论，更有说服力，更不要用“你人生的意义与价值何在?”这种抽象的理论来劝说他人。所以，很会说服他人的推销员，在推销某种药品时，当然是重点介绍某个患者使用后如何迅速痊愈的事例，而不是把药品的药理成分详细地介绍一番。

（四）以情动人，说服他人

情感是最能打动他人的，如果能争取到他人的同情，就可以达到说服的目的。以情动人在语言的表达上也非常重要，不是做可怜状地求得同情，而是以一种平淡的心态来展示自己，更能引起同情。

有一次，英国著名诗人拜伦在街上散步，看见一位盲人身前挂着一块牌子，上面写着：“自幼失明，沿街乞讨。”可是路人都好像没看见一样匆匆而过，很长一段时间内，盲人手中乞讨用的破盆子里还是没有一毛钱。拜伦走上前去，在盲人的牌子上加了一句话：“春天来了，我却看不见她。”一句话激起了人们的同情心，过路人纷纷伸出援助的手。

思考与练习

1. 完成以下心理分析测试题，看看你平常的口才表达存在什么问题?

（1）好友向来不修边幅，这次更是一身邋遢地出现，你会对他说什么？

A. “你是不是想令生人勿近？打扮一下好吗?”（2分）

B. “你怎可穿成这样，快去换件衣服吧。”（1 分）

C. “你这样子穿，很可爱。”（0 分）

（2）同事心血来潮烫了个新发型，回来问你好不好看，你怎样说？

A. 不予置评。（2 分）

B. “若搽上定型水，一定迷死人。”（1 分）

C. “这发型很适合你。”（0 分）

（3）相熟的按摩师以新的手势为你作推拿，但你完全不觉得舒适。你会如何向他示意？

A. 有礼貌地说：“请轻一点。”（1 分）

B. 只懂大叫：“哇！”（0 分）

C. 不客气地说：“放轻一点，太大力呀！”（2 分）

（4）你认为自己说话有多诚实？

A. 言语间从不轻易得罪人。（0 分）

B. 为了不令人听了不悦，偶尔会说善意的谎言。（1 分）

C. 有话直说。（2 分）

（5）你将女朋友（男朋友）介绍给好友认识，见面后，女朋友（男朋友）说凭直觉你的好友不喜欢她（他）。事实上，好友的确通过手机微信告诉你对她（他）没有好感。你会如何回应？

A. “我也觉得，你没见到刚才你说笑时，他那副不以为然的样子吗？”（2 分）

B. “别傻了。他只是对陌生人比较慢热吧。”（1 分）

C. “不哦，我觉得他喜欢你。”（0 分）

（6）一位有业务往来的客户向你表示好感，并问你要家中电话，你会：

A. 当面跟他说你对他无感觉。（2 分）

B. 把电话号码给他，但心里却希望他别打来。（0 分）

C. 跟他说他虽然不错，不过你是从来不跟业务上认识的异性约会的。（1 分）

（7）请完成下列句子：若真相会给他人造成伤害，……

A. 那也没办法。（2 分）

B. 那就不说出来。（0 分）

C. 把话说得好听一点。（1 分）

（8）热爱音乐的他，为你弹奏一曲，你听了觉得他不是搞音乐的料。当他询问你意见时，你说：

A. “这不是我喜欢的音乐，低音部分很重。”（1 分）

B. “很好！你有资格灌录唱片。”（0 分）

C. “亲爱的，你千万别辞了正式工作来做音乐哦。”（2 分）

（9）上司听说有人对公司不满，于是向你打听消息的真实性，你如何响应？

A. “有谁会想离开公司啊？”（0 分）

B. “最近是有人频频地谈论一些事情，他们还想去找上层领导。”（2 分）

C. “我不太清楚，不过，的确有同事不满意新的管理层。”（1 分）

（10）假设你是一名时装店售货员，遇上一位有大肚腩的顾客，你会说：

A. “用皮带束紧一点就行了。”（0 分）

B. “很好看，不过，你或者该将裤头拉低一点？”（1 分）

C. “我们没有你的尺寸。”（2 分）

结果分析：

16 分或以上

你以为有话直说是好事，但事实上，这可能会伤害别人。如果你说话用一些技巧，能多顾及别人的感受，人家才会觉得你的话听着入耳。你必须分清楚直率和鲁莽是两回事。不妨易地而处想一想，若别人以同样方式对你，你将有何感受？如何控制这份直肠直肚的个性？你必须试图说服自己，没将真相道出，并不代表你不诚实，你这么做只是在帮人而已。例如，朋友问你“我的裙子好看吗?”若她的打扮明明并不怎么样，可以这样回答。“很好呀！不过我还是觉得你那套红色套装的剪裁好一点。”这句话就很有技巧地把应说的话说了出来，但又不会令人难受。这样人们才不会被你“口没遮拦”地说话吓坏。

8 ~ 15 分

你很圆滑，是外交高手，直率却不招人讨厌，说话不会叫人听了难受，所以，大家事无大小都爱向你讨教意见。你何以如此懂得说话的技巧？可能是因为你聪明、明白事理、懂得为他人设想，知道怎样说话才不会伤人。你既诚实又敏锐，说话的分寸拿捏得很准，坦白而善解人意，是个人见人爱的人。

7 分或以下

你十分害怕说实话会给人留下不好的印象，所以为了赢得他人的欢心，你经常说些无伤大雅的谎言。你渴望全世界的人都是你的朋友，所以常会想办法说些你以为别人爱听的话，哪晓得到头来却害了自己。没有人会跟你交心，因为你经常掩饰自己的真实感受和想法。不要再虚伪了，否则就没有人再理会你。警惕自己不准再撒谎，每天记下自己说谎的次数，这样你就能看清自己有多“虚伪”。不妨奖励一下老实的自己，一周说谎不超过三次就给自己买份礼物，以此慢慢戒掉撒谎的习惯。诚实才会受他人尊重，得人欢心。

2. 二十分钟即兴说话训练。

（1）走到街边见到什么说什么，如见到一位老大妈提着篮子走过来，你立刻可以说我现在瞧见一位老大妈走来，她穿着什么样的衣服，走路的姿势怎么样，还有她的高矮胖瘦、外貌特征以及心理等。

（2）先指定没有联系的 A 物和 B 物，然后尽量拖时间从 A 物谈到 B 物，其中可以编故事、说道理，保证说话不能间断和犹豫。

3. 每天一个主题说话训练。

（1）每天复述一篇新闻，注意新闻的时间、地点、人物、起因、经过、结果，并且表达一下自己的观点。

(2) 每天复述一下自己的经历与收获，或者是谈谈心情，注意使用合适的形容词，力求语言的流畅。

4. 如何完成以下拒绝他人的任务，写出拒绝词。

(1) 如何拒绝领导，如他要求你去陪别人喝酒？

(2) 如何拒绝朋友，如你不喜欢唱歌，他却拉你去唱歌？

(3) 如何拒绝别人借钱？

(4) 如何拒绝异性的好感表达？

(5) 朋友请你帮忙写一个演讲稿，但你没有时间，如何拒绝？

(6) 某人在公开场合，打听你的年龄、性格、爱好，你又不想说出来，如何拒绝呢？

(7) 你的一个朋友谈恋爱不成功想跳河最后被救下，几个记者想来采访，你如何帮助朋友拒绝？

5. 如何说服他人，写出说服词。

(1) 如果你是一个在校学生，如何说服父母，让自己参加“中国年轻人梦”才艺比赛？

(2) 如何说服别人对保险产品感兴趣？

(3) 如何说服孩子放弃网络游戏的爱好？

(4) 如何说服朋友戒烟？

(5) 如果你的朋友因为他的上司对他不好，就要离开一个前途比较好的公司，你如何说服他？

(6) 母亲过于关注孩子，经常想看孩子的日记。如果你是这个孩子，如何说服她？

(7) 有几位游客在旅游区抽烟，你也是一个游客，如何说服他们？

(8) 一位学生，因为母亲去世，突然看破红尘，作为班主任，你如何说服他？

6. 阅读以下案例，业务员小刘的人际交往语言使用了什么技巧从而能够成功？

业务员小刘接到一个客户，要求做内部刊物，第一次合作，完成了设计稿，交给客户，没有通过，没有通过的原因，竟然是字的行间距、字间距、版面布局不合规矩。在听完了客户用训小学生的口气指出设计稿中的不足之后，小刘很快拿出了第二套方案，客户再次指出小刘设计稿中目录部分的设计偏下了，整体位置要向上提升5毫米，重新设计。第三套方案，小刘检查了每个细节，自认无误后，再次提交给客户，这次，设计上没有问题了，但客户提出了另一个小刘没有想到的问题：由于装订的原因，第二面和第三面的最下面一排相差3毫米！客户再次以语重心长的口吻教导小刘：“细节决定成败。”在第四次的方案中，客户终于勉强点头同意。在接下来的第二期编撰中，同样也是三易设计稿，原因也是细节上的问题。小刘无意对客户说了一句：“您工作很认真负责。”打开了客户的话匣子。

第四次设计稿，连自己公司的领导都非常欣赏，当小刘拿着第四次的设计稿给客户送过去时，小刘同时将领导的话传给客户听，客户竟然高兴得手舞足蹈，这时，客户没有对设计稿提出任何意见，直接通过。

小刘渐渐地悟得了人际交往中的一个语言技巧，是什么呢？

7. 结合以下案例，谈谈道歉的时机与道歉的语言特点，这位服务员为什么得到了谅解？

几位客人来玉凰山庄的中餐厅吃夜宵。他们点了六个菜和一盘花卷。过了好一会儿，实习生小田取了啤酒刚要存到冷库去时，客人中的一位先生叫住了小田：“服务员，为什么我们的菜这么半天还没上？就吃这盘花生米，我们还不得饿死呀！”小田忙走过来一看，桌上孤零零地只摆着一盘儿花生米，立即开口说道：“对不起，先生，请——”这句话还没说完，客人就接上说：“别说‘对不起’了！我们已经‘稍等’了很长时间了，快点儿上菜吧！”

小田不好意思地住了口，心想，这种情况下，如再多解释，客人会更觉得你很烦人，所以立即到后厨催厨师先给上这几个菜。很快，客人的菜炒好了，小田立即将菜端上。这时小田向这几位客人道歉：“耽误您的时间了，很抱歉！我是实习生，服务还很差，没能及时给您催菜，请您原谅！”客人见服务员满脸真诚，又跑前跑后忙着催来了菜，气也就消了，说道：“我们刚才火气大了点，您别在意，以后上菜快点儿就行了。”

第九章　办公室职场口才

一、办公室语言的特点

我们在日常生活中，都喜欢比较“耿直”的性格，有什么说什么，不掩饰自己。但在商务活动中，“耿直”的性格却未必受到欢迎，反而是那些会体察人情、说话留有余地、拐弯抹角些的交流方式更有利于人际往来的融洽。

办公室商务谈话

心理学家认为，直率是人性的一部分，特别是天真的孩子，说话更加直率。但人们喜欢天真的孩子，却不喜欢天真的成年人，人们要求成年人是世故的。虽然“直言直语”是人性中一种很可爱、很值得大家珍惜的特质。因为这种“直言直语”的人不虚伪做作，这样才能让是非得以分明，让美和丑得以分明，让人的优缺点得以分明。但是在人类社会中，“直言直语”却是有这种性格的人的致命伤。

喜欢“直言直语”的人，往往只顾自己一时的口头之快，表达了自我，但是没有考虑旁人的立场、观点、性格。即使他们说的话有一定的道理，并且就事论事、直指人心，但对方往往会因为这类人的气势和直言而感到不快。“直言直语”不论是对人或对事，都会让人受不了，于是人际关系就出现了问题。别人宁可离你远远的，免得一不小心就要承受你的“直言直语”；不能离你远远的人，那就想办法把你赶得远远的，眼不见为净，耳不听为静。

喜欢“直言直语”的人一般都具有“正义倾向”的性格，对社会与人群中不公平的事件能够仗义执言，其言语的爆发力及杀伤力也很强，所以有时候这种人也会成为别人利用的对象，利用其去揭发某事的不法，去攻击某人的不公。不管成效如何，这种人总要成为牺牲品：成效好，鼓动你的人坐享战果，你分享不到多少；成效不好，你必将成为别人的眼中钉，是排名第一的报复对象。

所以，在人性丛林里，“直言直语”是一把伤人又伤己的双刃剑。有这种“直言直语”个性的人应深思，并且建立两个观念：

一是在评论他人的时候，少直言指陈他人处事的不当，或纠正他人性格上的弱点，最好是婉转地表达自己的看法。比如，“我觉得他这么做是个很大的错误”不如“可能这个决定对我们的未来会带来部分消极的影响”来得婉转。对他人的责怪，其实并不能使他人改变自己的决定，反而使他人感到你是专门与他作对的人，心胸小的人会怀恨在心。

绝大部分的人都好面子，说话“绕弯子”的人会体察现场的气氛，对方的情绪，是否适合直抒胸臆，有些意见点到为止，或者暂时搁置一下，甚至干脆等对方自醒自悟也未尝不可，不必立马分出高低。

二是在评论某个事件的时候，多考虑自己的评论能否起到一定的作用。如果只是发一顿牢骚，事实已经无法改变的时候，还不如不说。在事件的危害已经显现出来的时候，更不要说：“这样的结果我早就预感到了，我当初就认为……”这样会让所有的人反感。记住，如果事件在征求意见时，可以多多发表自己的观点，在已经决定后，就尽量少发表观点。

二、领导与员工谈话的技巧

如果领导与员工谈话，一定要注意，忌高高在上的指导心态。首先领导要从员工的利益出发，尽自己最大的可能给员工最大的利益，这是员工最希望的谈话角度。只要决定和员工谈话，都要一视同仁，不可厚此薄彼，更不能按自己的好恶事先定性某个员工。要和员工换位思考，这样领导就会发现，站的角度不同，了解的情况不同，认识事情的出发点不同，得出的结论自然就不同。

在谈话过程中，领导要多倾听、多了解，自然就会知道员工的真实想法。即便员工谈到了让领导不愉快的内容，领导也不要有任何的不耐烦，保持冷静，更不能着急、冲动，和员工争论。员工的理解自然会有他的原因，弄清楚背后真正的原因才是最主要的，这样也就更能找到解决问题的方法。所以，领导不要计较员工的口气轻重和是否合理。领导在和员工谈话时，要尽量避开办公室，选择一个轻松的环境、一个容易让员工打开心扉的环境，如厂区的小路上、咖啡厅、小酒馆等。

在谈话结束时，领导要愉快地征求员工的意见，问聊天是否可以结束。这样能显示出领导的谦卑和谈话双方之间的平等。结束时领导要注意两点：一是在行为上有某些动作，如握手、拍肩等。二是给员工期望或者动力的话语，如“很多问题都能解决，放心工作!”“辛苦了!”“好好干吧!”等等。

三、员工向领导汇报的技巧

员工在向领导汇报工作的过程中，能得到领导的及时指导，并能够与领导建立起牢固的信任关系。搞好工作汇报，对于促进和加强单位建设，锻炼和提高自己，都具有直接的促进作用。通常情况下，汇报情况及时，上级指导就及时；汇报情况详细，上级指导就具体；汇报情况准确，上级指导就更有针对性。

员工向上级汇报工作，应该实事求是地评估已做过的工作，恰如其分地估价取得的成绩，认真准确地查找存在的问题，周密地思考如何解决这些问题，这样才能保持清醒的头脑。

工作汇报按内容可分为以下四种类型：

一是综合性汇报。例如，半年或年终工作总结，这种工作汇报包括单位全面建设的情况。主要应归纳要点，讲清楚全年或阶段内的工作思路，所做的主要工作，取得的主要成绩、主要的经验体会，以及存在的主要问题和今后的打算，等等。

二是专题性汇报。办完一件事情或干完一项工作后，就这一件事、一项工作所做的汇报，或者是领导要求就某个工作进行的专题汇报。这种汇报，要求主题明确，内容单一，不涉及其他内容，主要包括工作的进展情况、特点、收获提高、存在的问题等。工作的过程要反映清楚，特点要鲜明。就领导询问的重点，要一一说明。

三是随机性汇报。这是指在上级领导到本单位视察期间，在陪同领导散步、聊天过程中作的汇报。这种汇报与专门安排的汇报相比，没有预定的内容，没有限定的时间，没有固定的地点。通常情况下，应汇报上级比较关注的问题和本单位急需上级掌握的情况。

要做好工作汇报，需要对汇报的材料进行深入的思考，做到以下几点：

第一，汇报提纲要准备细致。能否汇报好，很重要的是看准备得充分不充分。在占有大量素材的基础上，要开动脑筋，把掌握的情况进行综合整理、分类归纳、提炼升华。把孤立的事例用主线串起来；从工作过程的表象中提炼出思想和经验体会来；在时间条件允许的情况下，对一些重要工作和综合情况的汇报，最好能写出汇报稿；如果时间不够充足，也要列出详细汇报提纲，把主要观点和内容、典型事例、有关数据、经验体会等一一标出来；如果来不及准备汇报提纲时，也要静下心来，认真打好腹稿。

第二，把握好汇报的重点。要汇报好工作，首先要了解领导的意图。要做到这一点，既要靠汇报前的认真准备，也要靠汇报过程中的见机调整。通常情况下，领导对他比较关注的问题，听得认真，记得仔细，问得具体。遇到这种情况，作为汇报人，就要在原来准备的基础上，加以发挥，把问题尽量讲得详细。属于领导已经掌握了的内容或与本次汇报关系不大的内容，一般引不起领导的兴趣，其表现是听起来精力不那么集中，问的话少、记录也少。这种情况下，作为汇报人就要尽量从简说起，必要时可以不讲这方面的内容。

第三，为了增强汇报的效果，必要时或有条件时，可以采取一些配合形式。常用的有以下几种：①图表讲解。在口头汇报的基础上，再看一看图表和有关数字统计，领导会记得更清楚。②实物检验。通过检验实物，令领导更加信服。③实地参观。通过参观，加深领导的印象。

下面是一则工作汇报范文：

小学新学期工作亮点汇报

今春开学以来，我校根据××县教育局精神，紧紧围绕“为每一个孩子积蓄成长的力量”的办学宗旨，全面推进阳光儿童教育实践，提升学校内涵发展水平。我校新学期教育工作迈出新步伐，呈现新气象，教育事业和谐发展。

亮点一：结合“阳光儿童教育”理念，加强顶层设计。我校围绕“阳光儿童教育”理念，从“以阳光教育为指导，确立阳光天宁的办学思想”“以四板块（阳光环境、阳光教师、阳光学生、阳光家庭和社区）为重点，构建‘阳光德育’模式的实践与研究”“以提升学习力为核心，构建充满生命活力的阳光课堂和课程”“以一品三特为载体，打造充满生命活力的校园生活”四个方面探索和确立学校阳光儿童教育思想和具体的实践体系。学期初，根据新一轮特色学校建设方案，以“学生发展有特长，教师教学有特色”为创建思路，围绕阳光儿童教育，加强特色学校顶层设计，形成特色文化创建。

亮点二：完善阳光制度，管理工作创新局面。学校把握阳光天宁的办学思想，坚持构建和谐、人文的校园，让多彩的校园处处体现教育。学校构建了校长负责制下的精细化管理模式，学校管理努力在“细”字上下功夫，在“实”字上求效果。完善学校各项管理制度并组织教师学习法规、制度，确保各项制度的有效执行，保持学校严谨、细致的管理常态，提高学校各部门的管理效能。突出人本管理，倡导人性化管理，融情于各种活动中，在活动中增强教师的凝聚力和向心力。

亮点三：实施阳光德育，培养有品性的阳光学子。学校德育以阳光儿童教育理念为指导，全面实施阳光德育，培养健康智慧的阳光儿童；使阳光德育逐步成为学校的特色与品牌。新学期，学校加强品性和习惯教育的整合研究，以品性教育为载体，并整合细化习惯教育内容，逐步形成我校阳光德育系列，有效地改变孩子的行为，让我们的孩子成为讲文明、有品位的阳光学子。

亮点四：落实“教（科）研润教”，构建阳光课堂和课程。本学期，我校以抓常规教学为基本，以抓教（科）研为依托，以品牌教研组建设为载体，以学科备课研讨为纽带，以研究课堂教学为突破口，从细从实落实教学常规，加强过程管理，实现向管理要质量，向课堂要效益，向研究要人才的目标……

亮点五：加强学校安全工作，促进学生健康成长。学校把安全工作放在首位来抓，牢固树立安全第一的意识，安全工作重于泰山，在开学工作安排会以后，我校就组织了后勤处和办公室对学校内外的安全隐患进行彻底排查。对学校的电线电路，学生学习、生活设施进行了认真的检查，有问题及时进行整改。全体教师签订安全责任书，提高教师的安全意识，落实安全责任。向班主任发放安全教育宣传资料，要求开学的第一堂课就是安全教育课，开学的第一周为安全教育周，教育学生注意交通安全、卫生安全、消防安全等。特别是春季传染病的预防教育。我校在开学第一天就下发《给家长的一封信》，向家长和学生提出了有关安全的注意事项。第三天下发春季防传染病知识告家长书，特别是“诺如”病毒的防控，让家长与学校联合起来抓好对学生的安全教育和管理工作。

春天是希望的季节，阳光明媚，充满生机。我校新一轮特色学校建设正迎着春天，围绕阳光儿童教育，加强特色学校顶层设计，推进“阳光儿童教育”实践，开创新学期工作亮点，为创建学校特色品牌而不懈努力。

工作汇报中要注意避免一些口头表达的问题：

一是“散”。汇报的主题应该突出，不要一次汇报多个问题，最好专事专议。在汇报的主题上，也要重点突出，不要面面俱到。例如，学校教学楼建设资金出现问题，向教委领导汇报时就谈资金问题，不要同时又汇报设计问题等。

二是“乱”。汇报人没有主题与重点，想到哪讲到哪，往往这个问题没讲完，又讲到那个问题上，甚至滔滔不绝地讲了半天，自己也说不清楚讲了些什么。

三是“空”。不以事实说话，不以数据说明，没有紧紧把握住本单位的特点，而是大话、套话、官话、空话连篇。

四是“浅”。没有深入地分析，对工作过程缺乏典型事例分析和提炼，没有就事论事。

五是“假”。不是实事求是地反映情况，客观公正地评价工作，而是有意拔高、掺水分甚至把点上的成绩说成是面上的工作，把工作设想说成是已做过的工作，等等。

四、办公室语言的“禁区”

办公室里的关系，除领导与员工之间的关系外，还有同事与同事之间的关系。同事之间是一种微妙的关系，表面上大家相处融洽，但是如果不是亲密的朋友，就需要保持一定的距离，语言上有“禁区”存在。

话题一，家庭财产类。如果有人在办公室里炫耀刚买了别墅或利用假期去欧洲玩了一趟，可能会引起别人内心的不满，同是一样的工作岗位，凭什么有的人就好像比别人更有钱？所以，有些快乐分享的圈子越小越好。被人妒忌并不好，容易招人算计。

在办公室，无论露富还是哭穷，都显得做作，与其讨人嫌，不如知趣一点，不该说的话不说。

话题二，薪水问题。很多公司不喜欢职员之间打听薪水，因为同事之间的工资往往有不小差别，所以发薪时老板有意单线联系，不公开数额，并叮嘱不让他人知道。

同工不同酬是老板常用的手段，用好了，是奖优罚劣的一大法宝，但它是把双刃剑，用不好，就容易引发员工之间的矛盾，而且最终会掉转刀口朝上，矛头直指老板，这当然是老板所不想见到的。

如果在办公室碰上有同事打听薪水，你要尽早打断他，把话题引到别的地方去，如果他提出来并一再地追问，可以模糊地表达：“有的时候多点，有的时候少些。大家都是这样。”

话题三，私人生活。有的人比较单纯，表情掩藏不住自己的经历。例如，一个经历了失恋的年轻人，如果把情绪带到工作中来，把自己的故事说给办公室的人听，聊天的时候说起来只图痛快，不看对象，事后往往懊悔不迭。

如果你曾告诉她自己老公跟别人好了，她这时候就有说头：“连老公都不能搞定的人，公司的事情怎么放心交给她？”职场上风云变幻，环境险恶，要有一定的防人之心，把自己的私人领域圈起来当成办公室话题的“禁区”，轻易不让工作领域的人涉足，这也是竞争压力下的一种自我保护。

办公室不要聊他人的私人问题，也不要议论公司里的是非短长。参与议论他人，说不定很快自己也成为他人议论的对象。

话题四，野心勃勃的话。由于中国人大多欣赏低调的个性，所以不要在办公室里大谈人生理想，雄心壮志，这些话可以回去和家人、朋友说。在公司里，要是你没事整天念叨“我要当老板，自己置办产业”，很容易被老板当成敌人，或被同事看作异己。如果你说“在公司我的水平至少够副总”或者“35岁时我必须干到部门经理”，那很容易把自己放在同事的对立面上。

做人要低姿态一点，这是自我保护的好方法。人的价值体现在做多少事上，在该表现时表现，不该表现时就算韬晦一点也没什么不好，能人是能在做大事上，而不是能在大话上。

话题五，议论上司的话。有些人喜欢八卦别人，包括穿着、心情等，但是在办公室议论上司，会让同事不好接话。在午休时或是在闲暇时与同事聊天，不注意说了关于上司和公司的坏话，说不定会被传到上司的耳中，对自己会很不利。这种事在现实生活中确实不少。

同事之间的相处要把握好尺度，不要全部交心，即使是关系非常要好的同事，相互说一些有关上司的坏话，也是不明智的行为。同事之间应该是相互勉励、相互促进的关系。

思考与练习

1. 阅读以下案例，领导马林对员工小刘的语言，以及员工小刘对领导马林的语言，在表达上出现了什么样的问题？

小刘刚办完一个业务回到公司，就被主管马林叫到了他的办公室。

“小刘啊，今天业务办得顺利吗？”

“非常顺利，马主管，”小刘兴奋地说，“我花了很多时间向客户解释我们公司产品的性能，让他们了解到我们的产品是最合适他们使用的，并且在别家再也拿不到这么合理的价钱了，因此很顺利就把公司的机器，推销出去一百台。”

“不错，”马林赞许地说，“但是，你完全了解客户的情况了吗，会不会出现反复的情况呢？你知道我们部的业绩是和推销出的产品数量密切相关，如果他们再把货退回来，对于我们的士气打击会很大，你对于那家公司的情况完全调查清楚了吗？”

“调查清楚了呀，”小刘兴奋的表情消失了，取而代之的是失望的表情，“我是先在网上了解到他们需要供货的消息，又向朋友了解了他们公司的情况，然后才打电话到他们公司去联系的，而且我是通过你批准才出去的呀！”

“别激动嘛，小刘，”马林讪讪地说，“我只是出于对你的关心才多问几句的。”

“关心？”小刘不满道，“你是对我不放心吧！”

2. 阅读以下案例，吴经理的语言表达有什么问题？他的错误在哪里？

吴经理以前是某跨国公司的职业经理人，负责南大区的运作，职位已经很高了，但总感觉到有“玻璃天花板”，才能没有充分发挥，很苦恼。正好有个机会结识了民营企业家张先生，被重金聘为销售部经理。

但刚上任三个月，销售代表小李被客户投诉贪污返利，审计部去查，果真如此，返利单据上面还有吴经理的签名。这件事，惹得总经理很是光火，于是他亲自到销售部质问此事。

“我不知道你是怎么当经理的，”张总对吴经理说，“你手下的销售代表，竟然胆敢贪污客户的返利，这么长时间了，你居然不知道？要等到客户投诉到我这里才知道，唉，也不知道你是怎么做管理的。”

“我也知道了这件事，”吴经理辩解道，“按照流程，小李是把返利单报到我的助理那里，她审一下，整理好，给我签字，我的工作也多，可能没有看清楚。”

“是没有看清楚那么简单吗？你的工作比我多吗？”张总怀疑地看着吴经理。

吴经理无奈地说道：“是我工作的疏忽，回头我会和助理商量改进工作流程，并要求公司处理她，也请处理我。”

“处理助理能补回公司的损失吗？这件事应该负全责的是你！”张总对于吴经理这种模糊的态度很气愤。

“是这样的，”吴经理继续辩解道，“张总，你也知道我刚来，销售部很多关系还没有理顺，我们都知道，这个助理很能干，在工作上是一把好手。但她和我的关系，我感觉总存在问题，没有理得很顺，甚至有时，我要顺着她的意思来签署一些文件。毕竟我是新来的，要有适应的阶段，我保证今后，这样的事情，一定不会发生了，你再给我一次机会吧。”

“本来我过来，是来了解一下事情的原因，并不是要处理你的，”张总说道，“不过现在得考虑一下你的去留问题了。”

3. 以下各种话题，有哪些是不适合在办公室同事之间谈论的，为什么？

话题1：办公室小王生了个儿子

话题2：单位可能要给涨工资了

话题3：昨天老板喝酒时，拉了一下小丽的手

话题4：国家要新出台一个刺激经济发展的政策

话题5：街上哪家小面馆最好吃

话题6：今年公司谁的销售工作做得最好

话题7：某个明星出丑闻了

话题8：单位上某人可能喜欢某个人

话题9：童年的经历

话题10：关于未来的想象

4. 假设你是县委工作人员，为了做好新来大学生在县委就业的工作，做了一系列的迎

新安排，将完成后的工作做一个汇报。

工作要点包括：

(1) 邀请了县委党校资深讲师、经验丰富的乡镇党委书记和往届优秀大学生村官代表，将党的十八大精神、省州县党代会精神、社会创新管理和如何加强对大学生“村官”的管理、培养、指导，如何当好“村官”，做好农村工作等作为重点，以现场讲授、提问回答、座谈交流、现身说法等方式，全面讲解。

(2) 带领新来的大学生深入基层，了解、调研农村生活现状，了解老百姓生活疾苦。

第十章　营销口才

一、激发客户兴趣的口才

营销口才

我们常常看到人们在逛商场遇到热情的销售人员时，顾客往往都生硬地回答一句：“我随便看看。”是的，如果客户还没有对产品产生兴趣，热情的营销会引起客户的反感。事实上，产品面前有明确购买欲望的人连10%都不到，但是却有50%的人可能会被激发起购买的欲望。

营销人员不要预设每一个人都可能会有购买的想法，但是一些语言的技巧，可以拉近彼此之间的距离，如果顾客的购买兴趣被激发后，就会对产品进行考虑。对于客户来讲，他们最关心的是产品或服务能为自己带来什么利益，能带来多大的利益？也就是说，一个产品或服务只要能解决他们生活、生产或工作学习中的困难，能为其带来实实在在的利益，就能促使其下定决心购买。从这个角度来讲，销售人员在向客户推销产品的时候，一定要让对方感到“你是来帮他的，而不是来单纯地推销什么的”，否则，就很难取得对方的信任。

激发客户兴趣在语言上可采用以下策略。

（一）用通俗易懂、简洁的话来介绍

通俗易懂、简洁的话最容易给大众留下深刻的印象。所以，你在语言使用上要多用通俗化的语句，要让自己的客户听得懂。销售人员对产品特点的介绍必须简单明了，表达方式必须直截了当。如果表达不清楚，语言不明白，就可能会产生沟通障碍，就会影响成交。例如，“这台冰箱是最节能的”或者“（这条裙子）红色是今年最流行的颜色”“（房子）我们高层采用的洋房的绿化”等。

用通俗易懂、简洁的话介绍产品最生动的特点，可以试探顾客的购买意向。如果开头的语言过于啰唆，如“我们的房子采用了大空间、多变户型的结构，并且我们这几天有一定的优惠，我们的绿化也是做得好的，我们还有一些教育的配套。”这样的语言，会让顾客把握不住重点。

（二）用讲故事的方式来介绍

大家都喜欢听故事，如果用讲故事的方法来介绍自己的产品，就能够收到很好的效果。

在一家商场里，顾客对海尔的销售人员说：“你们的质量有保障吗？”这位销售人员倒没有说那么多，只是讲起了海尔的总裁张瑞敏上任时砸冰箱的故事，一个故事讲得顾客立刻对海尔冰箱的质量肃然起敬了。

任何商品都有其有趣的话题，如它的发明、生产过程、产品带给顾客的好处等。销售人员可以挑选生动、有趣的部分，把它们串成一个令人喝彩的动人故事，作为销售的有效方法。销售大师保罗·梅耶说："用这种方法，你就能迎合顾客、吸引顾客的注意，使顾客产生信心和兴趣，进而毫无困难地达到销售的目的。"

（三）用幽默的语言来讲解

每一个人都喜欢和幽默风趣的人打交道，而不愿和一个死气沉沉的人待在一起，所以一个幽默的销售人员更容易得到人们的认可。

比如，有两个销售保险的销售人员，他们属于不同的两家公司。有一次，顾客在做咨询的时候，对保险公司的办事效率持怀疑态度。这时 A 公司的业务员说他的保险公司十有八九是在意外发生的当天就把支票送到投保人的手中。而 B 公司的业务员却说："那算什么！我的一位客户不小心从楼上摔下来，还没有落地的时候，我已经把赔付的支票交到了他的手上。"

（四）用积极的情绪去影响客户

如果客户走进店面，面对的是一个没有精神、懒散的人，客户会马上转身离去。相反，一个情绪积极、在客户面前热情周到的人，会让客户有一种受尊敬的感觉，从而会产生一定的购买选择。所以，对于销售人员来说，积极的情绪甚至是有点兴奋的状态，都可以影响到客户，而微笑是销售人员必备的素质。

微笑是一种人见人爱的表情，它给人留下的是宽厚、谦和、亲切的印象，表达出的是对客户的理解、关怀和尊重。所以，销售人员要永远谨记：你虽然无法控制你的长相，但你能控制你的笑容；当面对客户时，请将个人情绪锁在心里，露出微笑。

在底特律的哥堡大厅曾经举行过一个巨大的汽艇展示。这座会议中心经常举办各种汽车展示。在这次展示中，人们蜂拥而来参观，并且选购各种海上船只，从小帆船到豪华的巡洋舰都包括在内。在这场展示中，有一位来自中东某个产油区的富翁，他停在一艘陈列的大船前面，面向那里的一位推销员，这位推销员脸上缺少的东西就是微笑。这位石油国富翁看着那位推销员，看着他没有微笑的脸，然后走开了。他继续走到下一艘陈列的船，这回他受到了一个年轻的推销员很热忱的招呼。这位推销员脸上挂满了欢迎的微笑，那微笑就跟沙特阿拉伯的太阳一样灿烂。由于他最贵重的礼物——微笑，使这位富翁感到了宾至如归的轻松和自在。

富翁说："我要买价值 2 000 万元的船只。""没问题！"这第二个推销员说，仍然微笑着，"我会为您展示我们的系列。"他只这样做，但他已经推销了他自己。他已经在推销任何东西以前，先把世界上最伟大的产品推销出去了。

二、取得客户认同的口才

营销产品或者营销自己的理念，都是现代社会常见的交往方式，甚至向别人推荐自己，也是一种自我的营销。营销需要产品本身的可靠性、新颖性，也需要营销者语言上的口才。特别是在一个产品过剩的时代，人们可选择的产品过多，如何让别人选择自己，需要特别的口才技巧。

销售中的语言，根据销售的形式可分为当众演讲、演示说明和面谈陈述三种，前两种主要依靠专业的演示技能与相关人员、部门配合，而第三种目前是应用最为广泛的一种销售说明形式。简单地说，销售就是用完整的一段话向客户介绍自己、介绍自己的产品，配合专业形象、销售技巧与产品展示、引导提问与客户达成交易。营销中的语言构思主要应用在方案建议和异议处理两个方面。

（一）方案建议

对于主动上门来的客户，客户愿意花时间与销售人员交谈，一定是客户对产品有了一定的兴趣，希望能给出建议和具体的指导。销售人员应该是非常熟悉产品的，首先，销售人员要表示出自己的热情，以及愿意为客户解决问题的出发点。其次，在此基础上，销售人员建立一个讲解建议的思路流程，一般的建议和方案说明流程是按现状概括、原因诊断、聚焦剖析、解决方案来进行的。

例如，在现状概括部分，最好的说明方式就是和客户保持一致，重复客户的原话，如“正如您刚才谈到的……”；进行概括总结而且要条理化，如按“第一……第二……第三……”的句型说明；在原因诊断方面，你应该展现出你个人的专业或权威感，通常可用“某某权威机构调查表明”或“根据我个人经验而言，这种现象的产生主要是由于……”等句型；在聚焦剖析阶段，应将问题分类、深化，最后总结症状，如“总之，您目前面临最大的问题是如何在控制成本的情况下买一台节能空调”；在解决方案阶段，对于竞争对手较多的产品，可利用比较说明的方法来强调自身的优势，在空白纸上，左列标明自己的产品，右列标明对手的产品，客观地说明产品。世界上没有完美的产品，只有最适合客户的产品。然后横向比较各个功能指标，特别是在书面写下这些总结性信息时，能让客户感觉到你是代表他把评估写在纸上。让他自己看到哪些地方好，哪些地方不好，这种情形可以让他感觉到你讲得有道理。让客户做选择题，比给客户做是非题效果更好。比如，将自己的空调与另一厂家空调的数据做一个分析表，让客户清晰地明白自己的产品特长。对于一般性的产品，使用利益陈述法来打动客户，找出隐藏在产品特征、优势背后的利益，企业客户关心的无非是你的产品能否给他提高收入、降低成本或提高效率，如果你进一步利用产品的特征和优势说明你是如何让客户的以上利益得到满足的，获得订单的概率就会大增。

（二）异议处理

销售对话之中，客户总会故意提出一些反对意见来表明自己不愿意马上成交的立场。有的时候客户是故意“虚晃一枪”，有的时候是客户的确有一定的意见。对于客户的异议处理，大致分为如下几个部分。

1. 认同

不管客户说了什么话，我们都要服务态度良好，肯定他所说的有一定道理。所以，处理异议的第一步就是要学会认同，常用的认同说明语有“那很好”“那没关系”“你说得很有道理”“您这个问题提得很好”等。比如下面这个案例，家具公司的销售员在听到客户对家具的评价时，并没有否定客户的评价，而是将这个评价巧妙地转化为对家具的优点的说明。

家具公司的销售员周周向一对夫妻推销一套家具，太太发现家具的花色很漂亮，立刻就被吸引住了，她很兴奋地对丈夫说：“你看，这套家具多漂亮！”

当周周走向他们的时候，他们又在讨论，觉得家具的尺寸有点小，周周并没有否定他们的看法：“是啊，这套家具是有点偏小，但是，这套家具最大的特点就在于它的精致，漂亮的花色加上复杂的线条，放在房间里很能提升品位，再加上一些绿色植物的搭配，就很好地体现出欧式的精美风格。”

后来，太太又说这套家具的木质底板比较薄，周周说：“这套家具的设计，顶部、承重部分的木板是比较厚的了，它的结构已经是一种比较好的力学支撑了。而且，有的地方正是由于要做一定的花纹设计，所以有的地方选用的木质是与雕花的要求相适应的。我们很难找到十全十美的产品，虽然这套产品为了体现出优美的外形，在结构上做了一定的让步，但是总体来看，它漂亮的外表，放在家里显得多么华丽。”最后这位太太花了 1.5 万元买了这套家具。

2. 忽视异议，给予建议

客户的异议有真正的异议，也有借口性的异议，客户有时不过是为了炫耀自己的学识，对付这类客户，通常可用忽视的方法。所谓“忽视”，顾名思义，就是当客户提出一些反对意见，并不是真的想要获得解决或讨论时，这些意见和眼前的交易扯不上直接的关系，您只要面带笑容地同意他，表示认同与赞美即可，如“您真幽默！”“嗯！真是高见！”或“这个问题我们以后再谈，是这样的……”，接着说下去。客户在以后不再提起，你也不用旧事重提。

3. 举例证实说明

利用真实例证进行说明，更加具有说服力。销售技巧与口才中的“第三方”并不仅仅指的是老客户或产品使用者，还包括权威的行业分析报告、数据统计等。当有客户怀疑你所说的真实性时，一般可使用“……感觉，……觉得，……后来”的说明句型，如“陈先生，我非常理解您现在的感觉，我有个客户张先生，当他遇到这种情况时，他一开始也是这样觉得的，后来经过一段时间的使用……”或“根据权威流量统计报告显示……”等。

4. 补偿说明

如果客户提出具有事实依据的异议时，应该承认并欣然接受，并且主动提出给予客户一些补偿，让他取得心理的平衡。例如，客户：“这件衣服是最后打折了，但是你看衣服领子这里有一个洞。”销售人员：“您真是好眼力，这样，这个小洞在背面，也不影响外观，如果您还可以接受的话，我给领导请示一下，再给您打一个八折。”补偿法的作用在于能有效地弥补产品本身的弱点。

三、迅速签单的口才

做过销售的人都知道谈单的过程中要进行逼单，为什么要逼单？因为有的顾客性格上容易左右摇摆，容易想东想西。那么，如何用语言去促进客户果断地做决定呢？

（一）顾客说“我要考虑一下”

1. 直接法

观察顾客的情况，直截了当地向顾客提出疑问。例如，“××先生，说真的，像您这种追求品质的人，应该选择多花点钱，好好地把房子装修漂亮点，这样一住几十年，才不会后悔。”

2. 询问法

顾客对产品感兴趣，但可能是还没有弄清楚你的介绍（如某一细节），或者有难言之隐（如没有钱、没有决策权），不敢决策。所以要利用询问法将原因弄清楚，再对症下药，药到病除。例如，“先生，我刚才有哪里没有解释清楚的，您说您要考虑一下？”

3. 假设法

给客户一个假设，假设马上成交，顾客可以得到什么好处（感到快乐），如果不马上成交，有可能会失去一些到手的利益（感到痛苦），利用人的弱点迅速促成交易。如，“××先生，您一定是对我们的产品很感兴趣。假如您现在购买，可以获得××（外加礼品）。我们一个月才来一次（或才有一次促销活动），现在有许多人都想购买这种产品，如果您不及时决定，会……”

（二）顾客说“太贵了”

1. 拆散法

将产品的几个组成部件拆开来，按部分来解说，每一部分都不贵，合起来在同档次产品中也不算贵的。

2. 比较法

将市场同类产品进行比较，如市场××牌子的×元，这个产品比××牌子便宜多了，质量还比××牌子的好。

3. 平均法

将产品价格分摊到每月、每周、每天，平均到每一天就很低了。例如，保险产品的投资，平均下来，每天只花很少的钱，却可以一直买个放心。每天的少量投入就可获得这个产品，值！

（三）客户说“市场不景气”

1. 讨好法

例如，房地产的购买，客户会用整个地产业目前销售的状态低迷作为托词，销售人员应该承认目前市场的状态，然后，肯定客户目前买房是明智的，正买在市场的低点，自己从业多年，本次的优惠是力度最大的。

2. 化小法

景气是一个大的宏观环境变化，是单个人无法改变的，对每个人来说在短时间内还是按部就班，一切“照旧”。这样将事情淡化，将大事化小来处理，就会减少宏观环境对交易的影响，如“这些日子来有很多人谈到房地产市场不景气，但对我们公司来说，还没有什么大的影响，所以说不会影响您购买××产品的。”

3. 例证法

举前人的例子，举成功者的例子，举身边的例子，举一类人的群体共同行为的例子，举流行的例子，举领导的例子，举歌星偶像的例子，通过举例让顾客向往，产生冲动、马上购买。例如，××先生，××人××时间购买了这种产品，用后感觉怎么样（有什么评价，对他有什么改变）。今天，你有相同的机会，做出相同的决定，你愿意吗？

（四）客户说“能不能便宜一些”

1. 底牌法

这个价位是该产品目前在全国最低的价位，您要想再低一些，我们实在办不到。通过亮出底牌，让顾客觉得这种价格在情理之中，买得不亏。

2. 诚实法

在这个世界上很少有机会花很少钱买到最高品质的产品，这是一个真理，告诉顾客不要存有这种侥幸心理。如果您确实需要低价格的，我们这里没有，据我们了解其他地方也没有，但有稍贵一些的××产品，您可以看一下。

3. 得失法

销售人员要提醒客户，交易就是一种投资，单纯地以价格来进行购买决策是不全面的。光看价格，会忽略品质、服务、产品附加值等，这对购买者本身是个遗憾。

（五）客户说“别的地方更便宜”

1. 提醒法

提醒顾客市场上假货泛滥，不要贪图便宜而得不偿失。例如，“为了您的幸福，优品质高服务与价格两方面您会选哪一项呢？您愿意牺牲产品的品质只求便宜吗？如果买了假货怎么办？您愿意不要我们公司良好的售后服务吗？”

2. 转向法

不说自己的优势，转向客观公正地说出别的地方的弱势，并反复不停地说，摧毁顾客心理防线。例如，“我从未发现那家公司（别的地方的）可以以最低的价格提供最高品质的产品，又提供最优的售后服务。我××（亲戚或朋友）上周在他们那里买了××，没用几天就坏了，又没有人进行维修，找过去态度不好……”

3. 分析法

大部分的人在做购买决策的时候，通常会了解三方面的事：一是产品的品质，二是产品的价格，三是产品的售后服务。在这三方面轮换着进行分析，打消顾客心中的顾虑与疑问。

例如，“××先生，那可能是真的，毕竟每个人都想以最少的钱买最高品质的商品。但我们这里的服务好，可以帮忙进行……可以提供……您在别的地方购买，没有这么多服务项目，您还得自己花钱请人来做……这样又耽误您的时间，又没有节省钱，还是我们这里比较合适。”

（六）顾客说“没有预算”

1. 前瞻法

在给公司进行一些新产品的销售时，公司在认同产品的基础上，可以以没有预算作为借口。这时，销售人员可以将产品可以带来的巨大利益讲解给顾客听，催促顾客进行预算，促成购买。例如，“××先生，××产品能帮助您公司提升业绩并增加利润，您还是根据实际情况来调整预算吧！”

2. 攻心法

分析产品不仅可以给购买者本身带来好处，而且还可以给周围的人带来好处。购买产品可以得到上司、家人的喜欢与赞赏。此外，一些公司的竞争对手已经在使用，已产生什么效益，不购买将由领先变得落后。

思考与练习

1. 假如你是一个汽车品牌的营销人员，以下是产品的基本资料，根据这段资料，写一篇生动的解说词。

科鲁兹2013款掀背1.6L自动豪华型

指导价：13.39万元

优点：优惠后价格较低，配置合理。

缺点：无车身稳定控制系统。

科鲁兹作为雪佛兰品牌的一款主打紧凑型车，几乎可以说是家喻户晓了，年轻、运动化的外观造型是这款车的一大亮点，而本文推荐给大家的科鲁兹掀背车是在2013年9月推出的新车型，共3款，售价区间从11.59万～14.99万元。本文推荐给大家的是指导价为13.39万元的掀背1.6L自动豪华型，目前该车的市场优惠幅度大概在1万元。

科鲁兹掀背车在B柱之前的造型与三厢版并无明显差异，双层式的前进气格栅、棱角分明的大灯等这些经典元素全部得以保留，整车最大的亮点集中于B柱之后。车尾的线条比较丰富，上扬式的腰线与溜背式的车顶弧线勾勒出有别于传统两厢车的身材比例，令人印象深刻。

科鲁兹掀背车的中控台造型与三厢版一模一样，黑色+红棕色的内饰搭配让它显得比较有视觉吸引力，也符合当下的潮流。同时，值得一提的是，该车还装备了三辐式真皮多功能方向盘，无论是样式还是握感都比较令人满意。诸如天窗、自动大灯和行车电脑等配置在科鲁兹掀背车型上也都属于标准配置。

在动力方面，科鲁兹掀背 1.6L 自动豪华型装备的是 1.6L 自然吸气发动机，最大功率 121 HP/6 000 rpm，最大扭矩 155 N · m/4 000 rpm，与之搭配的是 6 速手自一体变速箱，其官方公布的 0 ~ 100 km/h 加速成绩为 13.2 s。悬架类型为前麦弗逊独立悬架 + 后扭力梁式非独立悬架。

2. 阅读以下案例，褚橙的营销思路为什么获得了巨大的成功？

把“褚橙”叫作“励志橙”，一点不为过。

褚时健曾经一手将玉溪卷烟厂这样的一个地方小厂打造成亚洲第一烟草企业，成为“红塔集团”，被称为“烟王”。自己曾经被判入狱；1995 年，他唯一的女儿因被怀疑收受贿赂而遭逮捕，并在狱中自杀。那一年的中秋节，褚时健一个人蜷缩在办公室，盖着一条毯子看着电视，悲凉至极。74 岁时，他被保外就医后，与妻子承包荒山开始种橙。

2002 年，褚时健租赁了当时已经破产的国有农场，种植冰糖橙。

褚老 75 岁开始种橙子，橙子挂果要 6 年，他当时已经 75 岁了。想象一下，一个 75 岁的老人，戴一个大墨镜，穿着破圆领衫，兴致勃勃地谈论橙子挂果是什么情景。虽然他境况不佳，但他作为企业家的胸怀呼之欲出。巴顿将军语：衡量一个人的成功标志，不是看他登到顶峰的高度，而是看他跌到低谷的反弹力！

当时褚老之所以选择与烟草毫不相干的橙子种植业，就是希望再次证明，没有了行政保护、垄断，凭借市场精神同样可以做出一番事业。让人感慨的不仅是褚老的生生不息的战斗精神，还有真正实业家的学习精神、钻研精神。

褚时健选这个地方种橙子，首先考虑自然环境，附近环境好，附近没有大烟厂的自然散尘。大城市的空气虽然天天打“优”，但实际做不到。“我们做了将近十年了，去年我们的水果钙少了一点，水果就从内部炸裂开，损坏了七八百吨，今年的这个问题算是改进了。还不晓得明年有没有问题。”褚时健谈道，“跟着气候，雨水多一点少一点，日照长一点短一点，都影响橙子。”

褚时健说：“至于阳光，大的环境没法改变，我们就用人工来改进，把枝条剪掉，阳光不管从哪个角度都可以照到。这里搞种植有两百四五十个人，一年十二个月，主要就是把枝条搞好，每个月修，你在国外没有这种事情。现在路边还有剪出来的枝。我们完全是拼劳动力了。”

3. 阅读以下故事，思考回答问题。

奔驰车行，一位年轻的女士经过与销售顾问将近一个小时的沟通，对 SLK 350 这款车有了深刻的印象并表现了足够的购买欲望。72.5 万元的车预订要收 10% 的订金。

即将签合同时，她拿着笔问销售顾问：“我是不是太冲动了。才来一次就决定购买了？”销售顾问进入了两难的境地：如果承认客户比较冲动，那么是否意味着客户应该深思熟虑一下呢？如果否定客户这是冲动，这不是明显在与事实冲突吗？

如果是你，如何回答？

4. 阅读以下案例，这位营销人员的语言有哪些问题？

“先生，您好，这里是HR公司个人终端服务中心，我们在搞一个调研活动，如果您有时间，我们可以问两个问题吗？”

一个月以前，应该有不少人会接到类似的电话。这是××公司在做笔记本电脑的促销活动，我就是其中接到电话的一个，他们认为我是潜在的客户。

我说：“你讲。”

销售员：“您经常使用电脑吗？”

我说：“是的，工作无法离开电脑。”

销售员：“您用的是台式机还是笔记本电脑？”

我说：“在办公室，用的是台式机，在家就用笔记本电脑。”

销售员：“我们最近的笔记本电脑有一个特别优惠的促销活动，您是否有兴趣？”

我说：“你就是在促销笔记本电脑，不是在搞调研吧？”

销售员：“其实，也是，但是……”

我说：“你不用说了，我现在对笔记本电脑没有购买兴趣，因为我有了，而且，现在用得很好。”

销售员：“不是，我的意思是，这次机会很难得，所以，我……”

5. 比较下面两段对话，哪一种营销的语言更成功，为什么？

对话一

刘涛：“张总，我是创维集团西南地区的经理刘涛。集团最近人事变动，我昨天才到成都。能否约您明天见个面，主要谈一下今年的产品订货、型号配送、库存以及您的卖场的促销问题，行吗？”

张总：“噢，是刘经理，明天不行，明天是结算日，事儿特别多还是改天吧。”

刘涛：“那您说哪天？”

张总：“这样，周末我给你一个电话，再约好不好？”

刘涛：“那好，我等您的电话。”

对话二

刘涛：“张总，您好，您现在说话方便吗？”

张总：“你是哪位？”

刘涛：“我是创维的刘涛，昨天才到成都。四川这里的天气真是闷热呀。”

张总：“我现在挺忙，你什么事儿？”

刘涛：“那您先忙着，您看我什么时间给您打电话方便？”

张总：“你说什么事吧，我先听一下。”

刘涛：“张总，西南的徐经理已经调回总部了，您已经听说了吧？”

张总：“听说了。”

刘涛："他的成绩还不错，所以总部另有重用。这不我过来，压力大呀，您又是当地的大哥，我是北方人不习惯。您说我初来乍到的，第一个应该做的事情是不是就是拜会当地的老大您呀？"

张总："哈哈哈，你这个小兄弟，还挺会说话。我们还要依靠你们厂家多支持呢。"

刘涛："张总，有什么需要我办的，您就吩咐，您的话那是没得说的。我是有钱出钱，有力出力，没钱没力吆喝唱戏，我也得给您鞍前马后效力呀。您看要不我这就过来？"

张总："那你过来吧，中午咱们谈谈。"

6. 如果你是一个空调销售人员，顾客说以下的话，你如何应答？

（1）现在还比较凉快，我想等天气热时再考虑买空调。

（2）你们这个好贵啊，人家××品牌1P的才卖1 500元，你们贵了300元呢！

（3）你们"三包"算不算数呀？

（4）我还是比较喜欢，但是我夫人管着钱呢。

（5）我喜欢这款，但是我爱人喜欢那款，怎么办呢？

（6）你们国庆期间会有更大的优惠吧？

（7）你们这个特价款式，是不是有问题的机子？

（8）上回你们另一个销售人员说是1 500元就可以卖给我。

（9）我看到网上的报价比你们现场的还便宜些。

（10）你们商场保证货品没有假的吧？

CHAPTER

第十一章　求职应聘口才

一、面试口才技巧

应聘面谈口才

求职是我们获得理想职位的一道难关。发挥出色，可以在一定程度上弥补其他条件（如学历、专业）上的不足。要想从求职中脱颖而出，关键是要能把握面试中应答的原则，熟悉和掌握面试应答的策略和技巧，很好地展示自己。

面试前，需要对目标公司做一番调查和研究，因为考官提出问题后，希望求职者能在很短的时间内，以较快的速度做出回答。如果求职者事先能够尽可能全面地了解公司的现状、发展趋势，在同行业中的地位、主要产品、服务以及主要客户群体等，并对拟应聘职位的主要职责、主要能力比较熟悉，无疑会提高面试的成功率。

面试时认真倾听是人际交流的一个重要技巧。在与考官面对面的交流中，耐心地听不仅能够帮助我们清楚而准确地理解问题，而且能够为我们争取思考的时间，同时也向考官表明了我们对他的尊重。因此，倾听是我们在求职面试中不容忽视的一个法宝。

在回答考官提问时，要注意用自己的经历而不是用自己的观点说话，用数据而不是描述来说话。实例不仅能够增强可信度，而且有助于让考官更注意我们说话的内容。例如，“我曾经担任过华东地区市场销售，在此之前公司在华东地区的销售额是 100 万元，我去了两年，达到了 1 000 万元。”提供的证据不需要太多，只要简明地突出其中的闪光点，就能够让我们成功的机会增大。

回答提问时，要准确而有针对性地回答面试提问。听清考官的问题后，不要急于回答，应该留出 2 ~ 3 秒钟的思考时间，一方面可以判断考官问题背后所要获得的信息，在此基础上给出与求职公司、职位相关的回答；另一方面也可以让考官感受到自己是在认真地思考每一个答案。

在回答问题时，不能三言两语，但也不要海阔天空、漫无边际，因为冗长的解释会给考官避重就轻的感觉。此外，在回答问题时，要避免“是的，但是……”“我想，可能……”“也许……”等模棱两可、含糊其词的回答，这样的回答给人的感觉是没有抓住重点。

下面就面试中的几个环节来进行一定的面试技巧指导。

（一）开场问候

进门时应该面带微笑，行 45°鞠躬礼，并根据对方的职务称呼对方，如果把握不准的时候称呼一声“老师好”就足够了。给面试考官的第一印象应该是自信、微笑、大方；声音要洪亮，底气要足，语速自然；要做到彬彬有礼、大方得体，不要过分殷勤，也不要拘谨或过分谦让。

（二）自我介绍

自我介绍是面试时非常关键的一步。我们在这五分钟内的表现，在很大程度上决定了我们在考官心里的形象，为接下来的面试定下了基调。考官一般都会先提出“谈谈你自己好吗?”“你认为自己最成功的经历是什么?”之类的问题，实际就是让我们进行自我介绍。

自我介绍虽然简短，但是可以考察求职者的逻辑思维与语言组织能力，还可以考察求职者能否把握重点，能不能突出地介绍出自己的特长与岗位结合的关系。

进行自我介绍是要把握以下几个重点。

1. 展示个性，形象鲜明

自我介绍既要把自己简历里的要点给介绍出来，又要突出介绍自己的某个优势，以事实来证明自己的能力。例如，大学期间自主开发什么程序、参与什么比赛获奖，或者是自己在学生会担任什么干部被评为优秀等。

2. 根据应聘岗位突出特长

虽然自己的优势很多，但是最好要结合应聘的岗位来做介绍。例如，岗位要求具有实际管理经验时，自我介绍就要突出自己在管理方面的优势，如成功地创建了一个全校性的学生社团，并且取得了较好的声誉等。为了增加可信度，还可以适当地引用他人的言论，如老师、朋友等的评论来支持自己的描述。

3. 表现口才

由于是面对面的谈话，要注重使用口语的色彩，能与面试考官有一定的眼神交流，条理清楚，层次分明，重点突出，适当运用态势语。例如，有一位学生在参加北大录取面试。考官提问：“你们都希望到北大来，可是北大今年只有260个招生名额，能否谈谈北大为什么要选择你。”该考生在回答时，就把介绍的核心集中在证明自己值得学校录取，而不是急切地表明获得入学机会的渴望。因为他清楚地认识到北大的招生原则就是宁缺毋滥，北大希望录取的考生是全国最具有潜质的青年。

（三）回答问题

面试最紧张的时候，是考官提问的时段，在对答环节，问题离不开以下几个方面，这里对应聘者的语言进行一定的建议。

1. 关于求职动机

这类问题旨在考察应聘者对应聘岗位的态度、了解程度和求职诚意，并在此基础上判断应聘者是否对获得这个职位有足够的动力和信心。求职者应该对应聘岗位有较深入的了解，应该向考官表明应聘岗位对自己有强烈的吸引力，自己有足够的专业知识和技能来完成工作，并提供能验证自己观点的事例。应聘者在回答过程要始终表现出对求职岗位的热情、诚意和愿望。

考官提问："为什么应聘这份工作？""你对我们公司有多少了解？""你为什么想为我们工作？""你怎么知道这份工作和我们这个组织的？""除了本公司外，你还应聘了哪些公司？""你认为这份工作最吸引你的是哪些地方？不吸引你的是哪些地方？"，等等。

参考回答："从我的经历来看，贵公司提供的是最适合我的一份工作。我一直在关注贵公司，也一直希望能有这样的面试机会。我拥有的技能可以证明我非常适合这一职位，比如，……（事例证明）"

2. 关于成功经历

有经历、有经验的人，是工作上的熟手，也是公司最想争取到的人才。考官可能提问到的工作经历中，应聘者要以事实说话，既体现出自己的信心，又不能过分地骄傲。应聘者应有条理地回顾自己的成功经历，但是不光是回答事实，还要有总结，如经历了什么，积累了哪些方面的经验。一方面，要尽量找到自己的经历与岗位的需求之间的联系；另一方面，要选择自己过去所经历的一件事或参加的一项活动来进行说明，并重点介绍自己在活动中所扮演的角色、承担的责任、付出的辛劳和取得的收获等，以此来说明自己有能力，有很强的事业心和责任心，具有协调性，重团队精神。

考官提问："谈谈你经历中最值得自豪的事情""竞争对你的成就有什么积极或者消极的影响？""在你的学习（工作）的经历中，哪些因素是取得事业成功的关键，为什么？""在这里工作六个月后，你期望在这个岗位上取得什么样的成绩？""到目前为止，你做出过让你感到成功的事吗？"，等等。

参考回答："我觉得，要做好销售，就要做好市场调查，我曾经在两个月之内把全市的主要商业对象全部做了拜访……"

3. 关于人格品行

这类问题旨在了解应聘者的人品、性格、价值观、人生态度等。良好的人生态度，包括幽默、宽容、真诚、对事业的执着等。应聘者要向考官表明自己是一个积极向上的人，有良好的个人修养，待人诚恳，讲信用，有责任感，值得信赖，从而反映出自己是一个成熟的应聘者。一定要提供一个真实的事例，虚假的事例只会损害自己的形象。

考官提问："你身边的人都怎样评价你？""你和同事（朋友）怎样相处？""你会帮助自己的竞争对手吗？"，等等。

参考回答："我是一个喜欢看足球比赛的人。我喜欢看足球比赛，并不是觉得某一个球星有多么光辉，而是那种团队的合作精神特别地感动我。在工作中，我也是这样，我喜欢组织一个很好的团队，每个人在自己的位置上找到自己的价值。我在 2010 年组建了一个销售团队……"

4. 关于自我评价

这类问题旨在了解应聘者的优势和劣势，以及应聘者能否对自己做出客观的评价。应聘者介绍自己的长处时，不需要过分谦虚，要举例说明并结合所应聘的岗位谈自己的优点。暴露缺点时，要婉转、要能够提供改善自己不足的方案。

考官提问："你主要的优缺点是什么?""你最大的长处和弱点分别是什么?这些长处和弱点对你在企业的业绩会有什么样的影响?"，等等。

参考回答："从长处来讲，我相信我最大的优点是我有一个高度理智的头脑，能够从混乱中整理出头绪来。我最大的弱点是，对那些没有秩序感的人，可能缺乏足够的耐心。"

5. 关于业余爱好和特长

这类问题表面上看是一个无关紧要的问题，但可以通过应聘者对此问题的回答，了解应试者的个性、与人共事的能力。这类问题回答时不能泛泛而谈，最好提供一些与求职岗位工作有联系的特长和爱好，如学钢琴，可以平和自己的心态；喜欢茶道，可以广交朋友；喜欢看电影，喜欢分析电影中的人性，可以更好地观察生活万象。总之，要表达自己对生活的热爱。

考官提问："请谈谈你的业余爱好，有何特长?""你最近读了什么书?""假如你有许多业余时间，你会怎样利用它?""什么业余活动有利于你将工作做得更好?"，等等。

参考回答："我喜欢茶道，茶道里有一种人生哲学，就是处之泰然的哲学。每每一喝工夫茶，我觉得心态就平和了，所以有时候工作上有什么压力，我会偶尔去喝喝工夫茶。我还在喝茶时认识了一些生意上的朋友……"

6. 关于工作计划

这类问题是为了考察应聘者对未来的认识，了解应聘者的工作能力、组织能力、管理能力、计划能力等。回答这个问题的关键在于要显示出自己履行责任的意愿和能力，并能通过具体的案例反映自己的计划和组织能力，同时要表明应聘者管理个人事务的能力，以及对未来的设计规划能力。

考官提问："如果你被录取了，你将如何开展工作?""为了实现自己的目标你会怎样努力工作?""你个人的长期和短期目标分别是什么?你是如何确定这些目标的?你准备怎样实现这些目标?"，等等。

参考回答："我的人生如果有长期目标的话，那就是让自己的生活富有意义，比如，我认为如果可以在做事业的同时能够回报社会，这就是一种意义。我的短期目标，是进一步提高自己在市场分析方面的能力，我已经……"

7. 关于应变能力

应变问题是比较难回答的，甚至有时有些"刁难"的成分，所以遇到这类问题时，应聘者应尽可能发表积极的看法，表明自己能够对压力和变化做出良好的反应。

考官提问："你没有工作经验，而我们希望得到一名熟手，这让我们很为难?""我们只聘用漂亮的女生，你好像不太合适?""如果你在销售一种产品，遇上一位客户一直抱怨你的售后服务很糟糕，这时你会怎么办?""当你确信自己是正确的，但是其他人不赞同你时，你会怎样做?""假如你未被录用，你会怎么想?"，等等。

参考回答："谢谢，当然我觉得你们需要一位熟手就是需要一位能很快进入工作状态的人。在这方面，我觉得我是可以的，我应聘的是市场分析，我现在已经完成了一份贵公司本次招聘工作的分析报告，您看一下?”

二、面试应答误区

对于面试，很多人都有这样的理解误区：一测外貌；二测口才。于是面试时，有的人夸夸其谈，结果在急于表现自己的同时也充分暴露了自己知识浅薄的弱点，反而带来不好的效果。为此，列出如下7种求职的“禁忌”。

（一）“以我为轴”的夸夸其谈

面试中的态度应该是谦虚的，对自己的经历与能力的概括简明扼要，适可而止，千万不要夸夸其谈、自吹自擂。应聘者要讲究实在，言简意赅，不可大包大揽地做太多的口头承诺，说得太多了容易引起考官的反感。毕竟人外有人，天外有天，以事实说话，不对自己做评价，低调点比较好。

有的应聘者张口就是一些华丽的形容词，如“我是一个勤奋的人，我是一个努力的人，我是能吃苦的，我有这个决心。”这些形容词非常空洞、无力。有的应聘者为了回避自己的职业或者自己的失败，将以往的失败归结到以往的单位身上，会使考官非常反感。

（二）迫不及待地抢话或争辩

有一些征服感比较强的人，会试图通过语言的“攻势”来“征服”对方。这种人自我表现欲极强，在面试时根本不管主考官究竟买不买他的账，没说上三句两句话，就迫不及待地拉开“阵势”，卖弄口才，力求自己在“语机”上占上风，在事理上征服对方。主要表现在抢话、插话、争辩等方面。

在求职面试时，无论面试考官多么“刁难”，在对方把话说完之前，千万不可插嘴，这也是对主考官最起码的尊重。如果主考官的话偏差太大，说明主考官对你已经持有成见，在这个时候，你再插话、抢话也都已经于事无补，这反而会增加人家对你的反感。

面试谈话千万不要变成争论或争辩。例如，考官说：“对不起，我们可能更需要一个男性。”应聘者在谈话中争辩和反驳：“为什么女性就不行，你们这是性别歧视！话说哪个男人不是女人生出来的!”这种争辩或许能表现出你的才智、机灵、推理能力和说服能力，你可能在某个细节上挽回了面子，但主考官从大局考虑，为了单位将来能得安宁，已经放弃对你的录用了。

赢得一场争辩而失去一份好的工作，可谓“因小失大”。面试的目标不是在谈话中取胜，也不是去开辩论会，而是要得到工作。如果你在谈话中过于和主考官“较真儿”，使得主考官对你很伤脑筋，认为你“根本不是来找工作的，而是故意来找碴儿的”，可想而知，事情的结果将会是多么的糟糕!

（三）关键时刻反应木讷

在求职面试场合，有的人可能因为紧张，或者是某个话题无话可说，就沉默起来，这样会给人很不好的印象。考官的时间是宝贵的，他不希望时间这么被浪费掉。

真诚地望着考官，如果说社会经验，你是一个大学生，没有足够的时间去有丰富的社会实践。你就坦诚地说："谢谢，在社会实践这一块，我的确是个空白。但是我希望您能看到我是一个积极的人、有计划性的人，我觉得这对我今后的工作是有帮助的。以前，我在大一时计划读100部书，我都做到了。我读了……"

（四）恬不知耻地好为人师

有时候，主考官会问："请你给我们公司的包装设计提一点建议吧！"这时，应聘者虽然可以谈自己的丰富创意，但是一定不要过多地批评别人，好为人师是不会受到欢迎的。

在主考官眼里，让应聘者谈想法、提建议本身就是一把"双刃剑"，不仅考察你的思维，同时也为你挖了一个陷阱，它会立马使你变成"好为人师""好要嘴皮子"的家伙。所以，在面试中，最忌讳提些带忠告性质的建议。不管你的建议多么中肯、多么优秀，最好留着，到录用后再说，不要在求职时急于卖弄。所以在回答这类问题时，既要回答出自己的观点，又要有一定的保留，如"这是我刚才临时想到的，还有很多不完善的地方，当然也可能与公司的实际考虑有一定的出处，请不要见笑"。

（五）不提低级问题

有的时候，考官会问："你有没有什么要问的问题？"但在发问之前，你必须好好想想你将要问的问题是否有现实意义，尤其不要提一些低级的甚至是幼稚的问题。例如，"单位里是否24小时供热水？""办公室内是否有卫生间？""单位平常是否组织大家旅游？"等，这些很可能使很好的面试砸了锅。

（六）滥用时尚语

网络时尚语、夹杂英语的口语，是部分年轻人追求的时尚。但这毕竟是小部分人群的口味，在面试中最好不使用，除非你发现考官是这类人。否则的话，会被认为是轻浮的表现。

（七）不分对象地乱倒苦水

求职时应聘者的心态应该是阳光的，不应该有消极的一面，如诉说自己应聘多次都没有成功，或者是自己因为生了一场病就错过了什么工作机会等。这样会让人觉得你心理素质太差，即使是来自贫穷的家境，或者是家里急需这一份工作，也一定不要使用可怜的乞讨状来求得安慰。虽然考官有同情心，但称职的主考官绝不滥用这种同情心。逢面试时大倒苦水者，主考官一般都会一言不发地点点头，看上去好像很耐心地听你倾诉，待你把苦诉完了，主考官充其量会一脸热情地告诉你：请您回去等通知吧。这一"等"，指不定是何年何月呢？

思考与练习

1. 阅读下面的两个面试案例，这两个面试者分别错在哪里？

（1）那时我接到了一家知名的高薪企业的面试通知。这让我既高兴又紧张。

真正面试的那一天终于来到了。我走进考场后才发觉，与我一同面试的其他五个人都是男生。考场是一个很小的会议室，中间是一张圆桌。考官坐在圆桌一边，我们几个人坐在另外一边。服务员拿来六杯水，其他几个男生直接拿起自己面前的水杯就开始喝。我一转念，不对啊，几个考官都还没有水喝呢，我们怎么可以抢先呢？于是很有礼貌地把杯子递给离我最近的一个考官。

“还是女孩子心细啊。”坐在中间的一位考官说，另外几个正在喝水的男生立刻窘住了，面面相觑。我暗暗自得，不忘对考官们露出谦逊的微笑。

几位考官介绍了公司运营方面的具体情况，也聊了聊我们的专业和对公司的想法。由于刚才的“喝水事件”，另外几个男生都比较拘谨，反倒是我和考官们谈笑自如。这时，坐在正中央的主考官突然问了我一个意想不到的问题：“你的简历上写着会跳舞，你会跳哪种舞呢？”我立刻懵了。小时候我的确学过一点舞蹈，后来就没再进行过舞蹈训练。要是说实话，多丢面子啊。于是我就扯个谎说会跳新疆舞，说完之后就觉得脸有些发热。谁知考官要求我随便摆个姿势看看。我窘极了，从头到脚都无所适从，只好站起来原地转了个圈。

好不容易面试结束，考官们走出会议室讨论了一下，把我叫了出去。

“根据你的性格特点，我们想把你安排在外事部门，不过户口方面可能还需要再争取。”

听到这句话，我愣住了：“你们不是答应可以解决吗？”后半句被我吞进了肚子，我的感觉越来越不妙。要是户口解决不了，我也许根本就不会来应聘……我左思右想，轻轻咬着下唇说：“要不，我跟爸爸妈妈商量一下。”

主考官也突然愣了一下，我马上意识到，自己似乎说错了什么。

“好吧。”他微笑着说，“不过要记得，以后你参加面试的时候，不要说‘和爸爸妈妈商量’的话，因为这样会显得你没有主见，明白吗？”

我抬头看了看他的眼睛，他眼里满是真诚。我意识到，我错失这个机会了。

(2) 不久前我去一家知名公司应聘，这是我经历的最正规的一场招聘，据说投简历的有数百人，最后跟我一起杀进面试的有30多人。虽然处在高手云集的环境当中，但这么一路过五关斩六将，我的自我感觉非常良好，这份工作我是志在必得。

不知道是过于自信，还是过于紧张，面试的当天我居然睡过了头，幸好我排在中间偏后的位置。可是迟到毕竟影响了状态，还没轮到我呢，自己就紧张起来了。

当时我们被分成三人一组回答面试官的问题，而且为了避免泄露考题，面试的人进去了以后就不能出来。当我走进面试的会议室，里面已经站满了人，而且看上去都很自信，我觉得要脱颖而出必须表现得更积极。所以在回答问题的时候，我总是抢在别人前面，比别人多说两句。

我记得很清楚，当时面试官问：“如果你的同事中有那种不那么好沟通的人，你怎么办？”别人还没有说话，我就抢着回答：“最重要的是工作，每个人都有自己的个性，不需要去勉强。”整个面试下来，有2/3的问题都是我回答的，而且越说越顺，根本忘了要收敛，看得出来另外两个组员不太高兴，但是我想面试本来就是来表现自己的，就没在意。

结果一个星期后我收到通知，被客气地告知不需要参加复试了。因为公司觉得我不注重团队合作精神，太急于表现自己，不是他们需要的人才。

2. 如果你要应聘下面几个公司的职位，你如何写自我介绍？

（1）药品公司销售。

（2）公关公司前台。

（3）百货公司收银员。

（4）广告公司策划。

（5）饮料公司市场调研员。

3. 假如你是一个面试者，面对考官如下的问题，你如何回答？

（1）请简单地介绍一下，你来做广告公司策划有什么优势？

（2）你了解重庆地区广告业的竞争状况吗？

（3）你了解我们公司吗？

（4）你是一个什么性格的人？

（5）你用什么来证明你是一个有计划的人？

（6）如果你发现你的商业对手是你的朋友，怎么办？

（7）公司如果一直让你加班，你怎么办？

（8）如果一个客户在你面前抱怨，你怎么处理？

（9）如果你和领导就某个事情发生了分歧，怎么办？

（10）你为什么要离开以前的单位？

（11）你如何规划你的未来？

（12）如果我们需要长期外派你，你可以接受吗？

（13）你是否能为公司做任何事情？

（14）你能给我们公司提一点什么建议吗？

（15）说说你克服压力的能力。

（16）说说你团队合作的能力。

（17）如果我们需要一位能喝酒的人，你怎么考虑？

（18）我们更需要一个熟手，你怎么看？

（19）你觉得你比其他的应聘者有什么优势？

（20）你有没有应聘其他公司？为什么没录用你？

4. 阅读下面的案例，分析他们凭什么获得了面试的成功？

（1）有一个相貌平平的女孩子去应聘，顺利地通过了初试和复试，在决定能否聘用的面试中，招聘方总经理当面告诉她不能被聘用，理由是她的形象不适合所应聘的公关业务。女孩觉得很伤自尊，很憋气，本来那扇门已经关闭了，她却头脑一热突然转回身又打开了门，对主持面试的老板说道："主动权掌握在您的手里，说起来我没有讨价还价的资格。本来，您不需要理由就可以决定我是否被聘用，但您给了，而且给我的理由恰恰是一个不能被我接受的理由。我可以用一分钟换一套衣服，三十分钟换一种发型，但我的学识和内涵才是真正可贵的，我头脑冷静、随机应变的特质是公关职位真正需要的东西，而这是我多年磨炼的结果，是无法用服装发型形象这类因素改变的。”

本来她这样做只是想出一口气，不料恰恰用这种方式展现了自己的过人之处。第二天，公司和女孩联系，通知她被录用了。

(2) 学校举行招聘会，学法律的我去应聘一家公司的法律顾问一职。面试时女主考官问我最后一个问题：“请问假如我们在前三个月每月给你两百块，你会干吗?”

这道题很棘手，我不明白考官葫芦里到底装的什么药，而且每月仅两百块钱，伙食费都不够，谁愿意干呀?

稍微想了一下，我笑着说：“主考官不但人长得漂亮，开玩笑也同样漂亮。这不是叫人为难吗? 我只想说，根据国家劳动保障法有关规定，工资不能低于社会最低的贫困保障线。两百块是否有点不妥? 就算我愿意，法律也不愿意。如果公司是为了考验我的诚意，我愿意免费为贵公司服务一个月，也不能让你们一不小心违法啊!”

考官笑了。最后，我面试成功了!

(3) 一家公司的策划部要招聘两名白领职员，不少人前去应聘，经过初步筛选，最后留下十人角逐那两个岗位。

测试开始了，主考官把大家带到一排房子前面，对大家说：“每个房间里面都有一个很重的木箱，你们可以运用各种方法，包括使用房间里的所有工具，把箱子移到指定的区域。测试时间为十分钟，最先完成任务的两个人将留在公司。”

十个竞聘者迅速跑进各自的房间。他们发现，房间里除了一个大木箱外，还有木棍、绳子、锤子等很多工具；那个木箱的确很重，怎么也推不动，想搬起一个角都很困难。测试结束了，除两个人提前把木箱推到指定区域外，其余八人都没能完成任务，有的甚至没有把木箱移动一点距离。

主考官问那两个提前完成任务的人：“你们是怎么推动木箱的?”

他们回答：“我们两人合推一个木箱，推完一个再合推另一个。”

最后，这两位获得了面试的成功。

第十二章　谈判辩论口才

从广义上讲，谈判是我们每个人日常生活中不可缺少的活动，不论你是否喜欢，我们都是坐在谈判桌上的谈判者。日常生活里，我们都有过这样的经历：

在农贸市场买东西时讨价还价；

骑自行车闯红灯，交通警察过来干涉，你跟他解释；

孩子要买游戏机，你说考双百就买；

夫妻为买家用电器而争论……

凡此种种，每个人都会遇到，这些都是在不知不觉中进行着的谈判。美国著名的谈判专家荷伯·科恩说："世界是一张巨大的谈判桌，每个人都有可能成为谈判者。"谈判是两方或两方以上的个人和组织，为了消除意见分歧、改变彼此关系、谋求共同利益和契合利益而进行的交换看法和磋商协议的交往活动。谈判既包括那些正式场合的国际谈判、贸易洽谈，也包括各种非正式场合的协商和交涉。

参加谈判的人员都必须具有一定实力，否则就很难应付个别意想不到的情况。谈判实力除了谈判者的声誉、影响、市场环境、竞争条件和社会地位、权利等以外，口才也是一个重要的因素。它是谈判双方获得信息的一个重要手段，可以使双方达到更好的沟通和交流，并借以说服对方，以达到更好的谈判效果。

一、谈判时的倾听

爱迪生在做某公司电气技师时，他的某项发明获得了专利。一天，公司经理突然派人把爱迪生叫到经理室，表示愿意购买爱迪生的发明专利，并让爱迪生先报价。爱迪生想了想，回答道："我的发明对公司有怎样的价值，我是不知道的，请你先开个价吧。""那好吧，我出40万美元，怎么样?"经理爽快地先报了价。谈判顺利结束了。事后，爱迪生这样说："我原来只想把专利卖5 000美元，因为在实验上还要用很多钱，所以，再便宜些我也是肯卖的。"

谈判口才

谈判中，谁都想更早地知道对方的底牌，其实，不用过早采取主动的姿态，先被动地"倾听"，了解对方真实的需要，感知对方的心理状态，更有利于决定自己的步骤。同时，先把说话的权利让给对方，是一个礼貌的态度，也是谈判者必须具备的一个素养。

倾听时要注意，即使是自己与对方观点有不同的地方，即使是我方有被误会的地方，也不要抢话和急于反驳，这样不仅会打乱别人的思路，还会耽误自己倾听。即使要反驳对方的某些观点，也应在听完对方阐述之后。在倾听的过程中要学会忍耐。当对方说出你不愿意听甚至冒犯你的话时，只要对方未表示已经说完，都应当倾听下去，切不可打断说话甚至反击或离席，以免掉入对方为你设下的“陷阱”里。另外，在倾听过程中，要适当地做记录。尤其是在时间长又比较复杂的谈判中，谈判者应当对所获得的重要信息做适当的记录，作为后继谈判的参考，不要过分相信自己的理解力和记忆力。最后在倾听的同时，还应主动思考，根据自己的观察和对局面的理解，对听到的信息作一个判断，从不同途径、不同方法获得的信息综合起来进行全面理解，判断对方的真实意图。

二、谈判时的问答

谈判中的问话首先要有一定的目的，然后通过一定的方式表达出来。为了获得良好的提问效果，需掌握以下发问要诀：

一是谈判中的提问是试探对方的一个过程，时机必须把握好，既不能太早，又不能太晚。太早容易过早地将谈判意图暴露给对方，太晚又影响谈判的进程。在对方发言时，如果我们脑中闪现出疑问，这时我们可先把问题记录下来，等待对方讲完后，有合适的时机再提出问题。通过总结对方的发言，可以了解对方的心态，掌握对方的背景，这样发问才有针对性。

二是为了厘清思路，让双方在一个流畅的局面里谈判，可以提一些有利于总结双方思路的问题，如“您的意思是否是说……”一类，这表示要总结或澄清某个问题。

有时，为了试探对方的诚实程度及其处理事情的态度，也可以进行提问，并且暗示对方，我们对此类交易的底价是知道的，各种情况是掌握充分了的。例如，“这批货物，按照固定的物流成本来说，物流占到 10% 的费用，其中如果与物流公司有长期的合作协议，费用可以减少到 8% 的样子，你们呢？”

有时，为了促进谈判进一步地深入，可以采用一些选择性的问题，如“本协议，你们是今天实施还是到明天实施？”这是将自己的意见抛给对方，使对方在一个很小的范围内进行选择；“这些货物，是本月中旬运到还是下旬运到？”这种提问方式给人态度很坚决的印象。但应注意语气要缓和，措辞要得体，不要显得专横跋扈、强加于人。

如果想知道某个细节，又不方便透露出自己的真实想法，可以提出一连串的问题，不经意间让对方回答，如最关心发动机的质量问题，可以提问：“能否请你们在质量、价款、运输各个方面谈谈意见呢？”在对方回答质量问题时，又插问发动机的质量。

还有一种有强烈暗示作用的问话，如“如果你方违约，我方就有权要求赔偿经济损失，是不是？”

有一次，华盛顿家里丢了一匹马，他获悉是一位邻居偷走了，就同一位警官去索要。但邻居声称那是他自己家的马，华盛顿灵机一动，走上前去，用双手捂住马的眼睛，然后对邻居说：“告诉我，你的马哪只眼睛瞎了？”“右眼。”邻居答道。华盛顿放开蒙右眼的手，马的右眼并不瞎。“我说错了，马的左眼才是瞎的。”邻居急着争辩道。华盛顿放开蒙左眼的手，马的左眼也不瞎。“我又说错了……”邻居还想狡辩。“是的，你错了。”警官说，“已经证明马不是你的了，你必须把它还给华盛顿先生。”

在复杂的谈判局势中，回答也要慎重，回答时有以下的策略：

（1）不要张口就回答，先说一些无关的话，头脑中思考一下对方的意图，自己想好对答的方式后，再进行回答。回答的准备工作包括三项内容：一是心理准备。在对方提问后，要利用喝水、翻笔记本等动作来延缓时间，以稳定情绪，而不是急于回答。二是了解问题。要弄清对方所提问题的真实含义，以免把不该回答的问题也答了出来。三是准备答案。答案应只包括那些该回答的部分。

（2）回答时可以模糊一些，局部性地回答问题，不一次性地亮出底牌，在回答的同时，也思考试探对方的方法。谈判中有一种“投石问路”的策略，即谈判方借助一连串的发问来获得信息和资料，此时不应对其所有问题都进行回答，以免使其获得我方许多重要的情报而使我方谈判处于不利地位。这时可只作局部的回答，使对方不了解我方的底牌。例如，对方提问：“能否请你们在质量、价款、运输各个方面谈谈意见呢？”回答：“我们在质量、运输方面都是有所保证的，我想一起商谈一下价款的问题。按我方的诚意……”“有所保证”到底是什么保证，是一种模糊性的回答方法。

（3）回避回答法。当有些问题不好回答时，回避回答的方法之一是“答非所问”，即似乎在回答该问题，而实际上并未对这个问题表态。

（4）拖延回答法。谈判中有时在表态时机未到的情况下可采取拖延回答的方式。你可用“记不得了”或“资料不全”来拖延回答。有时还可以让对方寻找答案，也可以让对方自己澄清他所提出的问题。例如，可以这样说：“在回答你的问题之前，我想先听一听你的意见。”

（5）反问。不要让自己一直处于回答问题的局面，要适当地反攻对方，在倾听完对方的问题后，通过抓住关键的问题向对方反问以掌握主动。例如，提问：“请谈一下你们的价格比去年上涨 10% 的原因。”回答：“现在成本涨高了不少，我们的利润事实上没涨还在降低，这个行业已经越来越不好做了。当然如果你对这个提价幅度感到不满意的话，我想请问什么方面使你觉得不妥？”

总之，回答问题的要诀在于知道该说什么，不该说什么，回答到什么程度，不必过多考虑所回答的是否对题。谈判毕竟不是做题，很少有“对”或“错”那么确定而简单的回答。在答复时，若对方打岔，则让他这样做下去，不要干涉他。这会对你以后的答复提供有用的信息。

一位世界著名谈判家的邻居是一位医生，在一次台风过后，医生的房子受到了严重的损害。医生希望能从保险公司多获得一些赔偿，但自感自己没有这种能力，于是找到了这位谈判家。

谈判家答应帮忙，并问医生："你希望能得到多少赔偿呢？"

医生回答："我希望通过你的帮助，保险公司能赔偿我500美元。"

谈判家点点头，然后又问道："那么请你实实在在地告诉我，这场台风究竟使你损失了多少钱？"

医生回答道："我的房子实际损失在500美元以上。"

几个小时以后，保险公司的理赔调查员找到了谈判家，并对他说："我知道，像您这样的专家，对于大数目的谈判是权威，但这次您恐怕无法发挥才能了，因为根据现场的调查情况，我们不可能赔得太多。请问，如果我们只赔您300美元，您觉得怎么样？"

谈判家沉吟了一会儿，然后对调查员说："你的顾客受到这么大的损失，你居然还有心思开玩笑？任何人都不可能接受这样的条件。"双方沉默了一会儿，理赔调查员打破了僵局："您别把刚才的价钱放在心上，不过我们最多也就能赔400美元了。"

谈判家回答说："看一看毁坏的现场，你就会知道这点钱是多么的可怜。绝对不行！"

"好吧，好吧，500美元总该行了吧？"

"小伙子，别轻易下结论，我们再一起去看看现场吧。"

在谈判家的一再坚持下，这一桩房屋理赔案的谈判，最终竟以不可思议的1 500美元的赔偿费了结，这大大出乎医生的预料。

上面这个案例中，谈判专家始终没有亮出自己的底牌，而是不断地试探保险公司的人，他的回答是非常巧妙，又是比较强势的。

三、辩论的口才

辩论是指持有异议的双方为了各自的目的运用辛辣的语言进行争论和辩解。辩论包括日常生活中的争吵、竞选中的电视辩论、专题辩论赛等。

辩论口才

辩论，就是辩明是非，探求真理。《墨子·小取》中对"辩"的作用做了十分精辟的阐述："夫辩者，将以明是非之分，审治乱之纪，明同异之处，察名实之理，处利害，决嫌疑。"

（一）直接出招

辩论，是双方都亮出了自己的态度，双方态度是矛盾的，应该争的是更占上风，这时的论战，需要足够的勇气与魄力，有时针锋相对，有时冷言相讽，敢于展现自己的态度。

降清的明朝叛臣洪承畴，在南京时，曾审问抗击清军的夏完淳，企图诱使夏完淳归降。

洪承畴向夏完淳允诺："你小小年纪误受叛徒蒙骗，只要归顺大清，我保你前程无量！"

夏完淳对洪承畴的降清致使大明迅速灭亡恨之入骨，有意要讥讽他一番，便假装不认得洪承畴，故意高声回答说："你才是个叛徒！我是大明忠臣，怎说我反叛？我常听人说起我大明朝‘忠臣’洪承畴先生在关外与敌人血战而亡，名传天下。我虽年幼，说到杀身报国，还不甘心落在他的后面呢！”

洪承畴瞠目结舌，手足无措，督府幕僚们以为他真不认识洪承畴，赶忙悄声告诉夏完淳：“上座正是洪大人。”

哪知夏完淳听后故意勃然大怒：“胡说，洪大人早已为国捐躯，天下谁人不知？当时天子亲自哭祭他，满朝群臣无不痛哭流涕。不要欺我年幼无知，上座这个无耻的叛徒是什么东西！竟敢冒名来玷污洪大人的在天之灵！”

夏完淳指着洪承畴骂了个痛快淋漓，使得高高在上的“总督大人”——洪承畴羞愧难当而又无话可说。

（二）以柔克刚

这是一种表面上看起来比较柔和的方法，表面上柔和，但实则抓住了对方逻辑的问题，一针见血。

班主任批评一个骄傲的学生：“平时要注意群众关系，团结群众，争取群众的支持，以做出更大的成绩。”

学生却不这样认为，他辩解道：“只有羊呀、小猪呀，才是成群结队的，狮子、老虎都是独来独往的。”

班主任反问道：“狮子、老虎是独来独往的，确实不错，可刺猬、癞蛤蟆又何尝不是独来独往的呢？”

（三）小中见大

对方的理论，虽然比较全面，但总是有突破口的，小中见大就是找到对方的突破口，从对方最敏感、最具要害性的地方予以出击，从而推翻对方的全盘理论。这就要求辩论者善于观察，思维缜密。

在一场辩题为“对外开放是否带来了走私贩私”的辩论赛中，一方坚定地认为：“走私贩私，是对外开放带来的必然结果！”

另一方对此进行了严厉批驳：“如果你的说法能够成立的话，那么我的感冒就是开了窗的缘故。那么为什么开了窗之后，有些人感冒，更多人却身体健康地领略着大好春光呢？这答案只能从自身去找了。同样，改革开放了，其目的就是在于利用当前国际上的有利条件，借西方发达国家的财力、物力之水灌溉我国现代化之花。我们一是主权在握，二是开放有度。问题是国内有些不坚定分子，一看见金灿灿的洋钱洋货就眼花缭乱，犹如蝇之趋腥，营营逐逐，这又能怪谁呢？……”

这就是利用“小中见大”，抓住了感冒和开窗这一小事，阐发了走私与对外开放的关系，颇具说服力。

（四）以虚掩实

辩论中，不直接与对方过招，虚探一下，用婉转的说法表达自己的观点。这种方法适用于与强势并且地位比自己高的人发生辩论。

唐德宗时，刘玄佐屡建战功成为宋、亳、颍节度使。刘玄佐性情豪爽，轻财厚赏，士卒乐为所用。就在他镇守汴州时，有人向他进谗言，说军将翟行恭如何如何。刘玄佐一听就火了，立即把翟行恭拿下，要杀他。这时，处士郑涉闻讯，马上求见刘玄佐。郑涉这个人善于用开玩笑的形式隐藏要说明的问题和事理。他见刘玄佐后就说："听说翟行恭已依法受刑，请将他的尸首让我看看，行吗？"

刘玄佐听了非常奇怪，就问："郑涉是你的什么人，为什么要看尸首？"

郑涉回答："过去，我曾听人家说，冤死的人面容异常。可是我从来也没有看过，所以想借来看看。"

刘玄佐这才醒悟过来，命人把军将翟行恭放了。

这一桩冤案，就在郑涉的一席玩笑话中解决了，神！神在哪里？神在以虚掩实上：以"看其尸首"之虚，掩"为其申冤"之实。

（五）以子之矛，攻子之盾

在辩论中，诱使对方辩手自掘陷阱、自投罗网。对方中计后，常常有苦难言，无力回天。

来俊臣遵武则天之命去惩办酷吏周兴，便请周兴喝酒，假意向他请教审讯办法。周兴不知是计，醉醺醺地说："这有何难，只要把犯人装进坛子里，放在炭火上一烧，便什么都招供了。"来俊臣依计烧好炭火，放上一口大坛子，然后脸色一变，厉声说："周兴，请你老兄入瓮吧！"

（六）诡辩

诡辩是一种以非为是，以是为非，是非无度的辩术。然而，在辩论过程中，为了摆脱困境，避免难堪，同样不失为巧辩的一种，用得巧妙，还能生出奇趣。

请看下面1993年第一届国际大专辩论赛关于"艾滋病是医学问题，不是社会问题"的自由辩论：

朱天飙：艾滋病的病毒是在医院里被发现的，现在全世界有成千上万的医务工作者正在研究解决艾滋病的方法。

蒋昌健：我们从来没有否认过医学参与，请问，医学参与就一定等于医学问题吗？

朱天飙：请问，成百上千的医务工作者在研究，这只是简单的医学参与吗？

季翔：在医院里发现的就是医学问题吗？在医院里捡到别人丢的一把钥匙，这把钥匙就成了医学问题吗？（掌声、笑声）

朱天飙：对方辩友认为，成百上千的医务工作者在研究艾滋病，只是在寻找钥匙啊。（掌声）

……

蒋昌健：一个老太太被车撞倒了，请问，这是救人的问题呢还是撞人的问题？

陈惠：那不是病啊！（笑声）

季翔：但是她不也要去医院吗？那就是医学问题了吗？不，它是个交通事故！（笑声）

朱天飙：可是有成百上千的医务工作人员在帮助这个老太太吗？艾滋病的研究是需要成百上千的工作人员、医务人员呀。

严嘉：一个人得了病是社会问题，千百万人得了艾滋病，难道还不能成为社会问题吗？

朱天飙：千百万人还曾得过感冒，千百万人还曾得过心脏病，难道心脏病是社会问题吗？

姜丰：一个人打喷嚏不是社会问题，但如果我们全场的人同时打喷嚏，还不是社会问题吗？（掌声）

在这段辩论中，季翔和姜丰的发言，恰恰都是诡辩。艾滋病毒是在医院里被发现的，虽然以此作为艾滋病是医学问题的理论还不是很充分，但是季翔的发言，反问“在医院里发现的就是医学问题吗？在医院里捡到别人丢的一把钥匙，这把钥匙就成了医学问题吗？”以此来反攻对方论点的不严密。这样的反驳，只是一种逻辑构成，并没有反驳事实本身，而这种逻辑构成正是诡辩。

姜丰辩称“全场的人同时打喷嚏就是社会问题”，这同样是诡辩。别说是全场的人，就是有更多的人打喷嚏，也得不出“是社会问题”的结论。明明是诡辩，反而获得赞赏，因为诡辩也包含了机智。

四、辩词的写作

辩词是指用于辩论、答辩的文稿。日常生活中常见的辩词，包括法庭答辩状、就职答辩词、论文答辩词和辩论赛的陈词等。大家虽然不一定都得参加辩论比赛，但接触一些辩词写作，可以锻炼自己的逻辑分析以及诡辩的语言能力。

辩词的写作，需要在动笔之前研究辩题（包括正反双方的辩题），确立逻辑框架，收集资料（包括历史的、现实的、理论的、事实的、正面的、反面的、经典的、政策法规的，等等），这些是特别要花工夫的，工夫越深，笔下的功力就越足。辩词该怎样写？来看看1993 年第一届国际大专辩论赛复旦大学季翔关于“温饱是谈道德的必要条件”的陈词：

谢谢主席，各位好！吃饭是为了活着，但是人活着就是为了吃饭吗？我再次提醒对方辩友，你们今天所要论证的是，没有温饱，就绝不能谈道德。不管这种道德是确保温饱的道德还是保证不了温饱的道德。既然对方还没有从逻辑上理解我方观点，我就进一步从理论上进行阐述。

第一，道德是随着人类的诞生而出现的。有了理性的人，有了人际关系，就有了道德规范。所以，不管人类处在哪一个阶段上，谈道德不仅是可能的，而且是应该的。《礼记·礼运篇》中记载的“老有所终，壮有所用，幼有所长，鳏寡孤独废疾者皆有所养”不正是中国远古时代道德状况的生动写照吗？而《圣经·旧约》中亚当和夏娃偷食禁果和原罪的传说，不也表明了道德的最早起源吗？有关贫困中人们谈道德的文化学和人类学的证据在大英博物馆里是汗牛充栋的。想必对方也了如指掌吧。

第二，从本质上看，道德是一个社会历史范畴。尽管在温饱的情况下可能给谈道德提供一些方便，但这绝不是必要条件。在不同的历史阶段和文化背景下人们都在谈道德。达尔文在其环球旅行中发现，南非布希曼人，即使快饿死了，也不会独自吞食发现的一条小鱼，而是要与族人分享。他们有温饱吗？没有。他们谈道德吗？当然谈。正如我们不能超出自己的皮肤一样，人类也不能超出乃至摆脱道德。人类谈道德，在贫困时有贫困的谈法，在温饱时有温饱的路数。谈道德，既可以坐而论道，也可以言传身教，甚至特立独行。千万不可一叶障目，不见泰山。

第三，从功能和目的上看，道德用于协调人际关系，达到至上的人生境界。道德，自古至今，目的是“在明明德，在亲民，在止于至善”。像对方所坚持的那样，在温饱之前都不能谈道德，都不去谈道德，而是用牙齿和爪子横行天下的话，那么人类恐怕早就销声匿迹于洪荒蛮陌之中了，又何来今天我们在这里辩论什么道德问题呢？

最后，奉劝对方辩友，不要对大量事实听而不闻，也不要对人类的历史视而不见。请对方举出实例，哪怕一个：人类在何时、何地、何种情况下一点道德都不谈呢？谢谢。(掌声)

这个辩词层次清晰，辩论说理清楚，所用的事例仅仅是作为说理的论据，详情细节不需要展开，更不需要描写。

辩词，以立论为主，还必须与反驳结合起来。在大多数情况下，辩词开始的话语都是回应对方陈词的。季翔的陈词开始用了一小段话：“吃饭是为了活着，但人活着是为了吃饭吗？……”这是紧扣对方辩手的陈词做出的反问。同时也是为了很自然地引入自己的话题。在结尾处，绝大多数的辩词都是以反问结尾，季翔的结尾是这样的：“请对方举出实例，哪怕一个：人类在何时、何地、何种情况下一点道德都不谈呢？”以这样的反问作为结尾，既满足了辩词的文义，又有力度，同时又发起向对方的诘难与攻击。

思考与练习

1. 阅读以下案例，结合材料说明买方在谈判中赢得局面的原因。

在阳光城商业中心有一家名叫 DEMON 的精品时尚外贸店。DEMON 店的前任店主正面临房租到期的状况，铺面急于出手。买家于 2007 年 5 月中旬向卖家提出盘店意向，双方谈判在即。谈判开始：

一开始，卖家具体介绍了店内的基本状况和装修情况，包括面积、水电、墙面、地板、货架、付款台以及其他重金属装饰品，装修成本近2万元。卖家以行业熟手的姿态，为开价说明了事实根据，算是恰到好处地拉开了谈判序幕。买家并未被卖家高屋建瓴的气势所影响，而是提出质疑："店面装修的确是有特色和个性，但是我们无从考证装修的成本，更何况目前的装修风格不一定利于将来我们店的营业，所以请介绍一下该店铺的其他方面。"

卖家看出了买家虽然是初来乍到，但并不是冲动情感型的租铺者，于是开口询问买家对于开店的想法。买家谈判者实事求是地说："我们都是跳街舞的，开店也主要是搞街舞用品和轮滑用品之类的时尚产品。"卖家对这一关键信息立即做出反应："你们跳街舞的最重要的就是服饰，这店以前就是做服饰的，你们接手以后可以直接做。并且不是每个人都喜欢那种夸张风格，你们还是应该卖一些比较大众的外贸服装，现在店里的货你们就可以直接拿去卖。"买家明白，这是卖家打算把店铺卖给我们的同时，再让买家把货盘下来，这又是一项成本支出。卖家继续："我在广东和成都等地都有货源，开店以后，可以帮你们拿货，渠道短，保证最低价。"

此时，买家就其他方面发表意见："不过这里位置太偏了，在整条街的尾巴上，而且是个拐角怎么会有客流?"卖家解释说："后面的金巴黎3期工程10月份就完工。到时玛利影院、德克士等会入驻进来，这里将会成为商业中心，不用担心客流。"

"不，在做生意时我们要把一切考虑清楚，如果有那么长一段时间的萎靡期，我们为什么不选择一个开店就能赢利的地理位置呢?"买家摆明态度，双方在认定铺面价值上陷入僵局。卖家坚持说买家疑虑过多，该铺面是个黄金口岸；买家想做更多的考察。

"那这个店子，你打算卖多少钱?"买家成员试探性地询问。

卖家拿出早就拟好的价单说："渠道+现货+铺子，5 500元；现货+铺子，4 500元；铺子，3 500元。"了解了价格之后，买家表示要再做商量。

买家要求卖家重报价，并对价格所含内容进行解释。卖家回应："如果付渠道费，那我将以最低成本给你们供货；如果付了货款店里一切物品都是你们的；如果只是铺款，就只给你们空铺。"买家立即做出反应："首先，我们不能保证你供的货是否符合我们的要求；其次，我们无法确定你拿货的价格水平；最后，我们不认为铺子的价值有3 500元那么多，并且马上就是6月，有些学校已经放假了。到七八月暑假时根本就没有利润，我们认为你的价格太高了。"

卖家反问道："你们认为多少钱合适?"买家不紧不慢地说："目前最多拿出2 000元，并且我们十分想要你的渠道……"

卖家淡然一笑说："到哪里2 000元也找不到一个像样的铺子。"买家不依不饶："那么贵的价钱，我们可以找其他地理位置更好的铺子。"

这一招很奏效，顿时把卖家将住了。卖家自知铺租即将到期，转而以恳切的态度征询："你们最多能给多少钱？2 000元真的太低了。"

买家看出卖家的软肋，毫不退让。卖家无奈只能说答应2 000元给出空铺。

买家见形势不对，立即阻挠，表示要求留下货品，最好再提供渠道。卖家濒临崩溃的边缘，说“如果加货品和渠道，最低3 500元。”买家答应并表示，但目前只有2 000元，1 500元于1个月后支付。

双方签订协议，谈判告终。

2. 组织一场辩论赛。

(1) 正方：大学生就业难，是因为就业的机会太少。

反方：大学生就业难，是因为自身的素质不高。

(2) 正方：网络使人更亲近。

反方：网络使人更疏远。

(3) 正方：青春偶像崇拜利大于弊。

反方：青春偶像崇拜弊大于利。

(4) 正方：先成家后立业。

反方：先立业后成家。

(5) 正方：学生就业压力大有利于成才。

反方：学生就业压力大不利于成才。

3. 阅读以下的材料，总结出自己的观点，撰写辩词，每篇字数在300字以上。

(1) 日前，“天价月嫂”再次被热炒，月嫂这个连单独职业都算不上的家政工作，为何收入能高于一个医学博士？请谈一谈你对月嫂月薪万元的看法。

(2) 诗圣杜甫爆红网络，引发了主题为“杜甫很忙”的恶搞风潮。但这却招来各路卫道士的批判，杜甫是民族之光、文化瑰宝、传统精华，恶搞杜甫更是无知、浅薄、低俗、没底线。请就此谈一谈你对恶搞杜甫的态度和看法。

(3) 近日，中国民政部与百合网联合发布的一份婚恋状况调查报告显示，有八成的女性认为“男性月入4 000元才适合谈恋爱”。请就此谈谈你对金钱与爱情的看法。

(4) 为美化城市，东部某市有关部门在市中心广场修建了6座高大的雕塑。然而，雕塑建成后，专家和市民都批评这些雕塑设计水准不高，没有艺术性，缺少美感。于是政府便听取群众和专家的意见，决定将6座雕塑拆掉重建。这时群众又批评有关部门：才建成就拆毁，根本不心疼纳税人的钱，你们当初干什么来着！请问领导应如何做出正确决策？

(5) 近日有媒体报道，河南焦作一市民捡到钱后却向失主索要高额报酬，最终被告上法院引起关注。我国现行法律规定捡到东西必须归还且无权索要报酬。请就此谈一谈你的看法。

4. 请就下面的情境展开反驳：

(1) 某同学洗手之后，没关水龙头，受到管理员的批评，他不仅不转身关水龙头，反而说：“‘流水不腐’嘛，难道连这个问题都不懂吗？”

反驳：____。

(2) 某小姐和热恋中的男朋友在商场购物，专挑高档商品，站在旁边的另一个朋友过意不去了，对她悄声说："这样做，你不觉得太过分吗?"不料她反而大声说："'生命诚可贵，爱情价更高'，当然要用高价才能换来爱情嘛。"

反驳：____。

(3) 课堂上，某同学突然离座朝教室外面走去，老师见状问："干什么去?"这个同学边走边说："上厕所!"老师无奈地摇头叹息："哎，是大学生啊!"不料台下冒出一句："怎么啦，大学生就不上厕所啊!"

反驳：____。

(4) 一个病人进入医院，对护士说："请把我安排在三等病房，因为我很穷。"护士说："没有人能帮助你吗?"病人回答："没有，我只有一个姐姐，她是修女，也很穷。"护士嘲笑说："修女富得很，因为她和上帝结了婚。"

病人听了护士的讽刺，十分生气，反驳：____________________

(5) 某校禁止学生穿拖鞋上课，而今天，甲穿了一双剪掉鞋后跟的凉鞋走进了教室，老师指责他说："你为什么穿着拖鞋来上课?"甲："不，这是凉鞋。"老师："鞋后跟全剪掉了，难道是凉鞋?"甲："当然是凉鞋！这就像一个人的腿断了，他还是人，而不是狗!"

反驳：____。

(6) 从前，有一位财主，穷人见他都必须低头。有一次，一位年轻人见到他后却昂首挺胸地向前走。财主很气愤，骂道："穷小子，你为何不低头?""你有钱，可你的钱并不给我，我为何要向你低头?""好吧，我把我的钱拿十分之二给你，你给我低头。""你拿十分之八，我拿十分之二，这不公平，我还是不低头。""那么我把我的钱拿一半给你，你给我低头!""那时候，我和你平等了，为何要向你低头?""那么，我把我的钱全部给你，你该向我低头了吧!"

反驳：____。

思考与练习部分答案提示

CHAPTER

第二章　演讲的选题准备

4. 阅读以下这两段演讲稿，它们的主题句分别是什么？

参考答案：

(1) 人与人虽然没有优劣之分，但有很大不同。

(2) 在做完一系列的加法后，我想该开始做减法了。因为我觉得我需要有一个平衡的生活。

第三章　演讲稿的写作

1. 指出下面这篇演讲的开头有什么表达上或者技巧上的问题。

参考答案：

这个演讲的开头第一个不太好的地方，是使用了太多的“我”，观众感受到演讲者对于自我的过分关注，他成为一个高高在上的形象。其实，观众关心的是，他们可以从你的演讲中得到什么，而不是你可以通过演讲得到什么。

第二个问题是，演讲者在开头几秒钟的时间，浪费时间去介绍一些无关紧要的细节，如卫生间、文件资料发放的问题。演讲开头的关键几秒没能激发起观众的兴趣，后面基本上就是垃圾时间了。另外，观众的注意力会分散到分发文件的人身上去，对演讲者失去关注，这是演讲者在细节上没设计好。

3. 分析下面这篇演讲稿的开头、结尾各采用了哪种方式，演讲稿的主体结构是什么逻辑关系。

参考答案：

这篇演讲稿的开头，非常坦诚地谈到自己的心情——“站在各位同学毕业典礼的讲台上，我最大的感受就是觉得非常荣幸，在各位生命中最值得纪念的时刻与你们在一起，让我百感交集。”这种开头，显得场合比较正式，并且态度真诚，很常用。

主体上采用了分享一些经历和对生活的感悟的主题结构，“选择”“关注”“视野”三个主题并列相关。

结尾采用了祝福的语言，“我在这里衷心祝贺你们顺利完成在北京大学的学习，祝愿你们未来的道路越走越宽广，世界在你手中。也让我们一起祝福我们的母校传承历史、继往开来、再攀高峰”。

这篇演讲稿结构没有新奇的地方，但是朴实、自然。

4. 分析下面这篇演讲稿的开头、结尾各采用了哪种方式，演讲稿的主体结构是什么逻辑关系。

参考答案：

演讲稿的开头，直入主题，说明自己的演讲主体是三个故事。

接下来，层次分明，按时间的顺序，将三个故事交代清楚。

结尾之处，将自己的人生名言介绍给大家，以自己的人生经历给大家更好的哲学思考。

5. 分析下面这篇政治演讲稿的结构，是如何提出自己的观点的，是如何针对不同观点进行反击的，是如何说服观众接受自己的观点的。

参考答案：

演讲稿的开头，说明自己与观众的关系，“唉！世界上最不平的事，就是我们二万万女同胞了”这样，拉近了彼此的距离。

接着历数现状，“老人、亲戚、朋友、邻居们对女性的偏见”从生活的细节着手，论述得真实、充分。

演讲者接下来提出了自己的观点：“诸位，你要知道天下事靠人是不行的，总要求己为是，当初那些腐儒说什么‘男尊女卑’‘女子无才便是德’‘夫为妻纲’这些胡话，我们女子要是有志气的”。这样，观众很自然就接受了她，因为她的一切说理都建立在事实的基础上。

6. 阅读与分析，看下面这篇演讲稿的情感是如何自然过渡的。

参考答案：

本篇演讲稿从一张油画说起，从一个直观的情感入手。

接着向观众提问“他为什么在历尽人间忧患之后，却感到无限的欣慰呢？在为时不多的晚年，他还热烈期待着什么呢？”

然后讲述了自己的故事，对父辈的认识与理解。

最后，鼓励大家，从父辈那里接过一种奋斗的精神，努力实现自己的未来。情感总体来看，真实、自然。

第四章　演讲的修辞技巧

1. 分析下面这篇演讲稿的开头、结尾各采用了哪种方式，演讲稿中采用了哪些修辞手法。

参考答案：

这篇演讲稿的开头，从自己的经历故事说起。开篇运用了一个比喻“理想是一个GPS，是一个生活当中的导航”。在讲故事的过程中，采用了描写的方法，如“地下全部都是戈壁滩上的鹅卵石，温度之高，很快就可以使轮胎粘到石头”，突出了遇到事件的紧张感。

接着对这个故事的内涵进行思考，人最恐惧什么？答案是没有方向感。这是一句双关的修辞，既指旅游的罗盘方向，也指人生的未来方向。

什么是未来的方向，就是理想。演讲者用了排比的方法，罗列了各种理想“我喜欢放风筝，就这一件事，我要放到全世界第一，这就是一个理想；我想娶个好媳妇，过个好日子，这也是理想；我要找一个高富帅，最近学生毕业的时候，教室经常打出横幅，说三年变成高富帅，对面女生宿舍打出横幅，一定要成白富美，这也是理想，你不能说这不是理想”。

在分析的过程中，又讲了另一个故事，关于“爬山”，这是一个寓言，其中蕴含着深刻的哲理。

结尾的时候，演讲者展望了未来，对年轻人进行鼓励，很好地鼓舞了现场的观众。

2. 下面这篇抒情与说理并重的演讲稿，语言优美，分析它采用了哪些修辞手法，是如何形成自然、流畅的语气的。

参考答案：

这篇演讲稿采用了对比、排比、引用名言、细节描写等方法。

3. 阅读下面这篇演讲稿，看看它采用了哪些修辞手法，各段之间的逻辑过渡是如何安排的。

参考答案：

这篇演讲稿采用了比喻、讲故事、引用名言、排比（“作为一名年轻记者”作为几个段落的开头）。

第六章　关注演讲的细节

1. 朗读以下的演讲稿，进行一定的修改，加入三个与观众互动的提问细节。

参考答案：

可以加入提问的环节有以下三个：

（1）大家平时早上吃什么？你们知道吃得安全吗？

（2）大家在外面吃饭吗？知道厨师是怎么做菜的吗？

（3）食品安全事故为何屡禁不止呢？

2. 朗读以下的演讲稿，进行一定的修改，加入三个与观众互动的提问细节。

参考答案：

可以加入提问的环节有：

（1）各位朋友，你们的家乡在哪里，有什么美景？它现在还美吗？

（2）我们的水被什么污染了？

（3）你去过伦敦吗？到过海岸城市和国家吗？

3. 阅读以下的故事，谈谈演讲中的危机可能有哪些，如何处理。

参考答案：

演讲中常见的危机，包括忘词、口误以及现场的意外、不合作的观众等。本案例出现的情况就属于意外。事实上，演讲的一些现场意外是无法预测的，演讲者要保持自己清醒的头脑，提高自己的应变能力。将观众的注意力再次转移到自己身上，是演讲者要做的事情。在本案例中，美国第35任总统约翰·肯尼迪宣誓就职却遇到担任仪式的波士顿主教卡辛漫长的致辞。肯尼迪最后不得不将自己的演说压缩到1 400字。而后来才得知，卡辛之所以这么做，是因为他发现讲台后有烟，直到确认没有安全隐患后，他才敢让肯尼迪上台。这两位都是在演讲场上非常优秀的应变者。

第七章　演讲实战的类型

1. 请分析下面这篇竞聘演讲，在写作内容与语言表达上存在什么问题。

参考答案：

竞聘演讲，其主题应该是自己的优势与特长，但是这篇演讲稿，却太像工作总结了。特别是每一个层次的主题句，分别是“第一，加强自身道德修养”“第二，锐意进取，不断创新”“第三，爱岗敬业，无私奉献”，这三点看不出此人的特别之处。此外，自己的优势，应该以具体的事例说明，但这篇演讲稿，多是华丽的辞藻，基本上没有任何事例。“我有过惊喜、有过恐惧，也有过无奈，但我坚信：为国聚财是我生命的全部，是党和人民赋予我光荣而神圣的使命。”这样的话，更像是口号。总体来看，在内容，更适合一篇“爱岗敬业”的主题，而不是竞聘的主题。

从语言上看，太多华而不实的词，如“时值数九严寒”“心中百感交集”等，没有落到实处，浮华不实。

2. 请以下面内容为背景，补充一定的内容，完成一篇礼仪类演讲稿。

参考答案：

公司十周年庆典演讲稿

各位领导们、同事们：

大家下午好！我是重庆海岸线旅游公司的总经理马华。今天是本公司十周年庆典，我们很荣幸能邀请了市旅游局王局长莅临参加，让我们用热烈的掌声对他表示欢迎！

时光荏苒，回想起十年前的那个夏日，我们还是一个只有五个人的小公司，但是我们得到了王局长的热情指导，他告诉我们，旅游行业在未来会是一个朝阳产业！

十年来，各位中层纷纷为公司的发展做出了自己的贡献，我们现在已经是拥有分公司，员工达到300人的大公司了。我们每个人在为企业奉献青春和智慧的同时，企业也在为我们提供了发展和表现的平台。在这个平台上我们丰富着阅历，充实着自我；在这个平台上我们用激情点燃着梦想，用薪酬支配着生活。因此我们要感恩企业，感恩企业培养着我们，感恩企业让我们成长，感恩企业给我们一片展示自我的天地。

各位同仁，未来，我们的旅游市场还大有可为，我们已经与海外多家旅行社建立了合作关系。各位，今天是我们的庆典，我们为过去的成绩感到骄傲，今后，我们还有二十年、三十年庆典，那个时候，我们还继续为我们公司而骄傲！谢谢大家！

3. 读以下两则新闻时事，完成两篇时政演讲稿。

提示：在演讲过程中，要回顾新闻的内容，并对新闻进行一定的总结与理论上的提高。

参考答案：

(2) 在座的各位老师、同学：

非常感谢各位能够在百忙之中抽出时间来听我的演讲。在我演讲之前呢，我想跟各位做个小测试。我想请问大家，如果你们在大街上行走时，看到有一位老奶奶摔倒了，你们会不会去扶起那位老奶奶？如果选择“会”的同学，请举起你的右手！……很好！谢谢大家愿意配合我！

我今天演讲的题目就是：反冷漠！

其实我刚才之所以做那个小测试的动机，是来源于不久以前发生在我国的一件影响了国人的事情。下面我就来简单地介绍一下那件事情吧！

2014 年 3 月 1 日，志愿者韩女士按照计划，在万达广场突然“摔倒”在地，手捂额头，表情十分痛苦。此时万达广场人来人往，许多人都看到了这一幕，然而有的人只是看了一眼，立即若无其事地走过；有的人则是远远地站住，观察情况；两位年轻女士经过韩女士身旁时，发现情况似乎很“严重”，驻足许久……这种状况僵持了一分钟后，一位身穿灰白色外套的女孩上前询问韩女士的身体状况，紧接着她的同伴也走了过来。

是选择“冷漠”，事不关己地经过，还是哪怕被人讹也要救人？因为不能违背自己的良心！我都希望各位选择后者，不要做一个冷漠的人，不要怕被骗就扼杀了自己的爱心。这是个充满了爱和希望的社会，难道你们愿意做一个冷漠没有爱心的人吗？我相信你们不愿意！看到他们无助的眼神，痛苦的表情，悲惨的遭遇，我相信你们也不忍心冷漠地悄然走过！我再一次希望大家遇到这样的事情不要冷漠，这个世界是有爱的世界，我们需要爱心，难道大家不愿意做爱的使者吗？不要担心被人讹，群众的眼睛是雪亮的，哪怕被诬陷也会有真相大白的那一天，公道自在人心！

爱心是一股甜甜的泉水，使不幸的人忘记生活的苦涩；爱心是一首动听的歌谣，使生活枯燥的人感到生活的乐趣；爱心是一道飞架在天边的彩虹，使满目阴霾的人见到世界的美丽……请不要做个冷漠的人，这个世界需要爱，做个有爱心的人吧！

4. 请按每小题 5 分钟的时间，完成以下即兴演讲的提纲。

参考答案：

(3) **朋　友**

我想先讲一个故事，在阿拉伯有这样一个传说，两个朋友一起去沙漠旅行，但他们在途中吵架了，一个人甚至还打了另外一个人耳光，挨打的人觉得受到了侮辱，但他在沙子上写道，“今天，我的好朋友打了我。”他们在沙漠中继续旅行，后来遇到了风沙，他的朋友又救了他，他就用小刀在木头上刻下，“今天我的朋友救了我。”他的朋友很好奇，问他，为什么要这么做？他却回答说，“朋友对我的坏确实让我不顺心，但一吹风事就过去了。但朋友对我的好，我要提醒自己时刻铭记在心。”

“万两黄金容易得，知音一个也难求。”所以有了朋友我们就一定要好好珍惜。朋友是我们人生的一笔财富，有了朋友我们才会幸福快乐充实地度过每一天。没有朋友的人再富有也是贫穷的。

你身体里的满腔热血，是真挚的友谊在静静地流淌，永不止休，夜空中那璀璨的繁星，是朋友那永不湮灭的双眸，当全世界都背叛你，当众人都离你而去，回首，朋友还在我们的身后为我们默默地守候。

同学们，还记得你生病时为你着急上火的那个人吗？还记得天凉了嘱咐你多穿衣服，还给你送上一杯热乎乎的奶茶的那个人吗？还记得那个你哭他也哭，你笑他也笑，陪着你或是风风火火，或是平静地度过一年，或是两年美好的高中生活的那个人吗，他们就是我们的好朋友，我们挚亲挚爱的朋友。亲爱的同学们，请你们用最嘹亮的声音回答我，你们爱不爱自己的朋友？你们会不会与他们不离不弃！

亲爱的朋友们，谢谢你们，因为有了你们。我并不孤单。因为有了你们，再大的风浪，我也可以一笑置之，再大的挫折，我也可以坚持下去。即使遭受再大的痛苦，我知道我的身边还有你们。“相信你还在这里从不曾离去。”我亲爱的朋友，请相信，我就在这里，永远不离去！

最后，忠心地祝所有的朋友友谊地久天长！

(4) **青　春**

各位领导、各位评委、各位青年朋友们：

大家好！

“让青春烈火燃烧永恒，让生命闪电划过天边，用所有热情换回时间，让年轻的梦没有终点！”我非常欣赏《烈火青春》里面的这段话，并一直用它激励自己的学习、工作和生活。我认为，青春就应该燃烧，发出亮光才有价值！人的一生可能燃烧也可能腐朽，既然这样，我不愿腐朽，也不能腐朽，我愿意燃烧起来！在座的朋友们！你们愿意吗？

青春，是我们一生中最美丽的季节，她孕育着早春的生机，展现着盛夏的热烈，暗藏着金秋的硕果，昭示着寒冬的希望，充满诗意而不缺乏拼搏的激情，时尚、浪漫而又饱含着奋斗的艰辛。当一个人的青春融会到一个时代、一份事业中，这样的青春就不会远去，而这份事业也必将在岁月的历练中折射出耀眼的光芒。

说到这里，我想起了这样一句话：“有的人活着，他已经死了；有的人死了，他还活着。”生命的意义在于活着，那么活着的意义又是什么呢？当然不是为了活着而活着，答案只有两个字：奉献！我们可以设想一下，不付出、不创造、不追求，这样的青春必然在似水年华中渐渐老去，回首过往，没有痕迹，没有追忆，人生四处弥漫着叹息。我想，这绝对不是我们存在的意义。古往今来，有无数能人志士在自己的青春年华就已经成就了不朽的人生，在这里我来不及一一列举。可是，有一个人的名字我却不能不提，他是我们永远的学习榜样，一个最平凡最无私也是最伟大的人。大家知道他是谁吗？这个传奇人物就是雷锋，他告诫我们："青春啊，永远是美好的，可是真正的青春，只属于那些永远力争上游的人，永远忘我劳动的人，永远谦虚的人！"我想在座的每一位包括我自己都可以成为这样的人。

说实话，三年前，我刚来工作的时候也有过失落和茫然，感觉现实不尽如人意，感觉离曾经的梦想总是有一些距离，一度陷入困惑之中。可是，青春的我是一把刚铸好的刀，容不得你有片刻的等待和迟疑。我绝不能眼睁睁地看着这把刀慢慢氧化，失去光泽，随即斑驳、锈蚀、风化，最后成为一块废铁。我告诉自己，"只要你是金子，就能放光，只要你斗志昂扬地面对生活、面对工作，你就会有所获得。""路漫漫其修远兮，吾将上下而求索。"青春是学习的季节，青春是奋斗的岁月，不要停止我们前进的步伐，因为青春的路正长。有空的时候静下心来好好看看书，回头想想自己走过的路，为自己的人生做好一个规划，把自己的理想铭刻在心中，做一个甘于寂寞，敢于创新、干劲十足的年轻人。

我们选择了一机厂，从某种意义上来说，就已经选择了奉献。远离了都市的繁华，城市的喧嚣，沉淀了心情，在这里驻足、扎根、守望。我们是失去一些东西，但我们没有失去最为宝贵的青春。我们也没有辜负自己的青春，我们正用汗水见证着成长，用奉献丈量着价值。在这片原本苍凉的盐碱地上，一批又一批的新同志变成了老同志，一座又一座新厂房是他们创造的新生命，闪亮着青春之花的人们在这里绽放，永不凋零。因为那些花儿已经变成了果实，成为了历史永恒的记忆。让我把这次演讲作为礼物献给你们吧，献给所有美丽的青春之花；让我把这次演讲化作誓言，吹响我们年轻人心中奋进的号角，让她成为我们取胜的基石、前进的动力。

青春不是人生的一段时期，而是心灵的一种状况。如果你的心灵很年轻，你就会常常保持许多梦想，在浓云密布的日子里，依然会抓住瞬间闪过的金色阳光。我们虽出生于不同的年代，工作在不同的岗位，但我们拥有一个共同的家，在这里，我们信守同样的企业精神，写下同样的奉献承诺，拥有同样的壮美青春。这是一次演讲，更是一次告白。当我满带着青春的气息，怀揣着沉甸甸的梦想与信念站在这里的那刻，我的内心是如此的坦荡与激昂，那种难以形容的兴奋与紧张，我真诚地邀请你们一同分享。

曾子曰："士不可以不弘毅，任重而道远。"作为青年人，一个国家、一个民族的希望所在，心中无不闪烁着梦想，那么现在就是我们努力实现梦想的时候。当前，我厂正处于一个承前启后、继往开来的转折点，有一大批项目等着我们去建设，有一系列技术等着我们去攻关，有一大片市场等着我们去开拓，有一整套的经验等着我们去探索，我们要做的还有很多很多。纵使艰难险阻，也要努力前行：追求卓越，真诚回报，释放青春能量，点燃青春梦想。或许我们成不了伟人，纵使我们平淡一生，但这都不要紧，群星闪烁时我们同样灿烂，这样的平凡其实是一种伟大。因为只有我们自己清楚，平凡的岗位需要我们付出，火热的生活需要我们的付出，构建整个和谐社会需要我们大家一起付出。而这些付出无疑就是一种奉献，奉献不分大小，没有先后。我们的青春是有限的，有限的青春因为我们的奉献变得充实、久远。亲爱的朋友们，工作着是美丽的，凭着岁月赐予我们的年轻臂膀和满腔热情，全身心地投入到我们所追求的事业中吧，让我们悄悄地奉献，因为有团烈火正在这里燃烧！

我的演讲到此结束，谢谢大家！

5. 假设你要参加一个公司的例会，你是初到公司的新人，如何用 5 分钟的时间向大家做一个自我介绍？

参考答案：

大家好，我是来自山东的××，大家所看到的我的内在就像我的外表一样，敦厚和实在是我对自己最好的概括。我不飘、不浮、不躁、不懒。我内心充实，物质享乐和精神刺激都不是我的嗜好。我待人诚实，从没有花言巧语，但真诚和厚道使我总能赢得朋友的信赖。我专业扎实，看书是我最大的享受，钻研电脑让我感觉其乐无穷。我做事踏实，再小的事情我也要一丝不苟地完成。我会修电脑，能管网络，网络经营和网上销售也没问题。大家在工作上有什么想我帮助的，请尽管提出，也请各位前辈给我指导！

6. 朗读下面这篇演讲稿，这篇演讲稿是如何对时政加以抨击的？为什么能够感染观众？

参考答案：

这篇演讲稿，情感非常生动、热烈，所以打动观众。

首先，选取了当时热闹的一个事件，演讲者对事件进行评述，表达了自己愤怒的心情！同时，在观众当中，面对反对派，“今天，这里有没有特务？你站出来！是好汉的站出来！你出来讲！凭什么要杀死李先生？”

其次，回顾历史，历数历史上民主人士受到的各种迫害。再表达了民主人士的决心，“你们杀死一个李公朴，会有千百万个李公朴站起来！”与反对派直接对话，“特务们，你们想想，你们还有几天？你们完了，快完了！”

最后，演讲者呼吁真理，以凛然正气结束了演讲，非常富有感染力。

第八章　谈话口才

4. 如何完成以下拒绝他人的任务，写出拒绝词。

参考答案：

（1）哎呀，我有胃病，不能喝酒，医生警告不能喝。

（2）我有个工作没完成，你们先去，我做完了就来，当然也可能今天完不成。

（3）不行，我每个月还了房贷，2 000 多元的工资就没有多少钱了，这个月还给孩子交了“六一”节的服装费。

（4）我已经有心上人了。

（5）我今天太忙了，我要给我爸爸买个生日礼物。

(6) 哎，其实我也不是看上去那么老，呵呵……

(7) 我们不接受任何形式的采访，任何一家报社或者记者来，我们都不接受。谢谢理解！

6. 阅读以下案例，业务员小刘的人际交往语言使用了什么技巧从而能够成功？

参考答案：

小刘发现，赞美别人，可以获得很好的人际交往。小刘的赞美与当前的事情密切相关，赞美别人时是真心实意的，所以对方感觉受到了很大的尊敬，力图给小刘一定的指点与方便。对于商业上的强人，常常可以用这个方法拉近彼此的距离。

7. 结合以下案例，谈谈道歉的时机与道歉的语言特点，这位服务员为什么得到了谅解？

参考答案：

第一，就餐时，所点菜肴上得太慢，客人肯定会着急、会生气，这时服务员把责任承担起来，应向客人道歉，这时使用致歉语："对不起""很抱歉""请稍等"等，可以缓解客人焦急的心情，也是礼貌的表现。但是，有的时候，因耽误的时间不同，客人的修养、心情不同，会使情况有所不同，有的客人会焦急万分，或脾气暴躁，或很生气的时候，对客人就不能只一味地说："对不起，请稍等。"客人已等急了，你还让他"稍等"，就会火上浇油使客人更生气，更不耐烦。

当务之急不是道歉，而是想办法把菜催来，首先满足客人最迫切的需要，把菜端上来。若仅一个劲儿地道歉，可是客人的菜就是上不了桌，就会使客人更心烦，甚至激怒客人，发生纠纷或投诉。所以在服务中，遇到这类情况，不要只是一味地说："对不起。"实习生小田还是挺机敏，看到客人已不耐烦时，及时住口，马上采取服务行动，防止了矛盾的激化，这样做是正确的。

第二，此案例中造成客人长时间等菜的主要原因是服务员给客人开单后，没能及时巡台，不知客人所点菜的上桌情况，因此没能及时去后台联系催菜而造成的。要避免这种情况的发生，服务员开单时，对客人所点菜肴中需等候时间较长的菜品做说明，免得客人点了制作时间长的菜肴，上桌慢，客人会焦急。

开单后，要不断巡台，观察掌握各桌客人菜上桌的情况，如发现问题适时调整；若有的桌菜品上得慢，应及时与后台联系，及时催菜，若客人很多，使后厨压菜较多而造成有的桌上菜的速度慢时，可以巧妙调整不同桌的上菜速度，采取各桌穿插上菜的办法，使可避免有的桌菜一股脑儿全上了，有的桌却干等菜不来的不均衡现象。这样，所有的客人都可以安心进餐。

第九章　办公室职场口才

1. 阅读以下案例，领导马林对员工小刘的语言，以及员工小刘对领导马林的语言，在表达上出现了什么样的问题？

参考答案：

很明显，主管马林做错了。关心下属的业务，被下属认为怀疑自己的业务能力，而业务能力是下属吃饭的根本，是不容任何人质疑的，因此产生了冲突，影响了双方的心情，不利于工作的开展。如果把下属进行分类，按照能力和意愿来分，下属有高能力低意愿、高能力高意愿、低能力高意愿、低能力低意愿四种类型。对于高能力高意愿的员工就不要过多干涉，他完全可以自己搞定，只要授权给他就可以了，看结果不要看过程。对于高能力但是意愿比较低的员工，主要是老员工，可以和他一起规划他的职业生涯，充分激励，时刻关注对方的工作积极性，也要看结果、看人而不是看过程。

马林主管认为小刘的意愿很好，但是能力可能不能达到他的要求，因此过多地询问了，从而引起了小刘的不满。其实马主管是有权力询问下属关于工作方面的一切事情的，只是没有考虑到小刘是个“小心眼子”，引起了误解。

小刘也有很严重的错误，上司询问你的工作情况是上司的工作职责，如果上司连这点权力都没有，做上司还有什么意思？所以要平和地看待这个问题，不要把上司询问工作情况作为对你工作的怀疑，或许上司只是好心地提醒，或许上司对这个客户更了解，或许上司以前犯过类似的错误，想给你提一些建议，或许上司对自己信心不足。连上司询问工作情况，都要产生逆反，怎么和上司相处，怎么和其他同事相处？很可能会导致自己在这家公司得不到重用。另外，有些话也不要说破：“你是对我不放心才对吧！”这样的话就没有给上司回旋的余地了，上司怎么回答？如果他同意你的观点，就证明他不相信你的能力，以后的工作没有办法开展。如果他说相信你的能力，可你又不这么认为，他也询问了工作的情况，短时间改变你的观念很困难。所以小刘最后一句话是带着很强烈的情绪，上司将很为难。

2. 阅读以下案例，吴经理的语言表达有什么问题？他的错误在哪里？

参考答案：

吴经理做错了。在老板眼中，吴经理是代表销售部的，只要是销售部出了问题，无论责任是多是少，一定有吴经理的责任；但反过来不一定成立，销售部有功劳，不一定是销售部经理的功劳。

所以当出了状况时，张总问起来，吴经理要首先认错，而不是推脱，更不是拿小小的助理垫背，这些行为都为老板所不齿，一定会遭到怒斥。这些是缺乏责任心的表现，公司的经理都不愿意承担责任了，怎么能管理员工呢？员工怎么能服从呢？老板知道出了问题，惩罚当事人不是唯一办法，关键是不让问题发生。有人主动承担责任了，大家才好尽快静下心来，寻找解决问题的办法，否则人人自危，怎么有心思想办法。无论从老板的角度，还是从下属的角度，经理都要做到能承担责任。而承担了责任的经理会得到上司的看重，也得到下属的拥戴，这样反而更“安全”。

3. 以下各种话题，有哪些是不适合在办公室同事之间谈论的，为什么？

参考答案：

话题1：办公室小王生了个儿子。可以谈论，并且对小王的儿子大加赞赏，会增强同事之间的情感。

话题2：单位可能要给涨工资了。不能谈论，“可能”不是必定，散布这个消息，可能引起不好的影响。

话题3：昨天老板喝酒时，拉了一下小丽的手。不能谈论，领导的丑闻，在办公室不谈论。

话题4：国家要新出台一个刺激经济发展的政策。可以谈论，事关国家大局，反而在同事之间不会引起冲突。

话题5：街上哪家小面馆最好吃。可以谈论，这是人人都喜欢谈论的话题。

话题6：今年公司谁的销售工作做得最好。可以谈论，正面的新闻，是可以谈论的。

话题7：某个明星出丑闻了。可以谈论，与本单位无关的人，都可以谈论。

话题8：单位上某人可能喜欢某个人。不能谈论，这会伤害到某人。

话题9：童年的经历。不能谈论，自己的私人事件，不适合在办公室暴露。

话题10：关于未来的想象。可以谈论，可以想象，对于未来的想象是无伤现状的。

4. 假设你是县委工作人员，为了做好新来大学生在县委就业的工作，做了一系列的迎新安排，将完成后的工作做一个汇报。

参考答案：

大学生“村官”岗前培训工作汇报

为了使大学生“村官”尽快转变角色，投入农村工作，××县委组织部在认真做好大学生“村官”报到、体检、分配等工作的同时，采取“五字”工作法，对大学生“村官”开展了形式新颖、内容丰富、实际实用的岗前培训，有力地促进了他们的成长成才。

分析现状部署“详”。作为刚刚走出象牙塔的大学毕业生，由于对党的政策理论知识了解不多，缺乏社会经验，对农村工作认识存在一定的盲目性，导致他们怀揣梦想、希望和憧憬，带着一腔热情，认为一到农村工作就有一番大的作为，但根据历年来的细致分析和经验总结，贫瘠的农村生活环境、不便的沟通联系方式、复杂的农村工作局面使曾经意气风发的大学生“村官”们备受打击。为了让今年的大学生“村官”及早熟悉农村工作、生活环境，打好吃苦耐劳的“预防针”，县委组织部结合实际，全面安排部署，精心组织实施，着力在选择培训教师上下功夫，在培训方式上出新招，在培训内容上重实效，邀请了县委党校资深讲师、经验丰富的乡镇党委书记和往届优秀大学生“村官”代表，将党的十八大精神、省州县党代会精神、社会创新管理和如何加强对大学生“村官”的管理、培养、指导、如何当好“村官”，做好农村工作等作为重点，以现场讲授、提问回答、座谈交流、现身说法等方式，全面讲解，有效地增强了大学生“村官”学习的积极性和主动性，确保了岗前培训工作的有效开展。

突出重点专门“授”。针对新选聘到村任职的高校毕业生对政治理论知识匮乏、对“三农”政策欠缺等实际，专门邀请了县委党校资深的3名讲师采取讲授方式，对省州县党代会精神进行了解读，使大学生“村官”对省州县今后工作的指导思想、奋斗目标、工作重点、工作举措等有了初步了解，同时，通过对《密切干群关系，推动文化建设》《努力推动经济发展，着力促进民生改善》等与农村发展有密切联系的党的十八大精神的详细解读，进一步增强了广大大学生“村官”做好农村工作、服务基层、服务群众的责任感和紧迫感，使他们充分了解了改善民生的重要性，认识到党和国家对“三农”问题的高度重视，明确了当代大学生进村任职的重大现实意义。在与大学生“村官”的交谈中，大学生“村官”普遍认为，作为大学生“村官”就要密切联系群众，做群众的贴心人，努力推动农村经济文化事业发展；就要扎根基层，深入农村，深入农户，了解社情民意、掌握民困民难，充分发挥自身优势，当好农村工作“五员”（政策宣传员、党建组织员、科技推广员、发展助理员、群众服务员），积极为农村经济发展、维护社会稳定、保障民生民利献计出力，奉献自己的青春。

贴近基层实际“讲”。“乡镇党委书记们讲课很实在，他们不仅仅讲了大学生‘村官’应该如何当、怎么做，更重要的是从基本的做事、做人给我们上了一课。”这是在8月23日下午听完拱坝乡和曲瓦乡党委书记讲课后，大学生“村官”发出的感慨。两位乡镇党委书记分别结合自身的基层工作经验、工作经历和历年大学生“村官”的工作情况，对新选聘的大学生村官提出了“多做事，不怕吃亏”“搞团结，利于工作”“多总结，益于成长”等意见和建议，并以本乡往届优秀大学生“村官”为例子，指导他们如何创业，如何带领群众发展产业，增加经济收入。同时，希望大学生“村官”心系基层、心系群众，当好人民群众的“贴心人”，当好致富带富的“领头羊”，当好维护稳定的“排头兵”，在实践工作中提高“八种能力”（“双带”能力，秉公办事能力，帮难济困能力，化解纠纷能力，联系沟通能力，落实政策能力，抓班子带队伍能力，组织协调能力），落实“十大责任”（发展农村经济、保护农村环境、整治村容村貌、管理农村计生、调解矛盾纠纷、落实富民政策、关心困难群众、维护农村稳定、建强基层组织、实施村民自治），不断增强村级党组织的凝聚力、战斗力和号召力。

座谈交流实例“引”。为了增强培训的实效性，在本次培训中，我们还安排了2008—2012年以来选聘到村任职表现突出的优秀大学生“村官”从转变思想、到村开展工作、如何做好基层党建工作、怎样发挥致富带头人及自身成长经历等方面现身说法，做到以典型的事例打动和带动2013年大学生“村官”积极投身农村工作。5位优秀大学生代表一致说出了当初当“村官”任职的失落和茫然、打击和失望，倾诉了“村民说你是‘村官’你要为我们主持公道，村干部却说你是副职你要听我安排”的尴尬和无奈，道出了“下乡时的一张照片差点惹出一场肖像维权官司”的压力，说出了“有一种贫穷叫惨不忍睹”，更有为了草场纠纷夹在两村手持棍棒的200多人中调解纠纷的危险和焦急，有带领村民达到人均收入6 800多元的骄傲，有外地村干部在藏族村落通过察言观色和只字片语顺利开展工作的收获。每位代表通过扎实的工作，在现场用诙谐逗趣的语言讲出了农村工作的一段段经历，用一个个的实例说出了农村工作的复杂性，教导大家在工作中要讲求方法，学会自我保护。

组织保障到位“齐”。为了保证此次培训的有序性和纪律性，县委组织部成立了2013年大学生“村官”岗前培训领导小组，安排专人跟班联络，负责现场签到、会场整理等事务，确保了岗前培训工作的顺利进行。积极为参训大学生“村官”提供矿泉水、饮用水，提供舒适的学习环境，并为61名参训大学生“村官”发放住宿补助共计30 500元，有效减轻了他们经济负担，确保了安心学习，学习有效。及时公布了大学生“村官”QQ群号，通过严格身份验证，避免了鱼龙混杂的局面，切实为大学生村官之间交流沟通，及时获得共享信息提供了方便。及时收取大学生“村官”的身份证复印件和农行卡号，保证每月按时把工资打入账户，解除他们的后顾之忧。同时，还邀请了县广电局记者全方位进行了综合报道，并安排专人摄取影像资料，在舟曲党建网展示了此次培训现场。

第十章　营销口才

1. 假如你是一个汽车品牌的营销人员，以下是产品的基本资料，根据这段资料，写一篇生动的解说词。

参考答案：

顾客，您好！在您面前的，是我们科鲁兹2013款掀背1.6L自动豪华型。科鲁兹作为雪佛兰品牌的一款主打紧凑型车，从性能上看，1.6L自然吸气发动机，6速手自一体变速箱，动力十足！从外表上看，车尾的线条比较丰满，上扬式的腰线与溜背式的车顶弧线勾勒出有别于传统两厢车的身材比例，非常新颖！目前售价13.39万元，我们在做节日推广，还可以有优惠哟！

2. 阅读以下案例，褚橙的营销思路为什么获得了巨大的成功？

参考答案：

“褚橙”是一种水果，是褚时健种的橙子，由于他不屈不挠的创业精神，使这个水果有了令人感动的文化层面。

在这个营销活动中，不说产品本身，而讲述产品背后的故事，以情动人，是其营销语言成功的原因。

3. 阅读以下故事，思考回答问题。

参考答案：

开奔驰的人，都有点性格冲动，这与这个车的个性是一致的。但是，你放心，奔驰车本身的质量与个性，是永远领先于其他车的，你的选择没有错！

4. 阅读以下案例，这位营销人员的语言有哪些问题？

参考答案：

点评一：回避在电话接通的开始就显露销售的目的，这显然是经过周密策划的。精心的布置和培训，让电话销售人员可以通过巧妙的方法与没有见过面的，本来就疑心深重的潜在客户建立最初的沟通，既有好处，又有弱项。

岂不知，间接引入法对销售人员的要求相当高，一旦潜在客户识别出来以后，销售人员要有高超的沟通水平来挽回客户更加强烈的抵抗心理，所以，从这个细节来看，HR 公司的确培训了，从后面的对话还可以看出来该销售人员的不足。

点评二：潜在客户已经陈述了自己有了笔记本电脑，而该销售人员没有有效地响应客户的话题，只顾按自己预先设计好的思路来推进，会取得什么效果呢？其实，在客户的回答以后，恰恰应该是发问的最好的时机，既可以有效地呼应开始设计的调研的借口，也可以逐渐来挖掘客户在使用笔记本电脑时的主要困惑，从而来揭示客户潜在的需求，可惜，这个销售人员不过是简单、机械地按照培训的套路来自说自话。这是个严重的错误。

点评三：严重缺乏随机应变的有效培训，在这个关键转折点，恰好就是切入对潜在客户有效赞扬的时机，从而来获取客户充分的信任，结果，这个销售人员的回答暴露了一切弱点，并导致潜在客户完全失去了耐心。

5. 比较下面两段对话，哪一种营销的语言更成功，为什么？

参考答案：

提示：第二种更成功。

第一种表达方式虽然很简洁地表达了自己要表达的内容，但是并没有使双方的感情更进一步。销售人员不光是销售产品，还要靠销售人情。

第二种表达方式，使对方没有立刻放下电话，而是有进一步谈话的要求。第二种方式，使自己的位置放得很低，非常尊敬对方，虽然语言上有一些江湖气，但是却符合真实的社交状况，应该说第二种方法是一位熟练的营销人员的语言。

6. 如果你是一个空调销售人员，顾客说以下的话，你如何应答？

参考答案：

（1）现在还比较凉快，我想等天气热时再考虑买空调。

答：天气热的时候肯定贵，你现在买是最便宜的！

（2）你们这个好贵啊，人家××品牌 1P 的才卖 1 500 元，你们贵了 300 元呢！

答：因为我们的技术更领先，我们更节能，我们省下来的电费，一年不止 1 000 元呢！

（3）你们“三包”算不算数呀？

答：当然，我们都有质量保证书。

（4）我还是比较喜欢，但是我夫人管着钱呢。

答：我们可以信用卡分期付款的，每个月只花很少的钱，就可以用上了，多好啊！

（5）我喜欢这款，但是我爱人喜欢那款，怎么办呢？

答：如果你家里房间比较多，可以每个房间都选一个，大家都会满意的。

（6）你们国庆期间会有更大的优惠吧？

答：我现在可以拿国庆的价格给你，保证现在的价格与国庆活动价格是一样的。

（7）你们这个特价款式，是不是有问题的机子？

答：做特价，是因为这个款式是库存的，但质量是非常好的。

(8) 上回你们另一个销售人员说是1 500元就可以卖给我。

答：好的，我打电话核实一下，你确定你要这个货品了吗？

(9) 我看到网上的报价比你们现场的还便宜些。

答：什么网呀？一个牌子吗？网上的，还是不如你眼见为实的。

(10) 你们商场保证货品没有假的吧？

答：是的，这一点，我们商场全面保证，您放心！

第十一章 求职应聘口才

1. 阅读下面的两个面试案例，这两个面试者分别错在哪里？

参考答案：

(1) 在面试的灵活应变时，常常会发生一些错误，如案例中的这位女同学，“自信”是整个面试局面都应该保持的风度。如果对方提出的条件，如户口问题不好解决时，自己在内心考虑此事就行了，表面上还应该保持一种友好的态度。而这位女同学被一个临时出现的问题“击溃”了，以“需要与父母商量”来回复对方的提问，这是自信心不足的表现。

(2) 在面试时，考官会考察一个人的综合素质，夸夸其谈并没有多大的好处。这位同学，因为过分地想表现自己的口头能力，而忘记了自己的团队合作性，在回答问题的时候，他总是抢在别人前面，比别人多说两句，结果现场其他的人对他不满，考官也看在眼里。在面试时，一定要注意自己的综合素质。

2. 如果你要应聘下面几个公司的职位，你如何写自我介绍？

提示：每个工作的重点不同，要根据工作岗位调整自己的自我介绍。例如，应聘销售，就谈谈自己与其相关的工作经历等。

参考答案：

尊敬的领导：

您好！

我是××，毕业于××学校××专业，获得的是×××学位。

学校期间，主修的专业课有××（此处添加技术类专业课，尤其是和应聘工作相关的），根据所学的知识，也参加过一些具体项目的实施，如××项目，在其中负责×××模块或者××工作，应用了××计算机语言或者技术，取得了××什么样的成果。并在实践中，加深了对××的认识，提高了软件设计（或其他技术）的实际操作能力。

另外，在学校中也参加过一些社团活动，如××（此处最好说1~2项），在其中加强了和同学们的团队协作，并且有××的感受和知识。

个性上××（此处包括简历里面的性格介绍，主要有团队精神，个人踏实努力，有责任感之类的）。

在这里应聘贵公司的××职位，是想让自己的所学得到充分发挥，并在这里学习成长。希望有这样的机会，能和诸位成为同事。

我的情况大概就是这样，请问您有什么其他方面想要了解的吗？（主体说完之后来句这个，可以直接把话题过渡给面试的人，省得最后冷场）

3. 假如你是一个面试者，面对考官如下的问题，你如何回答？

参考答案：

（1）请简单地介绍一下，你来做广告公司策划有什么优势？

答：我虽然没有正式加入广告公司做策划，但是我在学校期间，曾担任学校宣传部部长，进行过学校各种活动的策划，我的策划包括对学校大型活动的策划，以及对一些海报整体风格的策划……

（2）你了解重庆地区广告业的竞争状况吗？

答：据我了解，目前，在重庆地区，虽然从事广告的大大小小的公司很多，但是像贵公司这种，以一个具体的行业为背景，做专业广告的公司，还是不多……

（3）你了解我们公司吗？

答：我一直很欣赏贵公司的一个作品……正是因为我对贵公司的文化有了解，所以我才更加想加入进来。

（4）你是一个什么性格的人？

答：我是一个比较开朗的人，我在学校的接待处，每次大型活动都负责接待外来单位的人员。我还比较能吃苦……

（5）你用什么来证明你是一个有计划的人？

答：我对自己有周计划、月计划、半年计划、年计划，我想，踏实一点，让我更安心一些……

（6）如果你发现你的商业对手是你的朋友，怎么办？

答：这并没有关系，商业上没有永远的朋友与敌人，我想，我们会一直是竞争与合作并存的关系……

（7）公司如果一直让你加班，你怎么办？

答：公司不会无缘无故地让我加班吧，我想，我们公司不会做过分与违法的事。当然了，公司有紧急的事情，我会和同事们一起为公司拼命地工作！

（8）如果一个客户在你面前抱怨，你怎么处理？

答：当然，事先，我想平和地听他讲述，听也是一种尊敬，在清楚事情之后，再考虑如何针对他的情况进行处理。

（9）如果你和领导就某个事情发生了分歧，怎么办？

答：我会尊重领导的决定，但是我也可能会对自己的观点持保留意见。

（10）你为什么要离开以前的单位？

答：因为一些综合的因素，这就好像周易里谈的人生命数一样，我在那个单位尽了全力，但是我觉得未来并不会回报我，所以我想重新进行一次选择。

（11）你如何规划你的未来？

答：我会将我的个人未来与公司未来结合起来进行规划……

（12）如果我们需要长期外派你，你可以接受吗？

答：我可以接受。

（13）你是否能为公司做任何事情？

答：当然，违法的事除外。

（14）你能给我们公司提一点什么建议吗？

答：我才来这里，清楚的认识还不多。我只能说，我在整个接受面试的过程中，感觉到贵公司的管理流程非常规范，如果能合理地安排一下面试等候的地点，不至于让大家站在大厅里……

（15）说说你克服压力的能力。

答：我在第一份工作中……

（16）说说你团队合作的能力。

答：我非常喜欢足球，这给我一种合作的精神，我在2013年……

（17）如果我们需要一位能喝酒的人，你怎么考虑？

答：我会喝酒，并且在活跃气氛方面，我擅长用风趣的语言、赞美之词等来获得对方在局面上的良好感受……

（18）我们更需要一个熟手，你怎么看？

答：你们可能需要一个能快速进入工作状态的人，这方面，我……

（19）你觉得你比其他的应聘者有什么优势？

答：其实我们都是才毕业的大学生，我觉得我自己有过一些社会实践的经历，这能让我更理智与成熟一些……

（20）你有没有应聘其他公司？为什么没录用你？

答：应聘过，可能是因为我以前没有什么漂亮的西服穿吧？……（微笑）

4. 阅读下面的案例，分析他们凭什么获得了面试的成功？

参考答案：

（1）这位女同学，有自己的观点与个性，在流程固定的面试中，没有把她的个性给展现出来，所以她通过一个比较具有风险性的做法展示了自己的个性，不过，这也是她在对方表示她已经“出局”的前提下，所做的一个风险很大的行为。她的成功，在于有自己独特的思维习惯与勇气。

（2）这位同学，接到一个比较棘手的问题。他很巧妙地没有直接、不礼貌地回答问题，表现出了思想上的大度与幽默，这是一种优秀的个人素质的展现。不管什么时候，即使对方提出再刁难的问题，都要表现出大度来。

（3）这两位应聘者之所以成功，就在于使用了“合作”的态度。他们很聪明地思考了出题人的出题目的，一个公司不是招聘搬运工，所以应聘者去使用再大的力气抬柜子是不合适的，能借用合适的方法完成任务才是考官想找到的人，而“合作”是最好的方法！

第十二章　谈判辩论口才

1. 阅读以下案例，结合材料说明买方在谈判中赢得局面的原因。

参考答案：

谈判开始时，由于卖家开门见山式的专业讲解，给对方以压力，这似乎可以挽回自己的一些优势，但是买家很有耐心，并未被卖家高屋建瓴的气势所影响，而是提出质疑，这样卖家的优势一下子消散了很多。转而卖家开始改变策略，开始询问对方开店的想法，试图从中收集情报。得知对方开店的想法后，卖家马上抛出一连串的信息来向买家说明自己的优势，但是过多的信息似乎在对买家透露出“我很急于出手”的信息，这样无形之中就将自己的真实信息透露给了对方。

接着双方进行相互试探：此时，买家决定不再听卖家的“商品”推销，开始转换策略，把问题解决在铺面上。其实这只是买家的推脱之词，只是为后面的价格协商做铺垫，以便使自己处于有利的地位。而此时卖家也明白这层意思，所以用有力的论据反驳了买家。

陷入僵局：双方各说各话，无法达成共识。所以买家首先为了打破僵局，开始引入新一轮的博弈：价格。此时我们应该注意，是买家首先询问卖家价格，买家处于有利的地位，而卖家的反应是马上抛出自己已经计划好的价格，却没有预留给自己足够的空间以便对方压价。于是初次谈判就结束了，但是买家意识到真正的较量还在后面，盘店金额的谈判才是根本性的。

深入博弈：买家要求卖家重报价一次并对价格所含内容进行解释。买家再一次抓住主动权，卖家在被买家牵着鼻子走。然后就是价格的妥协，当卖家询问买家能给出的价格时，买家不紧不慢地报出了一个与卖家提出的价格相差甚多的价格，而且顺带了一个附加条件。这时买家已经收集了足够多的对方的信息，只是在不断地打探对方的价格底线。卖家继续挣扎，却被买家早已洞悉，并指出对方的软肋，逼迫卖家做出价格让步。卖家努力去试探，希望可以提高价格，而买家以静制动，毫不退让。在此时，卖家做出了非常不明智的决定，那就是完全向买家提出的条件进行妥协，而不懂得让步时一定要求对方回报。卖家这样做就充分向买家昭示了自己的弱点，更加处于被动的局面。买家乘胜追击，最终大获全胜，而且还获得分期付款的好处。

总结：

这场谈判进行起来像是一场博弈。内容和思路比较简单，当然相对的也就更容易思考和进行。

（1）在谈判时，一定不能暴露自己的弱点。

（2）确定价格后，索要尽可能多的优惠。

（3）付款在合理的情况下越晚付越好。

2. 组织一场辩论赛。

提示：同学们要准备丰富的材料，从自己一方，以及对方的角度多思考，多举例证。下面是关于“正方：网络使人更亲近，反方：网络使人更疏远”的辩论，提供给大家参考。

参考答案：

正方一辩：从前人们是天涯海角各一方，而今人们却可以有网千里能相会，从前即使是小国寡民，人们也是老死不相往来，而今人们却可以千里姻缘一网牵。各位主席、评委，大家好！网络是由电子邮件组成的通信脉络，它的出现使人与人除了正面交谈以外，还多了一种通信渠道。它的出现让人们的关系产生了量与质的改变，更亲近。就宏观而言，指的是全球人类减少隔阂，增加了解；就微观而言，它指的是人与人之间从无到有从浅至深的一种情感转变。因此，今天对方必须论证网络的出现让人与人之间增加了隔阂，建立起了种种藩篱，并使得好朋友反目成仇，如此对方的立场方能成立呀。而我方将从两个层面来论证立场：第一，网络的出现，使人们便于沟通。无论是文教还是科技，所有资讯，都可以在网上快速流通。这个时候，我们不禁要问，当所有的医学专家通过网络共享生机，为患病者朱丽而做出友善努力工作的时候，对方辩友如何还能说是网络让人与人之间更疏远了呢。从汶川地震使得全球人类都通过网络发扬互助友爱的精神，互表关怀，在个人联系方面，网络让人类减少了时空的限制，让人类可以自由加强个人联系。今天我们留学在外，但是却可以在弹指之间和家人取得联系。第二，网络提供了广大的交流空间，让人们呼朋唤友，无论是文教还是科技，人们都可以在网上寻找到知音。站在历史的这个角落之上，站在历史的交接点之上，我们回首过去，看到网络就是让人们更加亲近、更加熟识，而我们展望未来还可以看到人类将与网络更加亲近。谢谢！（掌声）

主席：感谢何晓薇同学，谢谢！下面有请反方一辩张颖同学来陈述观点，时间也是3分钟。

反方一辩：主席、评委，大家好！首先，刚才正方一辩告诉大家，我方的观点是“网络使人们更疏远”，那么她要我们论证朋友如何反目成仇，这和疏远又有什么关系呢？请对方辩友不要夸大辩题。其次，对方辩友说她没有去过澳门，可以从网络上获得澳门的一些有关信息，可是对方辩友，我与你一面都没见过，你我之间如何通过网络亲近呢？刚才对方辩友洋洋洒洒，无非是向在座各位展示了网络在信息方面交流的快捷性和方便性。但是人际关系学告诉我们，人们的交流主要有情感交流与信息交流两大类，而目前网络上的交流多数是信息交流，可是我们都知道，所谓亲近与疏远的问题，主要是指人际关系与思想感情的亲疏问题，而网络又怎么能千斤重担一肩挑呢？马克思说得好，武器的批判不能代替批判的武器。网络只是人类发明的一种工具，它确实为人类的远距离沟通提供了方便。但是，我们不能就此成为网络的崇拜者，以为有了它，就可以获得使人们亲近的灵丹妙药。从近年来网络对人们的影响来看，它不仅没有使人们更亲近，反而使人们更疏远。我方从未否认网络为人们的交通提供了便捷的方式。但是很多人沉迷于人机交流，而忽略了现实生活中直接的面对面的交流，而你的电子邮件怎能比得上你亲自为父母刷刷筷子洗洗碗，擦擦后背揉揉肩？网上友人们的分别怎能比得上“桃花潭水深千尺，不及汪伦送我情”的深情厚谊呢？网上恋人们的问候又怎能比得上“月上柳梢头，人约黄昏后”的诗情画意呢？（掌声）最后，从网络存在的问题来看，当今网络至今未形成一整套成熟的网络道德和网络法规对其进行约束和规范，很多人戴着假面具上网，而所得到的也极可能是一个或很多假面人发出的信息。网络上流传着这样一条名言——“不知道你是一条狗”。这不就是对网络生活生动的写照吗？因此我们必须更加清楚地认识到，缺乏人类理智约束的网络只能带给人们情感上的疏远。谢谢大家！（掌声）

4. 请就下面的情境展开反驳。

参考答案：

（1）水倒是不会腐的，但是脏了的人心是腐了的！

（2）那何不直接嫁给钱，这样就成了？

（3）是动物都要上厕所，但是只有不懂文明的低等动物才会不管时间随便去上厕所。

（4）那你把账单寄到天堂去吧！

（5）凉鞋之所以是凉鞋，是因为它有后跟，就像人之所以是人，必须要有头一样。你这个没有后跟，就不是凉鞋！

（6）现在，穷人，你应该向我低头了吧？

参考文献

REFERENCES

[1]戴尔·卡耐基．最受欢迎的演讲与口才技巧全集［M］．刘祜，译．北京：中国致公出版社，2011.

[2]彼得·迈尔斯，尚恩·尼克斯．高效演讲：斯坦福最受欢迎的沟通课［M］．马林梅，译．长春：吉林出版集团有限责任公司，2013.

[3]杰瑞米·多诺万．TED 演讲的秘密：18 分钟改变世界［M］．冯颙，安超，译．北京：中国人民大学出版社，2017.

[4]多罗茜·利兹．美国最权威演讲与口才［M］．颜秋静，译．北京：北京联合出版公司，2013.

[5]包镭．演讲与口才技能实训教程［M］．北京：北京大学出版社，2007.

[6]博瀚．演讲与口才大全集［M］．北京：同心出版社，2012.

[7]张平．跟乔布斯学演讲［M］．北京：中国华侨出版社，2013.

[8]俞敏洪．伟大的声音：演讲的力量［M］．北京：化学工业出版社，2013.

[9]俞敏洪，徐小平，杨澜，等．做有出息的孩子：影响你一生的名人演讲 2［M］．沈阳：春风文艺出版社，2010.

[10]宋洪洁．影响你一生的北大演讲 影响你一生的清华演讲［M］．上海：立信会计出版社，2011.

[11]乔治·华盛顿，托马斯·杰斐逊，詹姆斯·麦迪逊，等．美国历届总统就职演说集［M］．岳西宽，张卫星，译．北京：中央编译出版社，1995.

[12]吴继良，周沫绘．当众讲话：每句话都有力量［M］．北京：中国华侨出版社，2012.

[13]余林．马云口才课［M］．成都：成都时代出版社，2014.

[14]姬瑞环．竞争上岗演讲与答辩［M］．北京：中国人事出版社，2011.

[15]袁方．跟我学：辩论口才［M］．北京：中国经济出版社，2013.

[16]苏豫．办公室里的口才课［M］．北京：北京工业大学出版社，2011.

[17]杨玉萍．一分钟口才训练：公关专家都不说的谈判技巧［M］．重庆：重庆出版社，2013.

[18]吴红民．蜕变从大学生到职业人：求职口才沉默到雄辩［M］．北京：人民日报出

版社，2011.

[19]马淑贞．推销口才特训［M］．广州：暨南大学出版社，2005.

[20]黄卫星．亚里士多德《修辞术》中的演讲与论辩思想［J］．华东师范大学学报：哲社版，2001（6）：48－51.